巧融合 悟同道

——小学低段跨学科主题实践课程探索

刘峰／主编

中国纺织出版社有限公司

内 容 提 要

本书主要讲述了临沂第四十中学开展主题实践课程的基础与背景、课程设计、实施亮点、成果与反思等内容，为其他教师、学校开展跨学科主题课程提供了经验与参考。本主题课程探究以学生的角度来看世界，着眼于学生的成长，让学生的学习收获不只停留在课堂上，而是让他们放眼生活中复杂问题的价值和意义，从课内到课外帮助学生建立健全的人格和全面的素养。

图书在版编目（CIP）数据

巧融合　悟同道：小学低段跨学科主题实践课程探索 / 刘峰主编．--北京：中国纺织出版社有限公司，2022.10

ISBN 978-7-5180-9888-0

Ⅰ．①巧…　Ⅱ．①刘…　Ⅲ．①课程—教学研究—小学　Ⅳ．①G622.3

中国版本图书馆CIP数据核字（2022）第176084号

责任编辑：江　飞　　责任校对：楼旭红　　责任印制：储志伟

中国纺织出版社有限公司出版发行
地址：北京朝阳区百子湾东里 A407 号楼　邮政编码：100124
销售电话：010—67004422　传真：010—87155801
http://www.c-textilep.com
中国纺织出版社天猫旗舰店
官方微博 http://weibo.com/2119887771
天津千鹤文化传播有限公司印刷　各地新华书店经销
2022年10月第1版第1次印刷
开本：710×1000　1/16　印张：24
字数：312千字　定价：99.90元

序

在跨学科的实践中实现素养的形成和跃迁

培根铸魂，启智增慧，既需要学科内的精细雕琢，也需要跨学科的杂糅熔炼。跨学科学习，更有利于造就境界高远、视野宽广、智慧丰硕的学生。古今中外，巅峰人生的高光成就，无一不是高瞻远瞩、纵横捭阖、深思熟虑的结果。以“小学低段跨学科实践主题课程”为载体的跨学科学习，则为这种理想的实现，嵌入了优质的原始基因。

我校作为临沂市“教育部基础教育课程教材发展中心基础教育课程综合改革示范实验区”的基地学校，课程改革可谓风生水起、如火如荼、稳步推进。“跨学科主题实践课程”作为新兴项目已崭露头角，反响良好。它胸怀学科，放眼素养，成就人生，集中反映了在习近平新时代中国特色社会主义思想的指引下，跨学科主题课程建设的新探索，对于其他区域的中小学跨学科主题课程建设也具有一定的启发和借鉴意义。

《义务教育课程方案（2022年版）》明确提出“加强课程综合，注重关联”的基本原则：“加强课程内容与学生经验、社会生活的联系，强化学科内知识整合，统筹设计综合课程和跨学科主题学习。开展跨学科主题教学，强化课程协同育人功能。”这一要求，与我们课题研究的前期探索不谋而合。我校跨学科主题实践课程研究实践者，在调查研究的基础上，针对传统教学中“老师讲，学生听”“以教材为中心开展教学活动”等不足，结合教育教学实际及学生年龄特点，精心确定跨学科实践主题。以主题为统领，以任务作驱动，以探究活动为载体，让学生在真实的情境中自主探究、自主建构，完成对学科本质和学科关联的理解。

小学低段跨学科主题实践课程重构学习框架，按照“我与自然、我与社会、我与自己”三大维度，以大单元主题设计为基础，依据学生发展的不同阶段，设置问题群，把多门学科的相关内容进行整合，一并融入新的单元主题教学中。它注重学生理解力的发展，为兴趣而学、为理解而学、为生活而学，是一种以解决真实问题为核心的深度学习方式，建构起打破学科界限、以主题探究为框架的大单元学习新样态。

小学低段跨学科主题探究课程的开发与实施，打造了聚焦学生成长，关注学校发展，推行校本课程，具有可持续发展性的跨学科教学品牌，促进了小学低段跨学科主题探究课程的跨越式发展。构建形成以“聚合概念、逆向设计、真实情境、深度探究” 为原则和支柱的特色课程体系，实现了跨学科课程理念、课程设计、课程内容、课程方案、课程评价、课堂活动的创新。

小学低段跨学科主题探究课程以学生的角度看世界，着眼于学生的成长。在跨学科活动中，培养学生的信息应用、批判思维、问题解决和创造思维能力，促进学生学习的综合化，使学生的知识结构成为一个紧密联系的整体，形成结构化的知识和思维，以全面的观点和思维去认识客观世界和解决实际问题。形成师生之间、课程与资源之间、教学阵地之间多维互动的跨学科课程机制。

小学低段跨学科主题实践课程让学生的学习收获不只是停留在课堂上，而且让他们放眼生活中复杂问题的价值和意义，从课内到课外帮助学生建立健全的人格、全面的素养。除了学习每个主题的相关知识或为了主题而学习主题以外，通过本课程的学习还可以让学生在解决复杂的现实问题情境中，形成自己的实践智慧，提升核心素养。

几年来的探索实践，时间不长，研究成果却很丰硕。由于时间紧迫，书中内容难免存在不足，但是本书中的研究成果，必将激励我们继续坚定地走在艰辛而曙光无限的探索道路上。

刘峰

2022年8月26日

目 录

»» 第一章

小学低段跨学科主题实践课程内涵解读

第一节　概念界定

教育的核心是课程，课程的核心是人，课程建设的逻辑起点是促进学生全面发展。传统学科课程针对性强，但是忽视了学生的需求；活动课程强调学生的兴趣，却缺少知识的系统性。在新课改背景下，找到两者之间的契合点，优化现有课程，打造与发展全体学生核心素养，小学低段跨学科主题实践课程不失为一种极为有益的尝试。

一、小学低段跨学科主题实践课程的内涵

小学低段跨学科主题实践课程，顾名思义，是指在小学低段进行的跨学科主题实践课程。《义务教育课程方案（2022年版）》在“总目标”之下，按学生身心发展的整体性与阶段性，将小学按一——二年级、三—四年级、五—六年级划分为三个学段。因此，小学低段跨学科主题实践课程，具体指的是在小学一——二年级进行的跨学科主题实践课程。低学段小学生，心理特征带有明显的形象性、具体性、无意性，他们活泼好动，喜欢表现自我。纵观当前教学背景，并充分考虑当前我国的教学观念、师资水平、教材、教学评价等因素，跨学科主题实践课程在小学低段实施条件最为充分。跨学科主题实践课程是“跨学科+主题+实践+课程”复合而成，其中“课程”为中心词。那么，跨学科主题实践课程到底该如何界定，需要进一步探讨。

1. 跨学科既是一种课程形式，也是一种学习方式

首先，“跨学科”作为一个专业词汇，由来已久，这一概念最早由美国哥伦比亚大学心理学教授吴多士（R. S. Woodorth）于1926年提出，是指超越一个已知学科的边界而进行的涉及两个或两个以上学科的实践活动。如今，

学术界对“跨学科”的解释有很多种，但在实践中大家尚未达成共识。具体可以从整体性名词或组合式词汇两个视角进行理解。“跨学科”作为整体性名词，指一门以研究跨学科的规律和方法为基本内容的学科，称为“跨学科科学”。作为组合式词汇，“跨”作为形容词，意为“跨了多个学科”，表示某学科的内容、性质与多学科有关，属于交叉学科，如语文数学、道德与法治、自然社会科学等；“跨”作为动词，意为“跨学科的”，表示打破学科壁垒，将不同学科的知识、原理或方法进行有机融合的行动过程，如跨学科课程、跨学科学习等。

可见，小学低段跨学科主题实践课程中的“跨学科”应理解为“跨学科的”，指向综合应用多门学科知识、技能和观念，促进学科之间的融会贯通。它既可以称为“跨学科课程”，意为一种课程形式，也可称为“跨学科学习”，意为一种学习方式。

不同学者对于跨学科学习给出了不同的定义。美国学者鲍克斯·曼斯勒（Boix Mansilla）认为：跨学科学习是个人和群体将两个或两个以上学科或已确立的观点和思维方式整合起来的过程，旨在促进其对一个主题的基础性和实践性理解，该理解超越单一学科的范围。赵传栋先生在其著作《跨学科学习：神奇的学科跨越》[1]中说：“传统的分科学习中，各门学科知识条块分割，互不干涉。学生各学科的知识体系也相对独立，缺少系统的融合互通，影响学生对问题的综合思考和协调处理。跨学科学习就是要打破这种各学科之间‘鸡犬之声相闻，老死不相往来’的现状，让学生能综合运用各学科知识，举一反三地解决遇到的实际问题。”

2014年，教育部印发《关于全面深化课程改革落实立德树人根本任务的意见》，指出“要在发挥各学科独特育人功能的基础上，充分发挥学科间综合育人功能，开展跨学科主题教育教学活动”。2019年，中共中央、国务院印发《关于深化教育教学改革全面提高义务教育质量的意见》，倡导“探

[1] 上海远东出版社，2020年4月版。

索基于学科的课程综合化教学”，强调学生综合运用知识解决问题能力的培养。

本质上讲，“跨学科学习”是基于跨学科意识，与多个学科相互交叉、渗透、融合，运用两种或两种以上学科的观念，解决真实问题的课程与学科取向的学习方式。学生通过体验和探究等方式获得各学科的知识，形成新理念和新方法，提升决策力和创新力，从而提高自身综合素质。跨学科中的“跨”是手段而非目的，旨在培养学生综合运用多门学科知识解决复杂现实问题的能力。

2. 跨学科主题实践课程是整合基础上的创生课程

很多主题课程强调学科之间内容整合，而内容整合只是本课程的基础工作，本课程的学习内容是在内容整合基础之上的创生。学生经历了思维碰撞之后会生发出自己感兴趣的问题，这是该课程带给学生的最大收获。该课程让学生的学习收获不只是停留在课堂上，而是让他们放眼生活中复杂问题的价值和意义，从课内到课外帮助学生建立健全的人格、全面的素养。除了学习主题的相关知识或为了主题而学习主题以外，通过本课程的学习还可以让学生领悟到更高层面的东西，包括“学习关于我们自身的一些东西，学习我们的社会，学习社会对人类的意义。这就意味着要探索基本的人类存在问题，是触及智慧层面的感悟”。因此，本课程的最精彩之处在于每个学生个性化的生成。

我们所开展的跨学科主题实践课程，根据学生认知水平和特点，依照国家课程标准，梳理、整合小学阶段课程，通过融合、重组，拟定12个跨学科教学主题，通过适宜的主题活动，开展整体性学习。

整体性学习是实现课程目标的必由之路，主要表现在问题驱动、项目引领、主题探究、合作学习等跨学科学习方式上。学生通过主题活动应用所学知识和技能，解决问题，形成必备品格和关键能力。问题情境分解为多项探究活动，学生在探究过程中运用知识的反应机制和现实生活遇见问题时一致，生成的知识和经验又可以迁移到现实生活中。久而久之，就形成了学生的核心素养。核心素养的形成需要不断巩固进化，因而，探究活动必须是系列化的。核心素养的形成和学习活动的完成，都可以通过达成问题情境中的目标而实现，因此创设问题情境在此课程中意义重大。学生主动参与学习，在解决问题的过程中抽象出观念、方法、方案或模型，其认知过程与结果能长期保持并被“举一反三”迁移运用到新的情境之中，这一过程即“主动建构”。

二、小学低段跨学科实践主题课程的特征

1. 协同思维

根据林恩·埃里克森（H. Lynn Erickson）与洛伊斯·兰宁（Lois A. Lanning）所提的“协同”概念[1]，跨学科主题实践课程中应有“协同思维”。协同思维要求在学习目标中提取并确定统一的概念，统领整个学习过程；学习过程中涉及不同学科的事实知识与概念知识，形成知识之间的通融与互动；学习的结果有助于将学习成果迁移到其他相似的时间、地点、情境之中，运用成熟后，还能实现更为复杂的高通路迁移。

2. 长效学习

本课程是多节课持续完成的，是长期坚持并持之以恒的学习。不是另起炉灶，而是学科整合。凸显本学科的本质属性，实现学科间的融合学习。

3. 探究循环

“结果”与“过程”在跨学科学习中都具有价值，本课程更注重学习过程的展开。学生通过跨学科学习，组建起自己对某一未知的学习领域的认识，获取某一全新的学习结果。借助大概念激发学生的好奇心和求知欲，驱动学生探究循环，逐步提升学生在社会中行动、探究、反思和创新的能力。

---

[1] 林恩·埃里克森，洛伊斯·兰宁. 以概念为本的课程与教学：培养核心素养的绝佳实践[M]. 鲁效孔，译. 上海：华东师范大学出版社，2018.

4. 分布式领导

跨学科实践主题课程共同体强调在每一个具体情境中，教师可以成为该情境中的领导者，用以保证每个学生在不同职位与分工中保持最大的创造性。每个人都是独立的个体，可以平等地交流看法、贡献智慧，并主动开展创造性实践。与以讲授为主的传统授课相比，跨学科实践主题课程在课程开发、任务设计、项目实施、问题改进等方面特别需要一线教师有更多的创意，吸纳更多主体参与，因而，共同体中的民主氛围、平等交流、相互激发特别重要。分布式领导下的课堂可以被视为一个大的专业共同体，教师具有言语、思想和行动上的自主性，表现出勤奋、胜任、创造、统整、智慧等积极特性，这使得他们具有对内外力量的适应性，能够对主题课程设计与实施每个阶段上产生的问题加以创造性解决，追求共同的价值实现。

5. 多元评价

跨学科实践主题课程能够容纳灵活而丰富的学习活动，单一的纸笔测验无法满足对学生主题课程全方位表现的综合评价，教师将探索使用多种评价方式。画廊观察、电子二维码、作品档案袋、小展台、舞台剧、展演等都可以成为记录和表现学生学习的全新载体。

总之，小学低段跨学科主题实践课程对培养学生的创新意识和实践能力，提高学生的社会责任感都具有重要的价值，意义深远。

第二节　课程由来

“教育兴则国家兴，教育强则国家强。”党的十八大以来，以习近平同志为核心的党中央高度重视教育问题，习近平总书记在不同场合多次强调发展教育的重要意义，为教育强国的建设指明了方向。习近平总书记在讲话时曾说过：“教育是国之大计、党之大计。要从党和国家事业发展全局的高度，坚守为党育人、为国育才，把立德树人融入思想道德教育、文化知识教育、社会实践教育各环节，贯穿基础教育、职业教育、高等教育各领域，体现到学科体系、教学体系、教材体系、管理体系建设各方面，培根铸魂、启智润心。要从我国改革发展实践中提出新观点、构建新理论，努力构建具有中国特色、中国风格、中国气派的学科体系、学术体系、话语体系。”

面对日新月异的科技进步和文明发展，教育教学也面临着巨大的改革变化，社会的进步，科技的发展，使知识更新换代的周期大大缩短，对人才的培养也提出了更高的要求。传统教学内容碎片化、教学模式壁垒化、教学价值应试化不断地被新颖的教学形式、整合的学科内容、多元的评价模式所替代。《义务教育语文课程标准（2022年版）》明确要求各门课程原则上要用不少于10%的课时设计跨学科主题学习，强调加强课程综合，强化学科内知识整合，加强课程内容与学生经验、社会生活的联系，培养学生在真实情境中综合运用知识解决问题的能力。这意味着每一门学科都要根植于真实问题情境，打破学科与生活、学科与学科间的壁垒，在保留各学科边界的同时大力倡导、创造学科间的融会贯通，让跨学科课程学习在每一所学校落地生根，让教育真正为国家培养有理想、有担当、有学识，知识扎实、勇于实践、创新意识强，堪当民族复兴大任的时代新人。

一、教育新前景：社会发展新需要

在基础教育阶段，多是以死记硬背的方式掌握学科知识的浅层学习：将知识按照学科进行划分开展分科教学，割裂了学生与真实世界的有机联系；学生的学习生活往往成了“背诵–记忆–练习–考试”的枯燥的“机械运动”，只重视知识的掌握、结果的达成，忽视学生生活的灵感和创造以及真实感受，使学生很难产生自己的理解、批判性思维和创造性思想。传统的课堂教学仅仅把学生看作一个认知性的存在，过分注重学生的感觉、知觉、概念、判断推理等认知因素，注重培养学生的认知能力，把系统知识的传授和认知能力的发展视为课堂教学的主要任务甚至唯一任务，而忽视了情感态度和价值观的培养，忽视了对学生完满精神世界的建构，这样的课堂教学成了“训练”的代名词，学生获得的不是对整体世界的认识和体验，而是支离破碎的知识的堆积，以至于人的生活的价值与意义不可避免地被湮灭，学生感受不到人生的充盈和生活的美好，感受不到课堂教学的生命意义。

教育把太多鲜活的学科知识变成了让人死记硬背的教条，导致浅层学习占了主导地位。这是需要坚决改变的，如果不改变这一点，就无法培养出核心素养，不能走入深层学习，并会阻碍学生的发展。特别在信息时代，这种方式是阻碍学生的进步、阻碍整个社会发展的。这种僵化地传递知识的方式，与人的心灵和人性的本质是相悖的。人生下来就带着探究本能、社会交往本能，如果把知识变成死记硬背的事实，用做题的方式来记住它们，这是违背人的本性的。怀特海（Alfred North Whitehead）说过，我们要学会让知识保持鲜活，要让学生把学习过程变成一种真实的探究和应用的过程。所以摆脱应试教育价值观的唯一出路和摆脱浅层学习的基本出路就是让每一个老师和学生成为热爱生命者，让每一个老师和学生学会如何让知识保持鲜活。

在学校教育走向开放、多元，对人才的需求走向综合型、创新型的今天，对学科知识进行整合，提高学生综合运用知识去观察问题、分析问题、解决问题的能力，展开跨学科课程的主题学习显得尤为重要。跨学科学习弥补了传统课程的不足，是完全以问题为核心，以实践为基础进行的知识探索和理论学习，它打破学科之间的壁垒，同时提升孩子的多种能力，把人文与科学、体育与艺术、工程与自然等各类知识组成各种美妙的组合，让孩子拥有复合能力，激发出最大创造力来应对变化多端的外部世界，就像列奥纳多·达·芬奇一样“打破知识的边界，探索无限精彩的世界”。

二、课程新模式：跨学科主题学习

20世纪80年代，“跨学科”概念传入我国，张华教授提出，跨学科既是一种知识与生活、科学与人文等不同学科领域之间彼此融合的价值追求与时代精神，又是一种强调互动建构、合作探究知识的学科研究的知识论与方法论。其实质是打破学科已有界限，对学科内容进行整合和情境化设计，进行跨界教学与应用，以培养学生的信息应用、批判思维、问题解决和创造思维能力，促进学生学习的综合化，使学生的知识结构成为一个紧密联系的整体，形成结构化的知识和思维，以全面的观点和思维去认识客观世界和解决实际问题。近年来，中小学阶段在跨学科主题学习上虽有不少实践探索，但并不规范且普遍存在“冷拼盘”现象，将跨学科视为不同学科或多个学科知识的简单累加，缺少深入的融合和有效的跨界。鉴于此，《义务教育课程方案（2022年版）》提出各门课程要开展跨学科主题学习。

什么是跨学科学习，《义务教育语文课程标准（2022年版）》没有给出明确的定义，只是这样定位其内容和功能：“本学习任务群旨在引导学生在语文实践活动中，联结课堂内外、学校内外，拓宽语文学习和运用领域；围绕学科学习、社会生活中有意义的话题，开展阅读、梳理、探究、交流等活动，在综合运用多学科知识发现问题、分析问题、解决问题的过程中，提高语言文字运用能力。”从这段话中可以看出，属于语文课程内容的跨学科学习，主要是作为一种“学习方式”存在于语文课程实践中的，目的是通过跨学科学习的方式服务于“提高语言文字运用能力”。也就是说，语文课程中的跨学科学习，是以语文学科为核心，为了“拓宽语文学习和运用领域”“提高语言文字运用能力”，而“联结课堂内外、学校内外”，“围绕学科学习、社会生活中有意义的话题”，“综合运用多学科知识”有目的地开展语文实践活动。

三、时代新挑战：面向未来的核心素养

当今世界处于百年未有之大变局，面临着一个新的转折点，新冠肺炎疫情引发持续的不确定性，网络新媒体迅速普及，人们的生活、学习、工作方式不断改变。气候的变化、生物多样性的改变、资源利用超越边界、以数字技术为代表的颠覆性技术，给教育带来了重大影响。

教育作为解决社会不平等现象的重要支点，承载着人类的美好期许，面对充满不确定性的未来，对于教育工作者来说，最需要关注的就是如何培养学生拥有超越知识和技能的综合素养。

跨学科主题学习与传统的、单一的学科课程模式相比，它以主题为引领，具有全面性、整体性、探究性的特征。“在学校教育中，主题是指教育和教学活动的中心议题；在课程内容的组织中，主题是指不同内容共同指向的核心问题”。本课程的主题更加倾向于有着现实意义的生活方面的问题，一般来说会选择一些学生身边的事物和他们感兴趣的话题，这些主题不仅能让学生学到更多知识，还能够反映出学生的价值观以及爱好和习惯，便于正确地引导、增强他们的综合学习能力。所选的主题具有一定的现实意义和时代性，充分根据全球大环境下的社会发展趋势并结合小学生的理解能力和需求来进行，有很大的价值和意义，在拓宽他们视野的同时引导他们形成正确的世界观、人生观和价值观。学生的问题解决能力、创新精神、社会责任感、自主发展等方面的素养不是仅依靠某一个学科就能够培养的，而是需要多学科、跨学科、不同领域共同合作完成。因此，在学校教育实践层面，由核心素养推动的课程和教学改革，从人的跨学科能力出发，有利于打破学科界限，促进学科融合。各学科共同培养全面发展的人已成为必然，适度、适切的课程整合和跨学科学习将成为核心素养落地的必由之路。

在推进基于核心素养的跨学科学习的过程中，创设真实情景、完成真实问题与任务是关键。完成一个真实情景的任务，几乎必然要综合运用多学科的知识。在主题设计与呈现过程中需要做“加法”，更广泛地联系多个学科的元素与内容；在确立任务导向的教学环节要做“减法”，以完成真实任务为目标，消减无关、低相关的学科元素。基于核心素养的跨学科学习形式灵活、内容富有张力与弹性，更便于融合多元的内容，为学生提供自主选择探究和学习的机会，形成个性化的育人方式。这也是满足学生个性化需求，提升教育获得感和幸福感的可行途径。

第三节　既往探索

跨学科主题探究课程是通过融合两门或两门以上学科的概念和方法来解决实际问题，进而培养学生跨学科思维，为未来美好生活做准备的一类课程范式。它既是一种以跨学科思维为导向的课程理念，也是一种综合探究的课程形式。跨学科主题探究课程侧重于学生基本学科技能、梳理信息能力、提问能力、问题解决能力、批判性思维、创造性思维的培养。随着《义务教育课程方案（2022年版）》的颁布，学校课程要设立占总课时10%的“跨学科主题”学习活动，跨学科主题探究课程已成为学校不可或缺的一门课程。

一、展望世界，学习国外跨学科主题探究课程实践经验

展望世界，许多国家早已开始进行跨学科主题探究课程的实践，如日本推进三大类跨学科主题探究课程，芬兰实行现象式跨学科主题探究课程，美国多元化跨学科主题探究课程，如STEM课程、IB课程、PBL项目化实践课程，澳大利亚的课程方案目的在于满足学生需求，发展学生的跨学科知识理解和技能，新加坡在教育纲领中强调整合跨学科概念的意义……展望世界，国外的实践经验已为推行跨学科主题探究课程打下良好的基础，通过吸收国外经验，可以寻找优势，吸取教训，改正缺点，取长补己。下面将着重以日本、芬兰、美国的经验，剖析课程的设计、内容与实施过程，寻求其对于我国学校实施跨学科主题探究课程的借鉴价值和意义。

（一）日本跨学科主题探究课程

自20世纪90年代，随着国际能源、经济、人口、科技等竞争不断升级，日本开始将培养学生的生存力作为教育目标，教育部门、学校都为此展开积极行动。跨学科课程作为日本小学教育课程改革的重要组成部分，最终目标就是培养学生的生存力。

从周菁菁教授2021年4月10日发表在《上海教育》的《日本推进小学跨学科课程》一文中，可以了解到，依据小学教育改革纲领，日本把小学教育中的跨学科主题探究课程分为三大类：人文、科学、素养。人文类跨学科主题探究课程综合了人类学科、地理学科、历史学科等多个领域，可以归纳为三大关系中的“我与社会”。借助日本实践经验，我国也可以推进人文类跨学科主题探究课程，如家乡主题课程，学生可以了解从小生活的地方，知道家乡所处的地理方位，有什么特色、特产，认识家乡的名人，理解家乡历史，展望未来发展等。这一课程融合了人民生活、地理环境、历史文化、地域特征、现代社会、未来发展等多方面内容，能够培养学生综合的社会能力。儿童在经历人文类跨学科主题课程后，能够解决自己在实际生活中的问题，培养学生成为合格的社会公民。

科学类跨学科主题探究课程整合了自然、物理、化学、生物、信息技术、实验等多个学科领域。学生在此类探究中将进行实际的体验、操作，在实践中进一步巩固综合性科学的概念。这类课程可以归纳到“我与自然”的关系中。借助日本实践经验，学校可以设计出水主题跨学科探究活动，学生可以通过观察，了解不同形态的水，知道水在什么条件下可以变化，认识水的循环等，依次掌握科学观察、实验操作的基本技能，获得对科学事物、现象的理解，提高综合能力。

在素养类跨学科主题探究课程中，学生可以获得充分的生活体验，如打扫卫生、生产劳动、行为礼仪、体育运动、情绪处理等。这与“我与自己”的理念不谋而合。通过素养主题跨学科课程，学生可以获得充分的生活体验，更好地认识自我，掌握必备的生活习惯与技能，全面提升综合素养。联系学校实际，依据素养类课程实施经验，学校可以为孩子们设计出“和富劳动”“和悦心育”“和健体育”等课程，在跨学科主题探究中提高孩子在未来生活的“生存力”，实现培养全人的目标。

（二）芬兰跨学科主题探究课程

作为基础教育改革的先行国家，芬兰教育备受各国专家学者及教育者的关注。在探索教育变革的过程中，芬兰的跨学科课程有很多值得学习和借鉴的经验。在真实情境下综合运用多学科知识和技能，是学生成为未来社会合格公民、成就未来美好生活的必要条件。为达成培养目标，芬兰的学校实施课程改革，将课程内容和结构融合，进行基于主题的跨学科项目式教学。

芬兰的国家教育课程标准规定了八个基本跨学科主题：学会做人、环境责任、交通与安全、人与科学、文化认同和国际化发展、沟通交流与传播、工作与创业、人类幸福与未来可持续发展。这些跨学科主题依次递进，螺旋上升，符合孩子的成长规律与发展需求，值得其他国家专家学者与教育者借鉴学习。这八个基本跨学科主题几乎涵盖了孩子成长的方方面面，在实施跨学科主题课程时，按照我与自我、我与社会、我与自然三大主题，将全方位根据学生成长特点设计跨学科课程。

在首都赫尔辛基的一所学校，从学前班到六年级的全体学生都参加了以“时间”为研究主题的跨学科学习周。时间无时无刻不陪伴在人们身边，对于人类来说是习以为常的现象，它看不见，摸不着，却时刻影响着人们的生活。从学生的真实生活出发，从不同的角度来研究时间，更能激发学生们的探究兴趣。一、二年级的学生初步了解芬兰制表工人的专业和工作领域，然后尝试利用瓦楞纸制作古代钟表；三年级的学生追溯历史，开阔视野，在教室中贴满了从古至今不同文化记录时间的日历；四、五年级学生通过设计城市蓝图来预测未来；到六年级结束时，学生去其他国家进行游学，考察关于时间的历史文物。这所学校所进行的课程，为推行跨学科主题探究课程提供了实践经验：从一年级到六年级，可以设计相同研究主题的跨学科课程，依次螺旋上升，多层次递进地培养学生的综合能力。比如以服装为主题，小学低段的孩子要知道服装是怎么来的，初步了解服装的作用，尝试简单绘制关于服装的简笔画等；中段的孩子回顾历史，了解不同历史时段中国的传统服饰，结合测量与艺术设计服饰，结合英文单词认识不同的服饰名称等；而高段的孩子开阔视野，运用信息技术设计服装海报，设计更方便的未来服饰等。一系列的跨学科主题探究课程，都是为了让学生能成为未来社会合格公民，成就未来美好生活，这一点的目标是相通的。

（三）美国跨学科主题探究课程

近现代以来，由于社会的迅速发展，美国出现了一些亟待解决的环境问题、城镇问题、科技问题、人口问题、交通问题等，这些问题很难用单一学科的知识加以解决。同时根据杜威、布鲁纳、加德纳等教育专家的理念，跨学科课程受到了美国政府高度重视，随着跨学科课程的实施，美国也成为此课程的国际领航者。

对于当前跨学科主题探究课程，STEM课程有很大的指导意义。STEM课程是为了培养科技人才，更好地迎接未来发展而提出，将科学（Science）、技术（Technology）、工程（Engineering）、数学（Mathematics）四门学科融合为一体，形成跨学科探究式课程，通常基于学生身边的真实问题进行探究学习，进行创新、合作，培养学生在复杂情况下解决实际问题的能力。

美国加利福尼亚州一所学校借助STEM课程将跨学科课程使用得淋漓尽致。他们在数学教学中融入科学知识，在STEM课程群中渗透词汇、写作等语言教学，虽然学生没有设置专门的计算机专业课，但是所有课程都要求学生使用计算机技术进行信息的收集、梳理、编辑和呈现，似乎把所有科目都融合在了一起。他们有一门课程叫作“英语科学课”，把语言教学和科学融合在了一起。在这门课程中，教师通常选用Newsela新闻网站的科学类新闻，作为学生的英语阅读材料，并针对不同年龄段的学生，按照能力开展分级分类阅读。此外教师还对科学类新闻进行改编，原本晦涩乏味的科学报道变得简单有趣，能够提高学生的英语学习能力、英语阅读能力、科学素养及对阅读新闻资讯的兴趣。此外学生还可以在科学实验中融入英语学科的知识，全面提升能力。这不仅仅是STEM课程，而且是将语言教学融入理科类教学中，这一探索改变了过去将文理科划清界限的错误认知，对于学校实施跨学科主题探究课程，有实际的指导意义。当孩子们在研究“水的循环”科学类主题活动时，可以借助水循环的绘本、文本，加深对于科学知识的理解，还可以进行写作训练，借助想象，继续创编水循环的其他过程。

美国的教学方式不仅仅是传授知识，更重要的是让学生体验真实生活、观察身边事物和开拓想象思维。在这种教学方式中，学生学到的知识将会持续一生。

二、聚焦中国，吸收国内跨学科主题探究课程实践经验

教育部在2001年6月颁布的《基础教育课程改革纲要（试行）》中提出：“改变课程结构过于强调学科本位、科目过多和缺乏整合的现状，整体设置九年一贯的课程门类和课时比例，并设置综合课程，以适应不同地区和学生发展的需求，体现课程结构的均衡性、综合性和选择性。”2019年6月23日，中共中央、国务院印发了《关于深化教育教学改革全面提高义务教育质量的意见》，其中提到：“探索基于学科的课程综合化教学，开展研究型、项目化、合作式学习。”《义务教育课程方案（2022年版）》也提出加强课程综合，提出关联的基本原则，“加强课程内容与学生经验、社会生活的联系，强化学科内知识整合，统筹设计综合课程和跨学科主题学习。开展跨学科主题教学，强化课程协同育人功能。”随着《跨学科研究课程建设标准和应用指南》等更多政策文件的颁布，国内跨学科主题探究课程也在如火如荼地开展着，聚焦国内，上海、北京、深圳等地的跨学科主题探究课程的本土化实践经验都值得我们研究学习。

（一）北京跨学科主题探究课程

作为中国的政治中心、文化中心、科技创新中心和国际交往中心，北京的教育是十分先进的。北京的多所学校也早已开始推行跨学科主题探究课

程。尤其是清华附小、人大附小、北师大附小、亦庄实验小学、花家地实验小学、北京实验二小、史家小学这几所名校，不仅是课程改革的先行者，也是跨学科项目式主题探究课程的领航校，这里有丰富、多样的课程供学生选择，其课程实践为我们提供了大量的经验。

根据现实的学习任务和“世界文化遗产”教学单元，北京亦庄实验小学的教师们为孩子们设计了一个精彩且有趣的跨学科主题探究课程项目：故宫十二时辰。学生们要为没有机会参观故宫的山区孩子们设计一款故宫体验产品，以展示故宫的历史、建筑、文物、美食等。这个项目化学习活动，整合了语文、数学、科学、道德与法治、艺术的学科内容。

在课程项目中，孩子们查找关于故宫的文本资料，了解故宫的主要建筑及特色，感知传统文化。通过将故宫建筑等比例绘制在缩略图中，学习比例尺是什么、怎么用；简单描述路线图，根据参照物描述故宫建筑位置，真正在生活中理解数学、运用数学。在探究中，孩子们还将达成道德与法治的学科目标，感受中华民族历史的厚重，了解世界文化遗产“故宫”的价值和作用，能够自觉保护文化遗产，热爱中国传统文化。在艺术方面，孩子们还可以选择合适的材料，建造或绘制故宫建筑的模型；欣赏传统歌舞，感受艺术与传统文化的内涵。还可以研究皇帝所穿服装的演变，初步了解历史知识，培养对历史的兴趣。最后孩子们将通过表演情景剧《故宫十二时辰》，通过表演皇帝的一天，表现自己的探究所得，为山区孩子们全面展示故宫，达成课程目标。

通过构建跨学科主题探究课程体系，北京亦庄实验小学不断探索教育的新道路，以提高学生核心素养为出发点，促进教师专业发展，更促进了校本化课程的特色发展。这也给其他学校推行跨学科主题探究课程提供了方向，北京的学校可以根据城市资源设计课程，其他地区的学校在设计课程时，也可以根据城市特色进行真实的设计，基于学生实际生活，选择其熟悉的事物，更有助于培养探究的兴趣。

（二）上海跨学科主题探究课程

上海作为中国基础教育最强的城市之一，教育改革始终走在全国的前列，跨学科主题探究课程也已实施较长时间。上海市康健外国语小学创新实施“4+1”课程，一周5天的学习时间，孩子们将有整整1天时间进行完全的跨学科学习，以“自我认识”“自我表达”“自我组织”“身边科学”“地球空间”“技术工程”六大主题为中心，结合PYP课程和STEAM课程进行探究。这一模式不再有固定的课时，打破学科壁垒，融合各学科内容与知识，以1天的跨学科学习，转变传统分科教学的固定理念，形成新范式、新样态，将知识真正落地，继而影响4天的基础性课程，让孩子在做中学，培养核心素养。张悦颖、夏雪梅教授的著作《跨学科的项目化学习》一书中有这样的介绍，在“自我认识”大主题下，一年级以“身体与器官”为分支主题，包含了不同的项目，有“玉米玉米拉出来”“牙齿蛀掉了”“怦怦跳的心脏”“胃是粉碎机”“支撑身体的骨骼”“假如我的眼睛不能看”“神奇的唾液”等。

通过上海市康健外国语小学对跨学科主题探究课程的实施，可以获得如下经验：在探究中不需要固定时间去完成一项任务，教师可以留给孩子充足的探究时间，孩子们可以根据学习内容自主安排；给予孩子充分动手的机会，通过实践解决问题；给予孩子试错的机会，在一次次的改进中解决身边的问题，在这个过程中，孩子将获得创造性运用所学知识的实践能力。

将目光放得长远些，上海的中考也对跨学科提出了新挑战。自2021年，上海中考开始出现跨学科案例分析题目，主要涉及地理、生命科学学科。需要运用在初中学到的地理和生命科学等学科的基础知识、基本能力对实际问题加以分析与解决，并对问题提出整合性见解。

跨学科主题探究课程的落脚点是让学生学会解决身边真实问题，培养学生综合能力。因此，学校在实施课程时，也要把关注点聚焦到校园外的社会环境中，以小见大，螺旋上升，让学生关注身边事、校园事、城市事、国家事甚至上升到国际视野。

（三）深圳跨学科主题探究课程

改革开放四十余年，深圳开辟了一条特色教育道路，吸引了众多高学历教师入驻基础教育校园，成为全国教育的领头羊。

深圳市盐田乐群实验小学作为示范校，跨学科课程改革始终走在全国前列，积累了许多经验。在这里，每位研究型教师都以育人为本，不断开展跨学科课程整合实践与探索，每位乐群学子在整合课程的学习中成长为全面发展的“七品”学生。根据孩子们的年龄特点，以及深圳的地理位置、气候特征、生态环境，充分发挥校本特色，学生根据一年四季校园里都开满美丽的花朵这个现象从不同角度提出了许多问题。为了引导孩子更好地解决真实情境中的问题，结合跨学科主题探究课程的要求，设计出以“花”为探究对象的“花样时光”课程。吟诵《花之歌》，学生将品味诗词中的花之形、花之美，感受文人墨客眼中的花，体会独特韵味，并进行拓展阅读，积累并创作花语、花诗，完成课程标准的要求。数学课中，联系百分数应用的学习，以每小组所研究的花为真实学习情境，通过合作，研究发芽期、花苗期、成长期、开花期中的比例关系，深入探究所研究的花的特性，并以此渗透数学概念，在生活中理解数学，在实践中应用数学。孩子们使用英语，认识各种花的名称、了解花的意义、感受花在不同国家文化中的意义，拓展视野，通过口语表达向他人介绍自己最喜欢的花朵。此外，学生还会从科学的角度对花朵进行观察、分类，通过合理使用劳动工具，借助科学的劳动方式进行花的培育和种植，提高劳动素养。更精彩的是，美术和信息融入一堂课中，孩子们利用编程软件将自己关于花的水墨画进行动态作品展示，将传统的画技与现代的信息技术相结合，将古典与现代有机整合。

深圳市千林山小学为学生们创设了奇妙的科幻世界。围绕凡尔纳的科幻作品《海底两万里》，开展主题探究活动。在阅读课上，师生共读此书，体会“鹦鹉螺号”的奇特，从文字中了解科幻故事，理解人物、情节。与此同时，学生们还将从潜水艇的浮力、海洋生物、海洋能源三个角度展开科学实践探究。美术、数学、道德与法治等学科也融入课程。

荔园外国语教育集团设计出“小厨房，大思考”课程，围绕食物主题，通过认识食物、了解食物、制作食物等活动，融合语文、道德与法治、科学、生物、艺术等多学科的知识。让孩子们从实际生活出发，探究最感兴趣的食物，通过动手制作来培养思维能力和探究能力。

从深圳学校的跨学科主题探究课程实践来看，课程可以以驱动性问题为出发点，将各学科教材有机整合，以学生为中心，让学生在体验中学习，建立知识与生活的紧密联系。学生在认识生活、体验社会、了解世界的过程中掌握知识与能力，不断创新，综合解决实际问题，达成培养全人的目标，为未来生活打下坚实的基础。

此外，国内还有许多学校已经推行了跨学科主题探究课程，为其他学校提供了宝贵的经验。我们通过学习，择长补己，把知识转化成能力，进行校本化实践，真正将跨学科课程落地。我们也将通过实施跨学科课程，开拓师生视野，促进教师专业化发展，提升学生思维能力，落实核心素养，培养有理想、有本领、有担当的“三有”时代新人，实现育人为本的理念。

三、对于国内外跨学科主题课程实践经验的评述分析

纵观国内外关于跨学科主题探究课程的探索与实践，其经验对于推进跨学科主题探究课程具有里程碑式的意义，但是在案例设计、实施方式、研究成果中尚存在一定的不足。

从国外的角度来看，不同国家有着不同的历史文化和不同的教育体制，国外的一些跨学科主题探究课程不适用于我国教育实践，需要根据实际情况进行改革与创新，取其精华，去其糟粕，这也对教师的专业水平提出了更大的挑战。一些文献中所提及的国外跨学科主题课程，重点停留在理论的论述方面，较少提及实际案例，缺少课堂教学实录，无法充分了解教师、学生在

课堂中的表现和收获。对于教师该如何推进跨学科主题探究课程，由于地域、政策、教育方式的不同，缺乏有针对性的指导意见，真正借鉴起来较为困难。

国内的跨学科主题探究课程，一般是以学校为单位开展，区域内整合性较弱，由于各个学校的教学理念、地理位置、课程设置、教师资源等都不同，所以实施的跨学科课程也不同，缺少普适性，不利于成果的推广。根据文献资料，关于跨学科主题探究课程的理论较多，而在课堂中真正实施的教学设计和课程资源较少，仍需继续完善。

综上所述，对于跨学科主题探究课程的实践探索空间很大，有较大的推进意义。所以，我校决定立足于学校实际情况，进行深度探究，总结经验和问题，对当前小学低段跨学科主题探究课程进行总体把握，将成果进行应用和推广。

第四节　实践路径

随着《义务教育课程方案（2022年版）》的隆重出台，新课标指出：要加强课程内容与学生经验、现实生活和社会实践的联系，在跨学科学习方面，专门设立占10%课时比例的跨学科主题学习，强化学科实践和跨学科实践，探索主题、项目或活动组织课程内容，强调学科内知识整合，驱动教学内容与方式的深层变革。

随着科技的进步和全球化进程的发展，新时代对学生的全面综合素养提出了更高、更深层次的要求，为了保证育人方向，新课标强调核心素养导向，注重培育学生终身发展和适应社会发展所需要的核心素养，特别是真实情境中解决问题的能力。我校在校长的带领下默默为课程改革耕耘前行，顺应社会高速发展对人才质量要求的提高，结合学校的校情和地域内教育现状，开启了小学低段跨学科主题探究之路。

一、和合文化导航，探索学科整合新航道

“一种好文化就是一所好学校”。办学思想的真正落地，需要一种长远持久的力量支撑，只有这样才能使学校的管理制度、核心价值、发展愿景等得到真正的认同与落实，这种根本动力就是文化。“和合”思想是中华优秀传统文化的精髓，注重不同事物之间的矛盾、冲突与融合，强调融合之后新结构方式、新生命、新事物的生成。和实生物，同则不继；和而不同，方为大同；合美与共，各美其美；和合为本，追求卓越。我校在继承我国优秀传统文化“和合”思想基础上，创造性地深化和发展了以“和合教育”为核心的校园文化内涵。

学校结合建校以来办学经验，创造性地提出“和合教育”的办学特色，以“和合文化”引领学校课程体系建设，并创造性地依据“和生、和处、和立、和达、和爱”五大价值原理，以五育融合，实现和合文化的现代价值校本转化，构建全面发展的学校课程体系，形成目标一致、和合共生、多元开放的学校课程逻辑。针对学校教育生存与发展的三大问题：办学理想（办什么学校）、教育思想（办什么教育）、人才愿景（育什么人才），创造性地学习、借鉴、吸收孔子“六艺”传统、马克思关于人的全面发展思想、杨贤江的“全人生指导理论”、毛泽东的“德智体全面发展”方针、小原国芳的“全人教育理论”等教育思想精髓，结合新时代培养担当民族复兴大任的时代新人的主旋律，全面贯彻全国教育大会精神，经过反复论证，研究确定了学生应成为“和真、和善、和美、和圣、和健、和富”的和合少年的学校培养目标，在素质结构上进一步描述为：学问真、德行善、艺术美、信念圣、身心健、生活富。从文化、课程、教学、评价等各个环节，进行系统建构、整体推进、创新发展，起点在于明晰和合少年的素质结构的全面性与和谐性。学校的最终目的是构建一种新的教育生态，打破整齐划一的工业化教育形态，创造符合学生需求的个性化教育。

良性的学校课程改革从不是推倒重来，也不是横空出世，而是基于传

承，了解学校的过去，破旧立新，寻找新的生长点，更好地理解学校的现在，进而从历史和现在中发现学校的未来。这是一个颇显漫长而又连续渐进的过程。

学校在此基础上经过了大量的探索，寻找杜威教育哲学的课程样态，遵循陶行知强调教学做合一的方法论基础，并大力吸取了传统教育注重系统性教学的精髓，同时学校以国家课程标准为航向标，对教材内容进行优化和整合，加强各学科之间的融合，通过序列化的问题把各学科知识串联起来，形成一种更加全面、相互衔接、融会贯通的课程结构，帮助学生形成更加完备的视角、思维和知识体系，彰显本土文化特色和学校价值主张，更好地满足学生的个性化发展需要。

二、重构课程结构，打通网格式学科通道

传统的课程结构是工业时代的产物，有着标准化的流程和精准的课堂控制，虽有知识系统化、提高学生学习效率的优势，也伴随着对学生批判性思维的形成、创新意识的培养和完整人格的塑造的灼伤。

随着现代科技的迅猛发展，人类已经迈入信息化时代，知识更新迭代的速度越来越快，新兴职业层出不穷。当今的教育如何为国家、为社会培养面向未来的人才，已经成为教育各界执着探索的目标。面对未来的不确定性，最重要的不是教会学生课本上的知识，而是培养他们的自主学习能力，让他们对世界永葆好奇，让学生一生保有学习的动力和激情。

杜威指出："只有在教育中，知识主要指一堆远离行动的信息，而在农民、水手、商人、医生和实验室研究人员的生活中，知识却从来不会远离行动。"随着课程的"知识化"倾向愈演愈烈，课程与生活的距离也逐渐拉大。未来的课程将根据生活中的真实问题设置主题，通过跨学科的课程整合，在不同学科领域之间建立联系，促进知识的活化，加强知识学习向实践创新的迁移。

我校跨学科主题探究课程是国家课程校本化实施的新样态，是基于学科学习展开的一种主题实践活动，它指向学生核心素养的培养，注重跨学科实践，是一种以解决真实问题为核心的深度学习方式。

跨学科主题探究课程的课程设计依据国家课程标准，基于学生的真实需要和生活经验，从人与自然、人与社会、人与自我三大生活领域选择有价值的探究和活动主题，从学生的真实生活中选定主题，精准把握学科概念，利用学科间的大概念来支撑、设计跨学科课程的主题、项目、任务，将语文、数学、音乐、美术、科学、道德与法治等学科知识融入主题探究中，在此基础上重新整合不同学科下的知识点，设计具体的、贴近学生的教学内容和方法，注重课程与学生经验、社会生活的关联，将学习、实践和创造集于一体，让学生在探究中进行建构性的实践，同时在建构中思考、质疑，在质疑与继承中创造，由此发展生活理解力与创造力。学生在课程中将逐渐学会灵活运用所学知识，解决真实世界的复杂问题，对书本知识的记忆、理解、掌握将更为扎实深刻，从而达到夯实基础的目的。

“聚合概念、逆向设计、真实情境、深度探究”是学校实施小学低段跨学科课程的四大原则和支柱，课程设计依据国家课程标准逆向设计，通过确定探究主题、确定聚合概念、确定必备品格和关键能力、划分学科标准四个步骤，完成12个主题的设计和低段跨学科主题学习学年地图。小学低段跨学科主题学习每个学年6个主题，共12个主题，依次是校园、动物、家庭、节日、植物、交通、家乡、服装、水、食物、游戏、故事。这种探究以学科的视角探究生活，利用生活主题为学科探究提供真实的情境与经验素材，将学科生活化与生活学科化融为一体，让教师和学生投身火热的现实生活，让世界成为教材。

在这里，学科课程与跨学科课程互为补充、相互嵌入、相得益彰。因为只有当学习者充分理解了学科逻辑、具备了学科思维，才能在不同学科之间建立内在联系，进而创造性地解决复杂的真实问题，发展跨学科观念和能力。同时，任何一门学科课程只有与真实的生活发生联系，在学科之间建立起真正的联系，才能充分发展学习者的学科素养。

三、搭建学校组织结构，成就成长型服务组织

当下学校管理普遍存在功利化、科层化、秩序化倾向，学校管理本应具有的教育性遭到弱化乃至遮蔽。学校作为培养人的专业机构，管理本身也应该是一种教育，不适合的管理将会导致不完整的学生。

为了保障课程改革的顺利进行，学校采用扁平化的组织架构，不再拘泥于传统的年级和班级的管理体系，加强不同学段和不同年级之间的衔接，根据学生的个体需求提供年级专属订制的教育服务。

同时，学校加强与外部社会的联系，与政府部门、科研机构、社区、家庭等开展跨界合作，利用一切有利的社会资源优化办学，完善学校治理结构，增加家长和社区在学校决策中的参与度，促使学校从封闭走向开放，与社会、家庭形成良性互动。学校在各项事务上都充分尊重学生，鼓励学生自主管理，培养学生成为有道德情操、国家意识和世界精神的健全公民，尤其对待学习困难学生和特殊儿童，更秉持公平理念，确保不让一个孩子掉队。学校还通过职能划分和机构重组，实现决策、执行和监督三个职能相对独立，精简管理层级，加强机构之间与机构内部的协调，学校组织构架将从纵向垂直模式转向多向交叉的互联模式。同时，利用大数据提供更加精准的教育管理服务，建立“用数据决策、用数据管理、用数据创新”的新型管理机制，提升学校治理能力的现代化水平。

四、聚焦探究式课堂，探索课堂新样态

在“减轻义务教育阶段学生过重作业负担和校外培训负担”（以下简称“双减”）的大背景下，教育迎来了空前的挑战，而减负的主战场在课堂，提升课堂质量，是当下教育的主旋律。为落实核心素养，学校课堂旨在创设

民主自由的学习环境，激发和培养学生的问题意识，借助概念融合、游戏化教学等激发学生的好奇心和求知欲，大概念统领的跨学科方式，驱动小学的课堂探究循环，逐步提升学生在社会中行动、探究、反思和创新的能力。跨学科课堂框架打破了学科边界，避免了分科教学过于高估学科价值、教学内容重复等缺点，把重点放在培养人的核心素养上。在课堂上，学校以探究循环为支架，鼓励学生参与，倾听学生的观点，帮助学生梳理思考的路径，调整课堂节奏，并引导学生生成新问题，对感兴趣的内容进行进一步的探究以及将所学运用到生活，确保课堂目标达成的同时也能给学生运用、迁移的空间。学生们通过进入探究、搜集梳理信息、深入探究、反思与行动的探究循环流程深度参与课堂。跨学科主题学习实现了教学内容的解放，使课本内容与学生的生活和体验紧密结合，形成生动活泼的绿色生态课堂，使学生成为课堂的真正主人，激发学生的参与热情，激发学生的创造活力。

同时，学习空间的充分利用有助于实现学校的育人功能。传统学校的学习空间体现的是工业时代的时代需求，学校由一间间一模一样的教室组成，教室里整齐划一地摆放着相同的桌椅，学生规规矩矩地坐着听老师讲课。这种场景与工业时代的模式何其相似，教室仿佛是一间间工厂车间，而教育过程则像工厂里的流水线生产，这种标准化的教室就是为了满足工业时期标准化的教学。我校对学习空间进行了革命性的重造，从“为集体授课而建”转向“为个性学习而建”，教室的打造注重灵活性，创新教室布局，配备可移动、易于变换的桌椅设施，支持教师开展多样化的教学活动。同时打造开放性学习社区，扩展学校的公共空间，打破传统功能的设计理念，促进学习区、活动区、休息区等空间资源的相互转化，把非正式学习纳入学校教育的重要议程，学习方式灵活多元，把知识学习与社会实践、社区服务、参观考察、研学旅行等结合起来，给学生提供更多的活动与交往空间，促进学生的社会性发展，打破正式学习与非正式学习之间的界限。

五、多学科协同教研，整合多方资源

教师教学的“分科管理”体制不仅给学生发展带来严重阻碍，而且使教师自身不堪重负。走向“跨学科学习”的课程体系必然要求教师从事“跨学科教学”。这首先意味着不同学科的教师协同开发课程、制定教学计划并协同上课，其次不同学科的教师协同进行探究教学，并形成跨学科专业发展共同体，最终建立“跨学科教师”的发展机制。简而言之，学生从事“跨学科学习”的前提是教师走向“跨学科教学”。

佐藤学教授指出，学校教育的改革是从日常教学实践开始的。基于真实问题与实践的教研共同体的构建，有着其独特的价值与意义，共享是基础，共进是目标，共研则是共享到共进的过程深化。面对课程的改革与实践，不同的学校有着相似的课程逻辑，和不同的起点、不同学情和校情。

为了更好地实践课程，落实核心素养，学校开始探索具有和合特色的教研共同体构建的路径和范式，学校在低年级跨学科主题学习的教研中，聚焦概念和问题，以探究循环的方式螺旋递进式定期定向教研，每学期教师成长集训营、每月东西校联研、线上专家云教研、周周主题大教研、日日微教研等多种形式灵活切换，人人参与＋任务驱动式责任化、项目化，打造出了人人都是教研主角、人人都是动力组的教研文化，实现各美其美，美美与共。同年级成长共同体通过开放课堂、每日教研等方式，共同讨论课程实践的问题与困惑。跨年级成长共同体成立让二年级教师结对一年级教师，走进结对班级，通过周负责制承担一年级教研任务、亮点展示制现场会等形式，打破年级界限，点对点指导，制订个性化互助方案，稳步推进。

六、家校社多方协同，构建和谐共生新局面

每个人一生的成长、学习、生活、工作，始终离不开学校教育、家庭教育、社会教育，三者水乳相融，却又无法相互替代。为了保障课程改革稳步

推进，取得满意的课程改革效果，做让社会满意的教育，学校也在不断发展课程改革的“同盟军”，构建家校社多方教育共同体。

什么是共同体？简单说，就是为了共同的目标，遵守共同的文化和组织规则，共同协作、共同追求而形成的团队。教育的共同体包括学校教育、家庭教育和社会教育。

家庭是每个人的第一所学校，是“养和育”并重的教育现场，其教育重点是道德品质、身体素质、生活技能、文化修养、行为习惯等方面的培育、引导和影响，是一种个性的、相对隐私的教育。学校教育是侧重“成人”的教育现场，是一种以学业提升为逻辑起点的规模化、体系化，但相对滞后于时代的教育。社会教育是重在“立人”的教育现场，以交往、实践、服务为主要目标，是多元、开放、深刻，但相对松散的一种教育。学校教育、家庭教育、社会教育在内容、方法、效果上各有特点，功能上各有优劣，三者应各扬所长、功能互补、协调统一。

教育共同体的形成源于共同的追求目标：“把立德树人作为教育的根本任务，培养德智体美劳全面发展的社会主义建设者和接班人。”因此，学校致力于让国家层面的顶层目标全方位、立体式地渗透到每个教育参与者的行动之中，形成既“三足鼎立、各司其职”，又“优势互补、互联共通”的协同育人共同体。只有高质量的共同体，才有共同的明确目标，才能共同协作、不离不弃、互通互助、坚定地朝着共同的目标齐头并进。

“双减”大背景下，厘清三方各自的教育责、权、利边界，相互监督、相互配合，才能形成强大合力。只有这样，家校社协同育人共同体才能更加健康、有力、持续、高质量。

因此，在建构家校社协同育人共同体的全过程中，学校教育必须勇挑重担，积极主动扮演好引导者、组织者的角色，发挥主导作用，引导家庭、社会增强育人责任意识，提高对学生道德发展、成长成人的重视程度和参与度，形成学校、家庭、社会协调一致的育人合力。

学校近年通过设置“家长开放日”“主题展演”“和合课程节”等校园

活动，邀请家长、社会参与学校教育，并对课程效果进行全面的、客观的评价，实现教育评价的多元化。

学校作为共同体的主导者，主动推倒学校的“围墙”，开放评价，组建基于“社会化程度高”的评价平台与机制，积极通过信息化等手段，探索学生、家长、教师以及社区等参与评价的有效方式，客观记录学生品行日常表现和突出表现，特别是践行社会主义核心价值观情况，将其作为学生综合素质评价的重要内容。如学校在“食物”主题展演时，虽然受到新冠肺炎疫情的影响，学生居家学习，为了丰富学生的居家生活，通过设置“美食集结号”环节，借助微信投票小程序，邀请学生家长及亲人为学生的美食作品投票。小小的线上投票环节不仅调动了学生的学习积极性，也让家长的朋友圈热闹了一番，实现了非常好的家校合育效果。在“家长”主题活动中，家长纷纷化身为考官，参与和韵古诗、和思数学、和趣识字等关卡的评价环节，见证学生在主题中的收获与成长，成为发展学生核心素养的见证者和评价者。

习近平总书记指出：“办好教育事业，家庭、学校、政府、社会都有责任。”可见，办好高质量教育事业，只有切实落实“双减”这一教育现代化的标志性政策，切实建构好家校社协同育人共同体这一全新的教育新样态，才能让育人的共同目标更聚焦，育人的边界更明晰，让育人的体系更完备，沟通更高效，效果更显著。

“让每一个儿童闪闪发光”，是学校发展的初心。学校立足实际，努力开发学习空间的多元性与舒适性，让所有的校园时空都成为课程场景，让孩子学习作品的形成、展示、发布、分享成为校园里美好的景观，让时空散发出生命成长的气息和灵动。

第五节　理论依据

在社会高速发展的时代背景下，学科的发展呈现出综合化的趋势。跨学科课程已成为教育发展的必由之路，越来越多的教育家、教育科研工作者投入跨学科课程的研究中来，透过多维视角，采用多元方式，进行跨学科的探究，以更好地推行小学低段跨学科主题探究课程。教育理论能够引领教师进行跨学科实践，通过总结提炼，实用主义教育理论、多元智力理论、人本主义教育理论、建构主义学习理论等为学校推行小学低段跨学科主题实践课程提供了强有力的方法论支持。

一、实用主义教育理论

实用主义教育理论兴起于19世纪末20世纪初的美国，是西方教育思想的一个重要流派。实用主义教育理论主张以儿童为中心和民主平等的师生关系，对中国的教育产生了深远影响。实用主义教育理论，尤其是杜威的教育本质论和陶行知的生活教育学说，能更好地为学校实施跨学科主题探究课程提供依据。

杜威认为，教育的本质是经验的不断改造和重组，因此教育即生长、教育即生活、学校即社会。他提出，教育是个人经验改造和重组的过程，通过新旧经验的整合，达成对经验的改造，使经验更加重要。经验是一种行为，所有教育都应存在于经验中，以此来帮助孩子们适应社会及生活环境。经验是一个主动的、连续发展的过程，因此在设计跨学科主题探究课程时，需要的是互相渗透的螺旋式上升的课程，比如服装主题探究课程，在低段是浅层的探究，而到了中高年级，会经过更为深入的探究，让学生经历连续不断的经验过程。在经验过程中，学生通过实验探究，运用智慧，不断发展、成长，获得知识，形成能力和品德。

杜威倡导以儿童为中心，认为教育即生长，教育要适应儿童，要符合儿童的生长规律和心理状态，从孩子的兴趣和需要出发，逐步引导孩子成长。杜威还提出教育即生活的理念，教育就是生活本身，学生所在的学校即为一种社会形态，学生在教育中更好地融入社会，这样还能通过教育改造社会，让社会更美好、更完善。那么学校在推进课程实施时，可以从生活中的问题出发寻求解决的方式，比如在推进“交通”主题跨学科探究课程时，可以以学校周边放学时拥堵现象为驱动性问题，学生在生活中寻找解决方法，以此让交通更畅通，生活更美好，上下学更安全。学校即社会的理念，也符合当前社会的趋势，打破了学校与生活的壁垒，学校生活与社会生活相契合，学校成为引导学生发展的小社会，课程中的小组间探究活动，还可以培养孩子的合作能力和社会适应能力。学校设置了劳动园地、劳动体验室、动物之家、航模室、3D打印室、书法教室等活动空间，学生可以在校园里进行最真实的工作生活体验，这也让学校成为一个微缩社会。

陶行知在生活教育学说中提出，生活即教育，社会即学校，教学做合一。他的理论也是当前课程实施的重要依据，从生活中的问题与现象出发，生活中的一切都可以成为教育的资源，学生可以在任何地方接受教育，学到知识，目的就是为了解决实际问题，使孩子成为能应对未来生活挑战的人才。社会成为学校，拓展了教育场所，让孩子受到完全的教育。最有效的学习都是在实际的经历中产生的，孩子应当去接触最真实的社会和生活。因此，我们在课程中，也会涉及走出校门看社会等活动，有时候孩子们会根据跨学科主题，去生活中寻找答案。在探究植物时，可以从家里、公园、小区、道路两侧寻找身边的植物；在探究家乡时，可以拓宽视野，寻找家乡的美食、美景；在探究服装时，孩子们会走进服装厂，看看服装到底是怎样生产的；在探究红色历史的道路中，学生会到博物馆、纪念馆中感受革命的历史……这些都是社会即学校理念在跨学科主题探究课程中的实践应用。在跨学科主题探究课程中，运用教学做合一的理念，以“做”为核心，实现理念有机统一，在探究中给予学生充分做的时间和试错的机会，真正让孩子动手操作。

二、多元智力理论

美国心理学家加德纳提出的“多元智力理论”也为推进跨学科主题探究

课程提供了大量理论依据。

在多元智力理论中，加德纳认为智力有八种成分，分别是语言智力、逻辑数学智力、音乐智力、空间智力、人际关系智力、身体运动智力、内省智力、自然智力。在此基础上，加德纳提出了“以个人为中心”的教育观，给每个孩子充分的支持和理解，发展多元智能。学生之间是有个体差异的，根据加德纳多元智力理论，在教学过程中教师会发现每个学生都有各自擅长的地方，有的擅长表达，语言能力强；有的具备数学思维，理解能力好；有的善于构思和写作；有的喜欢表演，擅长唱歌、跳舞等艺术类活动；有的组织和管理能力强，善于与他人沟通与交流；有的喜欢运动；有的喜欢探究世间的一切，总能观察到身边的细节；还有的孩子想象力丰富，有奇特的想法。新时代发展必然要求教师不能只用一把尺子衡量所有学生，而是要吸收新理念，用多样化的教学方式来让孩子自由发展，在教学实践中不断探索。

传统分科课程在学生的实际生活与课程内容之间缺乏有意义的联系。而更新颖的跨学科主题探究课程，将生活与教学结合，不同学科间的壁垒被打破，所以课程设计团队可以设计以多元智力理论为抓手的跨学科课程。

同时，依据此理论，可以把智力看作是解决实际问题或创造有价值产品的能力，面向真实生活，为跨学科主题探究课程提供了新思路。通过因材施教的方式，为不同智力类型的学生创设不同的学习情况，并让学生深度理解复杂概念，在跨学科教学下真实培养学生的多元智力。

多元智力理论给学校推行跨学科主题探究课程带来了全新视角，开辟了宽广的道路，引领了正确的方向，提供了坚实基础。

在实施跨学科主题探究课程时，要以学生的个人发展为中心，认识到课程的综合性和目标的多元化，创设真实情境，注重生活与学习的结合，利用不同的项目活动吸引学生的探究兴趣，在跨学科教学中开发多元智力，进行多样组合，使学生得到充分的发展，达成全人教育的目标。

三、人本主义教育理论

20世纪中期，美国兴起人本主义教育理论，主张教育要满足学生的自我实现和发展，认为教育要符合学生的需要，此理论代表人物有马斯洛和罗杰斯。其中的全人教育理念、学生中心的教学观为我校实施跨学科主题探究课程提供了大量理论依据。

罗杰斯曾经指出，“全人教育即以促进学生认知素质、情意素质全面发展和自我实现为教学目标的教育”，认知和情感从来不是分离的，而是水乳交融的，因此，教育不能仅仅让学生获得简单的知识或技能，更重要的是根据学生的生活的需要，使其在知情意行方面均衡、全面发展，让学生把个人潜能尽可能释放，这才是全人教育的真正目的。

罗杰斯还提出以学生为中心的教学观，教育应为满足学生的个性需要来进行，由学校中心转变为学生中心。学校的一切都是学生的，教师的一切都是为了学生的发展，最关键的是要为孩子创造一个安全、舒适的环境。这也给学校实施跨学科主题探究课程以启发。设计与传统课堂不同的教室、座位方式、学习环境，从孩子的角度设计校园文化，这更有利于激发学生学习探究的兴趣。

人本主义教育理论是实施跨学科主题探究课程的重要理论依据，对教师有很大启发。首先，在课时设计、课程实施、表现评价、课后任务这几方面，要充分了解孩子们的需要、兴趣和爱好，以学生为中心，尊重学生主体性，从孩子的角度看世界，相信学生的能力，运用合适的方式给予学生主动学习、自由探究的机会，激发其学习动机。教师还可以根据孩子的表现，随时对课程的内容进行有针对性的优化与调整。其次，要从学生身边的实际生活出发，创设真实的学习情境。推行跨学科主题探究课程的一大原则和支柱就是“真实情境”。罗杰斯认为，倘若要使学生全身心地投入学习活动，那就必须让学生面对对个人有意义的或有关的问题，当这些问题被提出后，学生就会通过探究去寻找解决的办法，全身心投入探究状态中。为此，教师需要选择合适的教学资源，将其充分利用、优化整合成为跨学科学习资源。比如在探究“动物的尾巴”时，就可以融入语文课文“比尾巴”，数学资源“长度”，科学的比较方法，生物的多样性，艺术的“尾巴舞”“画尾巴”等等。这些教学资源不仅匹配教学，还生动有趣。在罗杰斯所提出的有意义学习理论之中，当教学资源与学生的学习需求、兴趣相匹配时，有意义学习便随之发生，使课堂更具效果。

以人本主义教育理论为依据，在学校推行跨学科主题探究课程时，要时刻牢记以学生为中心，从学生需要出发，真正关注全体学生，注重学生本位。课程始终以关注“人”的发展为中心，使每一位儿童闪闪发亮，成为完整的人。

四、建构主义学习理论

建构主义理论是20世纪中叶，基于皮亚杰的认知学习理论而提出的，代表人物有维果斯基、斯滕伯格、皮亚杰、科尔伯格等。该理论强调学习是基于学习者原有经验，主动建构的过程，学习者的主动性是获得知识的必要条件。建构主义学习理论与传统教育理论在理念和思想上有很大不同，对推进跨学科主题探究课程有充分的指导意义。

建构主义学习理论提出了新知识观、新学生观、新学习观、新教学观。传统的知识观认为知识是客观的，不变的，而在建构主义学习理论中，知识会随着人类的发展而不断升级，这就是知识的建构过程。在跨学科主题课程中，知识也是随着学生的进步与发展而不断变革的，在小学低段的探究课程中获得的知识，到了中、高段再去探究同一主题，会得到深化与更新。在生活中，知识并不是直接拿来使用的，而是针对实际情况进行改造与重组后应用的。在课程实施中，教师不能直接把知识灌输给学生，而是要学生自己去探究，发挥主动建构性，培养思维力。

教育者普遍认为，学生不是空着脑袋走进教室的，在婴幼儿阶段、在日常生活中，孩子们已经在过去的学习中获得了丰富的知识经验，对很多现象都有不同的看法。在知识的建构过程中，原有知识经验是极其重要的，孩子们已经具有了对世界的初步理解，所以需要重视学生的原有经验，基于此设计课程，建构知识。此外，在课程中组建学习共同体，利用小组合作、班级合作、师生互动的方式，使学习过程具有社会性，以此内化知识。知识是存在于具体真实的情境中的，创设真实情境也是课程的实施路径。

建构主义学习理论所提出的新教学观为课程设计提供了极大帮助，最核心的思想就是“让学生通过问题解决来学习”。学生可以根据生活中的现象、学习中的内容进行提问，形成问题，然后通过一系列的探究活动去寻找问题答案，解决问题。根据这一理论，在跨学科主题探究课堂上，可以建立探究循环的框架。第一阶段为搭建探究情境，教师要收集学生们的问题、想法、建议，建立探究情境。第二阶段进入探究，运用前测，了解学生对于主题活动的原有知识经验，引导学生针对主题活动提出问题，激发思维和提问的意识，培养求知欲。第三阶段查找信息，学生可以选择采访、搜集网络资料、阅读文本资料、观察、实验等方式查找关于解决问题的信息，从中激发探究欲望，并在这个过程中主动建构新认知，学会收集有效信息的方式。第四阶段梳理信息，学生将分享自己的发现，进行相互交流。在梳理信息的过程中，学生不仅能了解到其他同学寻找到信息，还有可能会提出新问题、新发现。第五阶段的深入探究，是最重要的一大环节，因为在这一阶段，学生将有大量的探究时间，获得更多的探究机会，进行独立的项目活动，专注于解决自己最感兴趣的问题，把经验与技能运用到真实的情境中去，以此发现更多。第六阶段反思与行动，学生会将探究所得进行同化、迁移，运用到类似情境中，学以致用。还可以进行反思，对原来的每个过程提出自己的改进意见，注意到新的问题，为未来设定目标。第七阶段是评估，根据学生在每个环节中的表现、探究效果、自我反馈与反思等，进行多方位评估，可以有学生自评、生生互评、家长评价、教师评价等。教师还将针对学生遇到的困难和整个探究过程中的优缺点，进行不断改进，对未来提出更好的建议。

以建构主义学习理论为依据，推进跨学科主题探究课程，学生将进行知识的不断建构，为未来生活做好充分的准备。

通过跨学科主题探究课程，学生可以在真实情境下获得对多元知识的理解，在动手操作中感受真实的社会生活，在以学生为本的课堂中促进多元智力的发展，在探究循环的过程中不断提升探究能力，在一次次的提出问题和解决问题中，培养好奇心和求知欲。综上所述，实用主义教育理论、多元智能理论、人本主义教育理论、建构主义学习理论都为学校的跨学科主题探究课程提供了理论依据。学校开展跨学科主题探究课程，推行教育改革，将推动学生成长，推进教育发展，让每一位儿童闪闪发光。

»» 第二章

小学低段跨学科主题实践课程设计创新

主题一　“校园”主题课程设计

一、简要说明

首先，让我们用爱意拥抱这群初入小学的可爱精灵！

这些可爱的孩子们正从幼儿园步入小学，他们的生活正由以前的自然状态朝着有目的的理性生活慢慢转变，“上学”开始成为他们生活中最重要的事情之一，孩子们的生活空间也随之发生了巨大的变化——陌生的空间、理性的“社会生活”。因此，一年级的第一个探究主题是“校园”，它聚焦于公共空间、规则与成长，孩子们通过对校园的探究来认识这个自己将长期生活和学习的新环境，并逐渐认识规则的重要性，学会与他人进行分工合作。

本主题通过“我的新教室”进入对校园的探究，进而进行“逛校园”“逛功能室”“校园小导游”等活动探究，在一系列的体验、梳理、绘画、分工合作中，逐步完成对校园的基本理解。

最后，我们将举办“校园小导游”活动来庆祝孩子们的探究收获。让我们一起期待大家的探究之旅吧！

二、单元思维导图

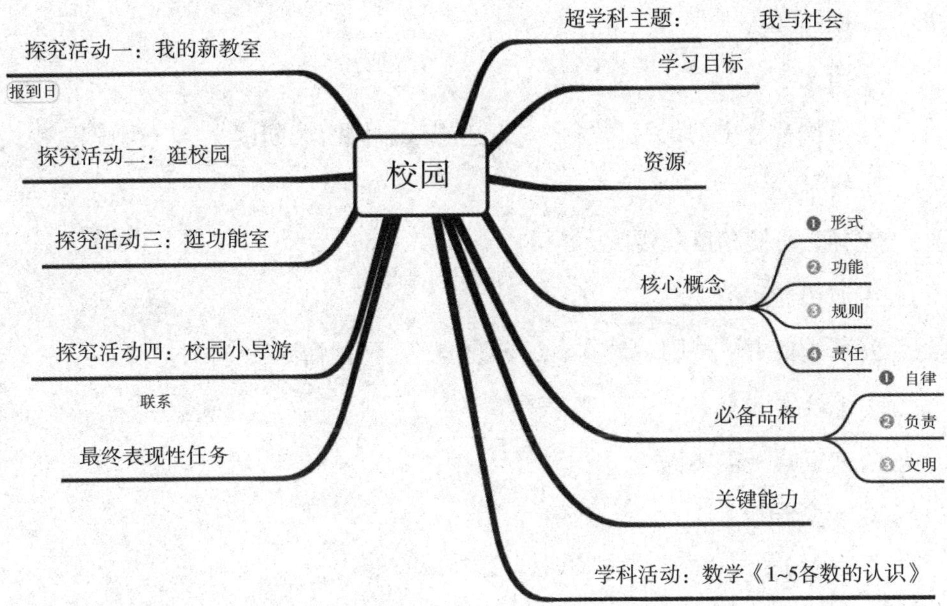

三、单元计划表

第一阶段：目标——学生将获得什么样的学习结果？

聚合概念：功能、形式、责任、规则。

探究问题：

（1）人们如何为公共场所划分区域来满足需要？

（2）人们如何分工合作来满足需求？

焦点学科领域：社会、科学、语文、数学、音乐 、美术、体育。

单元网

主题概念：公共空间、需要、规则、符号、约定、信念。

学科概念：

【数学】

10以内读写及意义、比较大小、加减法、位置、顺序、时钟、立体图形、平面图形。

【语文】

汉语拼音、主动识字、写字、表达想法、倾听、朗读文本、阅读积累。

【科学】

差异、不同角度、观察、预测。

【道德与法治】

公平、负责、规则、诚实、民族自豪感、爱国情怀、符号。

【综合实践】

公共空间、集体。

教学资源

【语文】

（1）一年级上册课本《我上学了》《天地人》《金木水火土》《口耳目》《日月水火》《对韵歌》《小书包》。

（2）第一单元口语交际《我说你做》、第四单元口语交际《我们做朋友》、第六单元口语交际《用多大的声音》《在学校工作的人们》。

（3）第二单元汉语拼音《a o e》《i u ü》《b p m f》《d t n l》《ai ei ui》《ao ou iu》《ie ue er》。

【数学】

数数、第一单元10以内数的认识、找找周围的数、第三单元10以内的加减法。

【道德与法治】

第一单元“我是小学生啦”：

《开开心心上学去》《拉拉手，交朋友》《我认识您了》。

第二单元“校园生活真快乐”：

《我们的校园》《课间十分钟》《校园里的号令》《上课了》。

必备品格：自律、负责、文明。

关键能力：交流、自我管理。

相关课程标准

【语文】

1. 识字与写字

（1）喜欢学习汉字，有主动识字、写字的愿望。认识常用汉字1600个左右，其中800个左右会写。

（2）学会汉语拼音。能读准声母、韵母、声调和整体认读音节。能准确地拼读音节，正确书写声母、韵母和音节。

（3）掌握汉字的基本笔画和常用的偏旁部首，能按基本的笔顺规则用硬笔写字，注意间架结构，初步感受汉字的形体美。努力养成良好的写字习惯，写字姿势正确，书写规范、端正、整洁。

2. 阅读与鉴赏

（1）喜欢阅读，感受阅读的乐趣。学习用普通话正确、流利、有感情地朗读课文。

（2）结合上下文和生活实际了解课文中词句的意思，在阅读中积累词语。认识课文中出现的常用标点符号，在阅读中体会句号、问号、感叹号所表达的不同语气。借助读物中的图画阅读。

（3）阅读浅近的童话、寓言，向往美好的情境，关心自然和生命，对感兴趣的人物和事件有自己的感受和想法，并乐于与他人交流。诵读儿歌、儿童诗和浅近的古诗，展开想象，获得初步的情感体验，感受语言的优美。

（4）尝试阅读整本书，用自己喜欢的方式向他人介绍读过的书。养成爱护图书的习惯。

（5）积累自己喜欢的成语和格言警句。背诵优秀诗文50篇（段）。课外阅读总量不少于5万字。

3. 表达与交流

（1）学说普通话，逐步养成说普通话的习惯，有表达交流的自信心。

（2）能认真听他人讲话，努力了解讲话的主要内容。听故事、看影视作品，能复述大意和自己感兴趣的情节。能较完整地讲述小故事，能简要讲述自己感兴趣的见闻。与他人交谈，态度自然大方，有礼貌。积极参加讨论，敢于发表自己的意见。

（3）对写话有兴趣，留心周围事物，写自己想说的话，写想象中的事物。在写话中乐于运用阅读和生活中学到的词语。

（4）根据表达的需要，学习使用逗号、句号、问号、感叹号。

4. 梳理与探究

（1）观察字形，体会汉字部件之间的关系，梳理学过的字，感知汉字与生活的联系。

（2）观察大自然，热心参加校园、社区活动，积累活动体验。结合语文学习，用口头或图文等方式整理、表达自己在活动中的见闻和想法。

（3）对周围事物有好奇心，能就感兴趣的内容提出问题，结合其他学科的学习和生活经验交流讨论，尝试提出自己的看法。

【数学】

1. 数与运算

（1）在实际情境中感悟并理解10以内数的意义，理解数位的含义，知道用算盘可以表示多位数。

（2）了解符号<、=、>的含义，会比较10以内数的大小；通过数的大小比较，感悟相等和不等关系。

（3）在具体情境中，了解四则运算的意义，感悟运算之间的关系。

（4）探索加法和减法的算理与算法，会整数加减法。

（5）探索乘法和除法的算理与算法，会简单的整数乘除法。

（6）在解决生活情境问题的过程中，体会数和运算的意义，形成初步的符号意识、数感、运算能力和推理意识。

2. 数量关系

（1）在简单的生活情境中，运用数和数的运算解决问题，能解释结果的实际意义，形成初步的应用意识。

（2）探索用数或符号表达简单情境中的变化规律。

【科学】

（1）用自己的理解去观察物理性质的差异。

（2）对于一个物体或事件从不同角度进行重复性观察。

（3）在一次或多次观察中提出一个问题。

（4）基于实践观察和证据预测结果，而不是随意猜想。

【道德与法治】

1. 学生将通过以下方式来展现出优秀公民的特征

（1）聚焦于公平竞争，展现出好的体育精神，帮助别人，对待别人的时候充满着尊敬。

（2）认识到规则的目的，并实践自我控制。

（3）在学校努力学习。

（4）对自己的行为负责任。

（5）在自己和别人身上重视诚实，真实。

（6）通过投票来参与班级决定。

2. 学生将通过以下方式发展民族自豪感和爱国情怀

（1）认识中国国旗、天安门、人民英雄纪念碑、万里长城。

（2）学习国歌，表现对国旗的尊敬。

（3）爱国主义，对祖国展现出尊重和热爱。

（4）理解五星红旗，一面代表中国的国旗，中国的爱国主义符号。

<table>
<tr><th>基本理解</th><th>引导问题</th><th>主题任务群</th></tr>
<tr><td>（1）人们制定并遵守公共空间内不同区域的规则来满足需要。</td><td>（1）学校里有哪些区域？它们分别有什么功能？
（2）有哪些功能室？它们有哪些分区？这些分区又有哪些功能？
（3）人们如何为公共场所划分区域来满足需要？</td><td rowspan="2">任务一：我的新教室。
任务二：逛校园。
①新空间。
②逛校园。
任务三：逛功能室。
任务四：校园小导游。</td></tr>
<tr><td>（2）人们通过分工合作来满足不同的需要。</td><td>（1）人们在不同的场所有哪些分工？他们在自己的区域有什么职责？这些人满足了人们的什么需要？
（2）什么是贡献？你为班级做了什么贡献？班级的其他小朋友为你做了什么贡献？
（3）如何分工合作来满足人们的需求？</td></tr>
</table>

学生将知道	学生将能做
（1）学校里有不同的区域，这些区域有不同的作用。 （2）不同的区域人们有不同的分工，不同分工的人们有不同的职责。 （3）通过分工合作来满足人们不同的需求。	（1）能够通过简单的线条与不同色彩的搭配，绘画出校园及功能室的主要特征和情境。 （2）通过绘制校园平面图，学生能辨认方位并能描述物体的位置。 （3）通过“我是校园小导游”活动，学生能自信大方地进行分享。

第二阶段：评价——如何收集证据以确定学生达到既定学习结果的程度？

表现性任务

本单元总结性评价（即学习的庆祝活动）：

主题展示时，学生作为校园的小导游，家长是游客，请学生2—3人一个小组，向家长介绍学校的不同功能区域，以及它们的功能和规则。为了更好地做一名合格的小导游，学生需要提前做好很多准备，比如制作好导游路线图、解说词、设计旅游团名称、标志（小旗等）、游客须知等，学生需要提前规划时间，组织解说语言。

其他评估证据

绘画、探究单、班级公约、校园导游路线图等作品，日常规则遵守情况，轶事记录。

第三阶段：实施——哪些学习经验将表现出学生达到既定的学习结果？

任务一：我的新教室

（1）怎样与别人进行交流？

（2）教室里有什么？它们分别有什么作用？

（3）你能通过桌面的姓名让大家认识你吗？

必备品格：尊重、自律。

关键能力：交流和表达。

相关资源：

活动一：

（1）字卡纸。

（2）学科类材料：

语文：第四单元口语交际《我们做朋友》。

任务二：逛校园

（1）初入校园，我们首先会去到哪些地方？这些地方有哪些功能？我们应该遵守哪些规则？

语文：《我上学了》。

道德与法治：第一单元“我是小学生啦”第1课《开开心心上学去》，第2课《拉拉手，交朋友》。

音视频：《找朋友》《上学歌》。

必备品格：自律、思考。

关键能力：交流、自我管理。

相关资源：

活动二：

1. 字卡纸。

2. 学科类材料：

语文：一年级上册第一单元口语交际《我说你做》，一年级上册第五单元《小书包》，一年级上册第一单元识字《天地人》《金木水火土》。

数学：数数。

道德与法治：第二单元“校园生活真快乐”第6课《校园里的号令》，第8课《上课了》。

绘本：《大卫上学去》《小魔怪要上学》。

（2）学校里有哪些区域？这些区域有什么不同的功能？人们是怎么划分公共场所来满足需要？

相关资源：

（1）字卡纸。

（2）学科类：

语文：一年级上册第一单元识字《口耳目》《日月水火》《对韵歌》。

数学：第一单元10以内数的认识。

道德与法治：第二单元“校园生活真快乐”第5课《我们的校园》，第7课《课间十分钟》。

（3）绘本类：《不一样的卡梅拉》。

任务三：逛功能室

（1）学校还有哪些功能室？他们是干什么的？班级所在的楼层有哪些年级和班级？

（2）逛校内的主要功能室，了解每一个区域的名字、功能、规则、特点以及不同管理员的分工。

相关资源：

（1）字卡纸。

（2）八大概念练习纸。

（3）功能室探究单。

（4）学科类：

语文：第六单元口语交际《用多大的声音》《在学校工作的人们》，第二单元汉语拼音《a o e》《i u ü 》《b p m f》《d t n l》。

数学：找找周围的数。

道德与法治：第一单元“我是小学生啦”第3课《我认识您了》。

（5）绘本类：《大卫系列》。

任务四：校园小导游

（1）如何设计你的导游路线？你打算怎样向爸爸妈妈介绍我们的校园？

（2）为校园展演提前做准备，比如制作好小导游路线图，解说词（分工），设计旅游团名称、标志（小旗等）游客须知、提前规划时间，多排练几次。

必备品格：自律。

关键能力：交流。

相关资源：

（1）探究类：

导游路线图、解说词、设计旅游团名称、标志（小旗等）、游客须知、提前规划时间。

（2）学科类：

语文：第三单元汉语拼音《ai ei ui》《ao ou iu》《ie üe er》。

数学：第二单元10以内的加减法。

课时设计

任务一：我的新教室

U（理解：学生将理解什么。）	Q（问题：学生将探究什么。）
教室是学习、生活的地方。	（1）班级里面有什么？ （2）它们有什么功能？ （3）怎样与他人交流？

续表

K（知识：学生将知道什么。）	D（技能：学生将会做什么。）
（1）学生观察教室有什么，认识并了解它们的作用。 （2）建设班级共同体，并进行小组分工，组内新朋友进行交流，然后组外交流。 （3）通过桌牌，认读生字，进行归类识字。	（1）通过看到的、听到的、想到的，学生梳理怎样做。 （2）能面向他人做自我介绍。 （3）体会分工合作。 （4）会用前后左右描述自己的位置。
必备品格、关键能力：尊重、自律、交流	

任务评估

表现性任务	其他评估
请小朋友们自己主动结交小伙伴，也结交大朋友，主动介绍自己，请注意使用普通话，大方自然地进行介绍。	倾听。我说你做的表现。

教学与学习过程

1. 分组

根据身高、性别进行划分小组。数一数：每个小组人数。比一比：小组内男女生的多少。

2. 自我介绍

（1）教师自我介绍：

教师示范做自我介绍："我叫××，我今年几岁了，我的爱好是唱歌。"引导学生模仿老师的介绍方式在小组内介绍自己。

（2）学生自我介绍：

使用公平签随机抽取学生到台前向全班做自我介绍："我叫××，我今年几岁了，我的爱好是××。"出示姓名卡，副班主任以姓氏为单位提取生字。

3. 创建班级公约

教师引导学生："刚才小朋友们介绍的时候氛围融洽，相信大家很快就能成为好朋友！但是现在有一个小问题，如果老师想让大家快速安静下来，你们有什么好办法吗？”经同学们讨论后形成班级公约。

【班级公约】

（1）行走时有秩序，不跑不强。

（2）用别人能听得见的音量交谈。

4. 认读全班姓名

小组内读自己名字两遍，拿出生字卡片，全班同学认读。

5. 观察教室

教师引导学生观察教室的布置，如墙壁、课桌椅、多媒体、橱子、空调等，让孩子们制订爱护公物的公约。

6. 班级分工

通过蜜蜂生活的小视频，引导学生认识分工的重要性，鼓励大家为班级贡献力量，并开始班干部岗位竞聘。

【资源】

音乐：《找朋友》。

相关资源：

音乐《找朋友》公平签。

学生的姓名卡。

任务二：逛校园

U（理解：学生将理解什么。）	Q（问题：学生将探究什么。）
（1）校园是学习、生活、运动的地方。 （2）我们共同制定并遵守公约来实现自我约束。	（1）我们的校园是什么样子的？ （2）我们怎样去观察校园的特点？ （3）学校有哪些不同的区域，这些区域有什么不同的功能？ （4）人们如何为公共场所划分区域来满足自己的需求？ （5）不同分工的人们有哪些职责？

续表

K（知识：学生将知道什么。）	D（技能：学生将会做什么。）
（1）校园中有很多标识。 （2）学校有不同的区域，不同的区域有不同的功能。 （3）不同场所的人们有不同的分工，不同分工的人们有不同的职责。 （4）人们通过分工合作来满足不同的需要。	（1）学生掌握观察校园的方法，进而迁移到观察世界，“看一看，想一想”“小声读一读，大声去表达”。 （2）能用通顺的语言，表达出自己所看到的、听到的和想到的。 （3）能够通过简单的线条和不同的色彩，对校园及功能室的主要特征和情境进行绘画。
必备品格、关键能力：自律、思考、交流、自我管理。	

任务评估

表现性任务	其他评估
最喜欢的校园图画。	（1）公共空间规则遵守。 （音量的控制） （2）说话的表现。

教学与学习过程

1. 课程引入

引导学生思考，对学校已经有了哪些了解，还想知道什么。

2. 出行公约

学生阐述自己对逛校园规则的理解，一起制定出行公约：

（1）安静。

（2）认真听。

（3）有序排队。

3. 出行准备

（1）教师引导学生设想逛校园的时候需要注意哪些问题，可以假设情境或举例，让学生想办法。

（2）设计逛校园的行动路线。

4. 带领学生们逛校园

（1）按照既定路线引导学生，提醒学生注意仔细观察、认真倾听、积极思考、勇敢表达。

（2）在逛校园的过程中，教师应关注离群学生，可以牵着他的手，或让他做领队，或鼓励其他同学帮助他。

（3）副班主任老师应做好拍照等记录工作。

5. 反思总结

老师带领学生们回到教室，对逛校园活动进行反思总结。引导学生练习语言表达，记录生字词并生成词卡。学生画一画自己看到的校园，并与他人分享自己的作品。

任务三：逛功能室

U（理解：学生将理解什么。）	Q（问题：学生将探究什么。）
不同的部门为学生提供不同的服务。	学校有哪些功能室？他们是干什么的？年级布局是怎么分布的？
K（知识：学生将知道什么。）	D（技能：学生将会做什么。）
（1）明确功能室使用功能与规则。 （2）自我控制。 （3）亲身体验，参与活动，表达分享。	（1）遵守班级公约。 （2）做好自己的岗位职责，与同学团结合作。 （3）尊重他人的职责和劳动成果。
必备品格、关键能力：负责、自我管理、尊重、自律。	

任务评估

表现性任务	其他评估
完成相关探究单。	班级公约日常遵守情况。

教学与学习过程

1. 制定规则

（1）站队和行进中：安静、有序。

（2）约定手势，控制音量。

（3）功能室内：文明参观。

2. 功能室参观

（1）书法教室。

①班主任先大体介绍书法教室的布局以及里面物品的使用和来源。

②学生自由观看（安静有序、爱护物品、试着用毛笔写字）。

③听老师讲解毛笔字书写的注意事项。

④有序离开。

（2）美术教室。

①先听美术工作室负责老师详细讲解美术室大体情况。

②学生自由参观，并向老师提问，由老师解答。

③简单体验。

（3）航模室。

①先听航模老师详细讲航模总体情况。

②学生自由参观，并向老师提问，由老师解答。

③简单体验。

（4）3D打印室（识字）。

①自由参观。

②提出自己感兴趣的问题。

③感受3D笔的神奇。

3. 交流参观成果

（1）交流认读参观中发现的生字。

（2）用“我来到了……，我看到了……，我感到……。”的句式交流参观感受。

（3）画一画自己看到的功能室，并与他人分享作品。

相关材料：

前期的班级公约、完善版班级公约张贴、班级督查岗。

绘本：

《南瓜汤》《忙忙碌碌镇》《德沃夫爷爷的森林小屋》。

任务四：校园小导游

U（理解：学生将理解什么。）	Q（问题：学生将探究什么。）
人们制定并遵守公共空间内不同区域的规则来满足需要。	（1）如何设计你的导游路线？ （2）你打算怎样向爸爸妈妈介绍我们的校园？
K（知识：学生将知道什么。）	D（技能：学生将会做什么。）
（1）学校里有不同的区域，这些区域有不同的功能、不同的规则。 （2）人们通过分工合作来满足不同的需要。	（1）和伙伴合作分工，完成导游路线图。 （2）清晰、大方、有条理地向家长介绍自己的学校。
必备品格、关键能力：自律、交流。	

任务评估

表现性任务	其他评估
校园小导游彩排。	导游路线图。

教学与学习过程

1. 导入

下周我们要邀请爸爸妈妈们来参观我们的学校了，如果你作为校园小导游，需要怎样做准备呢？

2. 进入探究

大家探讨需要做的准备：建立导游小组、选择导游路线、解说语言的组织、导游模拟。

3. 深入探究

（1）建立导游小组。

学生进行分组，教师进行协助，可以4人一个小组，每人承担一定的引导、解说任务，分工合作完成。

（2）选择导游路线。

教师提供几条参观路线，请小组选择，既提供了差异性选择，又可以避免拥挤。如果出现过于集中现象，老师可以适当引导。

小组内共同完成本组的导游路线图。

（3）组织解说语言。

各小组在教师的指导下，组织解说语言，把参观不同区域的功能、需要遵守的规则尤其讲清楚，提醒小导游在热情服务的同时，对参观者的不当行为（如抽烟、大声讲话、乱扔垃圾等）进行提醒。

（4）模拟导游。

在教师的组织下每个小组进行模拟，发现问题及时指导、示范。

4. 现场展示（互动评估）

单元展演当天进行校园小导游活动，带领家长参观学校。期间进行双向评估，包括学生对家长的评估和家长对学生的评估。

主题二　“动物”主题课程设计

一、简要说明

本单元设计了五个主要的学习任务，分别是：动物成长记、尾巴秘密知多少、动物保护色、发现食物链、我为动物代言。五个学习活动有一定的逻辑关系，每个任务沿着探究循环思路设计，学习时长大约4周，以探究为主要学习方式展开。学习任务设计实施基于学生已有经验，面对真实情境及问题，探究解决方法。探究任务需要融入大量的各学科的学习资源，这些资源既是探究的“工具”，也是学科标准的“学材”。活动融入学科要素，促进儿童发展，促进学习任务目标的实现。

二、单元思维导图

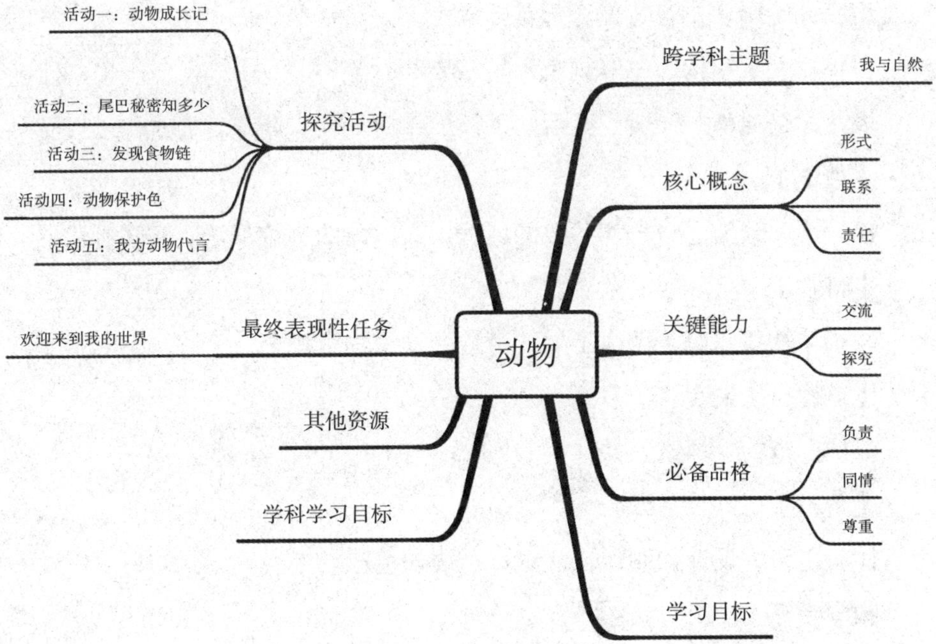

三、单元计划表

第一阶段：目标——学生将获得什么样的学习结果？

聚合概念：形式、联系、责任。

探究问题：

（1）你认识的动物有哪些特点、习性？

（2）你认识的动物都是怎样成长的？动物生长需要什么？

（3）动物与植物、动物与人类如何相处？

焦点学科领域：语文、数学、科学、道德与法治。

单元网

学科概念：

【语文】

识字：笔画、拼音、偏旁部首。

写字：间架结构、书写规范、写字姿势、笔顺。

表达：普通话、倾听、交流、朗读、了解词句、积累、背诵。

【数学】

比一比、分类、11—20各数的认识、20以内的进位加法、移多补少。

【科学】

《小动物找妈妈》《影子》《身边的动植物资源》。

【道德与法治】

保护、节约、探索、共存。

【美术】

体验造型、设计和制作，认识点、线、色彩。

教学资源

【语文】

（1）一年级上册《比尾巴》《青蛙写诗》《雪地里的小画家》《乌鸦喝水》《小蜗牛》。

（2）补充资料：《人类的老师》《鹿和狼的故事》。

【数学】

比一比、分类、20以内进位加法、移多补少。

【道德与法治】

《大自然的礼物》《大自然谢谢你》《美丽的冬天》《健康过冬天》。

【科学】

《小动物找妈妈》《影子》《身边的动植物资源》。

必备品格：负责、同情、尊重。

关键能力：交流、探究。

相关课程标准

【语文】

1. 识字与写字

（1）喜欢学习汉字，有主动识字、写字的愿望。学习独立识字。

（2）认识生字300—500个（含教材中的120个）；会写45个。

（3）掌握汉字的基本笔画和常用的偏旁部首，能按基本的笔顺规则用硬笔写字，注意间架结构，初步感受汉字的形体美。努力养成良好的写字习惯，写字姿势正确，书写规范、端正、整洁。

2. 阅读与鉴赏

（1）喜欢阅读，感受阅读的乐趣，学习用普通话正确、流利、有感情地朗读课文。学习默读。

（2）结合上下文和生活实际了解课文中词句的意思。认识课文中出现的常用标点符号。借助读物中的图画阅读。

（3）关心自然和生命，对感兴趣的人物和事件有自己的感受和想法，并乐于与他人交流。

（4）诵读儿歌、儿童诗和浅近的古诗。背诵《古朗月行（节选）》《风》《雪地里的小画家》等。

（5）积累自己喜欢的成语和格言警句。

3. 表达与交流

（1）学说普通话，逐步养成说普通话的习惯，有表达交流的自信心。

（2）能认真听他人讲话，努力了解讲话的主要内容。能较完整地讲述小故事，能简要地讲述自己感兴趣的见闻。与他人交谈，态度自然大方有礼貌，积极参加讨论，敢于发表自己的意见。

4. 梳理与探究

（1）观察字形，体会汉字部件之间的关系，梳理学过的字，感知汉字与生活的联系。

（2）观察大自然，热心参加校园、社区活动，积累活动体验。

（3）对周围事物有好奇心，能就感兴趣的内容提出问题。

【数学】

（1）经历简单的数的抽象过程。能进行简单的整数四则运算，形成初步的数感、符号意识和运算能力。认识20以内的数，会20以内数的加减法。

（2）认识个位、十位，识别数位上数字的意义；会比较20以内数的大小。

（3）学生将能够使用“大于、小于以及更多、更少、等于”来解读图片或者实物图像中所展示的信息。

（4）能根据给定的标准进行分类，形成初步的数据意识。能辨认物体和简单图形的形状，会简单的分类。

（5）能在教师指导下，从日常生活中提出简单的数学问题，尝试运用所学的知识和方法解决问题。

<table>
<tr><th>基本理解</th><th>引导问题</th><th>主题任务群</th></tr>
<tr><td>动物有不同的种类，其特征和习性是为了适应环境的需要。</td><td>（1）你认识的动物有哪些？有哪些特点？
（2）它们都是怎样成长的？生长需要什么？
（3）动物如何得到食物？</td><td rowspan="3">任务一：动物成长记。
任务二：尾巴秘密知多少。
任务三：动物保护色。
任务四：发现食物链。
任务五：我为动物代言。</td></tr>
<tr><td>所有的动物都有自己生长变化的过程。</td><td>（1）动物与植物、动物与动物之间是怎样相处的？
（2）栖息地对小动物的影响有哪些？</td></tr>
<tr><td>动物和人类相互依存，人类有责任保护动物及环境。</td><td>动物和人如何和谐共处？</td></tr>
</table>

续表

学生将知道	学生将能做
（1）了解动物的种类、特点、习性及生活环境。 （2）知道食物链。 （3）结合探究活动识字。	（1）能利用各种信息了解动物。 （2）能用语言、图画描述和记录观察内容。 （3）能在学习过程中提出问题、寻找解决问题的办法。 （4）能用彩泥、思维图等工具完成作品，表达想法。 （5）能用流利的语言进行故事讲解、表演等。 （6）能根据别人的建议修改自己的观点。 （7）能交流图画作品，介绍自己的家，并能够通过倾听进一步完善绘画作品，对家的功能有更全面的了解。

第二阶段：评价——如何收集证据以确定学生达到既定学习结果的程度?

表现性任务

本单元总结性评价（即学习的庆祝活动）：

（1）“欢迎来到我的世界”角色体验，以第一人称介绍动物的特点、生长等。

（2）多种形式（海报、绘画作品、情景剧、口语表达等）汇报动物生长变化与生活环境的关系。

其他评估证据

（1）评选“爱心小使者”“动物饲养员”。

（2）各活动环节任务单展示。

（3）学科知识检测。

第三阶段：实施——哪些学习经验将表现出学生达到既定的学习结果？

任务一：动物成长记

（1）探究动物的由来。

①动物胎生和卵生的区别。

②分别需要什么样的环境和保护。

③每种动物胎生和卵生的周期。

（2）深入探究。

①孵化小鸡宝宝需要准备什么东西呢？

②孵化器的介绍及操作步骤，温度和湿度的掌握，以及需要什么样的种蛋。

③安排蛋宝宝执勤员，随时观察孵化情况。

④记录小鸡每天的变化。

（3）梳理总结。

用记录册绘制小鸡宝宝的整个孵化过程，全班一起交流展示。

语文：《青蛙写诗》。

科学：《小动物找妈妈》《影子》。

任务二：尾巴秘密知多少

（1）引导问题：动物全身上下都有哪些部分构成？和人类有什么区别？

（2）进入探究：动物尾巴的特点，动物尾巴的重要性。动物没有尾巴会对外形产生什么影响？

（3）深入探究：通过课文《比尾巴》探究各种动物的尾巴。思考你还知道哪些动物尾巴的独特作用？

课文：《比尾巴》。

任务三：发现食物链

（1）引导问题：动物和它的生长环境有什么关系？自然环境和动物有什

么关系？动物和动物之间有什么关系？

（2）初识食物链：说出一种植物，一种吃这种植物的动物，和另一种动物吃这个动物。

（3）反思与行动：举行辩论会，辩题为“狼应不应该吃羊？”学生分为正方和反方进行辩论。通过辩论使学生知道：每种生物都是大自然的一部分，缺一不可。

补充资料：

四年级语文关于食物链的2篇文章《人类的老师》《鹿和狼的故事》。

搜相关视频，理解生态平衡。

道德与法治：

《大自然谢谢你》《美丽的冬天》《健康过冬天》。

任务四：动物保护色

（1）认识保护色和警戒色。

（2）观看变色龙变色视频，思考变色龙变色的原因是什么？生活中有哪些保护色和警戒色的运用？

科学：

《身边的动植物资源》

道德与法治：

《大自然的礼物》

数学：

20以内进位加法、移多补少。

任务五：我为动物代言

（1）从衣、食、住、行等方面进行梳理，并进行说话练习。动物为我们提供……我们的生活离不开动物。

（2）观看濒临灭绝动物的纪录片，思考如果世界上没有动物会怎样？

（3）识字活动。

①出示活动词卡进行认读。

②小组认读，按照词语不同分组：动物、环境。

③集体出声认读。

（4）总结反思。

①观看影子舞—呼吁保护野生动物。

②画宣传海报或拍宣传片。

③分享：怎样照顾我的小动物。

④律动：《小动物做早操》。

彩色卡纸、多种形式的纸张、彩泥、海报。

课时设计

任务一：动物成长记

U（理解：学生将理解什么。）	Q（问题：学生将探究什么。）
（1）动物有不同的种类，不同动物的特点和习性不同。 （2）动物的成长环境不同，成长变化过程也不相同。 （3）动物和人类相互依存，人类有责任保护动物及环境。	（1）不同类型的动物有什么区别？ （2）不同形状的尾巴在动物活动的过程中起到了什么样的作用？
K（知识：学生将知道什么。）	D（技能：学生将会做什么。）
（1）了解动物的种类、特点、习性及生活环境。 （2）知道食物链。 （3）结合探究活动识字。	（1）能利用各种信息了解动物。 （2）能用语言、图画描述和记录观察内容。 （3）能在学习过程中提出问题、寻找解决问题的办法。 （4）能用彩泥、思维图等工具完成作品、表达想法。 （5）能用流利的语言进行故事讲解、表演等。

任务评估

表现性任务	其他评估与自我评估
（1）角色体验，以第一人称介绍动物的特点、生长等。 （2）多种形式（海报、绘画作品、情景剧、口语表达等）汇报动物生长变化与生活环境的关系。	（1）评选“爱心小使者”。 （2）各活动环节任务单展示。 （3）学科知识检测。 （4）能正确认读词语。

教学与学习过程

1. 交流信息

（1）你认识哪些小动物呢？你最喜欢的是哪种小动物？

（2）和家长一起搜集资料，从外形、习性、生活环境、生长变化四个方面介绍自己熟悉的一种小动物。

2. “我给动物做名片”

（1）从外形、习性、生活环境、生长变化等方面制作动物名片，有余力的家长可协同制作PPT或短视频对了解的动物进行介绍。

（2）游戏：快乐分类。学生自由分类，说说分类依据。教师引导提升分类：胎生动物和卵生动物。

3. 动物的由来

（1）了解动物胎生和卵生的区别，分别需要什么样的环境和保护。

（2）帮小动物找同类：学生带着自己的动物名片，帮它找胎生或卵生的朋友，这一过程可提出自己感兴趣的问题并记录下来。

4. 深入探究

（1）孵化小鸡宝宝需要准备什么东西呢？

（2）孵化器的介绍及操作步骤，温度和湿度的掌握，以及需要什么样的种蛋。

（3）安排蛋宝宝执勤员，随时观察孵化情况。

（4）记录小鸡每天的变化。

5. 复习动物词卡，巩固识字

6. 梳理总结

用记录册绘制小鸡宝宝的整个孵化过程，全班一起交流展示。

【工具】

KWL表格、Y图、泡泡图。

【资源】

语文：《青蛙写诗》。

科学：《小动物找妈妈》《影子》（用“前后左右”四个方位词说话）。

道德与法治：人和动物是朋友，要爱护小动物。

任务二：尾巴秘密知多少

U（理解：学生将理解什么。）	Q（问题：学生将探究什么。）
（1）尾巴在动物活动的过程中起到非常重要的作用。 （2）尾巴的形状不同作用也会有区别。	（1）不同类型的动物的尾巴有什么区别？ （2）不同形状的尾巴在动物活动的过程中起到了什么样的作用？
K（知识：学生将知道什么。）	**D（技能：学生将会做什么。）**
（1）学生通过观察发现动物全身上下都由哪些部分构成，和人类有什么区别。 （2）教师引导学生对不同动物的尾巴进行探究，知道动物的尾巴有各自不同的作用。	（1）通过观察动物的尾巴，画出动物尾巴的形状。 （2）通过尾巴外形辨别动物，与同学进行交流，并说出每种动物尾巴对它的独特作用。 （3）能用流利的语言描述并表达自己的观点。

任务评估

表现性任务	其他评估与自我评估
小小尾巴鉴定师——向同学介绍区分动物尾巴类型的方法。 评价标准： （1）正确了解动物的尾巴并根据动物的尾巴进行分类。 （2）对不同类型动物尾巴进行区分。 （3）能正确表达自己的观点。 （4）介绍清晰，语句通顺。	动物尾巴的绘画作品。 学生的自我评价和反馈： （1）能和小组成员合作完成任务。 （2）能和同伴交流讨论，表达观点。 （3）能通过认真倾听，产生新的思考。

教学与学习过程

1. 搜集信息

动物全身上下都由哪些部分构成？和人类有什么区别？

2. 梳理信息

学生展示自己对动物尾巴探究的成果。不同种类的动物尾巴的有不同的特点，功能作用也不同。

3. 进入探究

引导问题：动物尾巴各有什么样的特点？

（1）观察不同动物尾巴图片并猜动物名称。

（2）记录，画一画你喜欢的动物尾巴。

（3）比较，看看尾巴的形状为什么不一样。

（4）预测，你会用尾巴做什么？为什么？

引导问题：你知道动物尾巴的作用有哪些？

引导学生从尾巴的形状、动物的生活环境去介绍。

【差异化教学】

教师根据探究的进度，相机指导学习有困难的学生。

4. 深入探究

学习课文《比尾巴》。

完成任务单并分享。

出示有关动物尾巴的词卡，进行认读识字。

5. 反思与行动

动物尾巴鉴定师

6. 评估

（1）正确了解动物的尾巴的作用。

（2）能够区分不同类型动物尾巴。

（3）能正确表达自己的观点。

（4）介绍清晰，语句通顺。

分类方法：

教师利用学生绘制的动物身份证，引导学生进行分辨。

任务三：发现食物链

U（理解：学生将理解什么。）	Q（问题：学生将探究什么。）
动物和人类相互依存，人类有责任保护动物及环境。（责任）	在大自然中，动物和植物、动物与动物之间是怎样相处的？（联系）
K（知识：学生将知道什么。）	D（技能：学生将会做什么。）
（1）知道食物链。 （2）认识汉字50个左右，积累词语20个左右。 （3）掌握7、6加几及相应的几加7、6的口算方法，学会解决相关的实际问题。 （4）知道不能打破自然界的基本生态平衡。	（1）能运用流程图梳理收获。 （2）能用清楚的语言表达自己的观点。 （3）能根据同伴的建议修改作品。 （4）熟练运用“凑十法”进行口算。

任务评估

表现性任务	其他评估与自我评估
运用多种材料完成一幅食物链作品，并用流利的语言介绍。 评价标准： （1）能完成一幅较为完整的食物链作品。 （2）能用流利的语言介绍至少一种食物链。	和伙伴表演情景剧，演示食物链。 学生的自我评价和反馈： （1）利用彩泥制作、绘画作品、头饰制作等多种方式，展示食物链。能用流利的语言清楚介绍食物链。 （2）能说一说身边人类哪些行为破坏生态平衡。

教学与学习过程

1. 搜集信息

动物和它的生长环境有什么关系？动物的生长环境中有哪些朋友和敌人？

2. 梳理信息

观察一株草（花）的附近有哪些动物。

思考自然环境和动物有什么关系？动物和动物之间有什么关系？绘制一

张图，展示你的发现。

3. 进入探究

（1）说出一种植物，一种吃这种植物的动物，和另一种动物吃这个动物。

（2）画一种植物，画一种吃这种植物的动物，画另一种动物吃这个动物。

（3）把你的画排序，看看植物和动物之间发生了什么。

（4）阅读绘本《食物们的超级乐园》。

（5）与他人交流展示你的作品。

4. 深入探究

引导问题：从情景图上你了解到哪些信息？能提出哪些问题？

（1）找出数学信息。

信息一：小青蛙上午吃了7只虫子，小青蛙下午吃了4只虫子。

信息二：熊妈妈吃了6盒蜂蜜，熊宝宝吃了5盒蜂蜜。

（2）提出数学问题

问题一：小青蛙一共吃了多少只虫子？

问题二：熊妈妈和熊宝宝一共吃了多少盒蜂蜜？

（3）研究问题

解决问题一：

①结合数学信息列数学关系式。

②列数学算式。

③小组讨论，总结算理。

④7的凑十法。

⑤独立列式，集体订正。

解决问题二：

①找出信息自主列式。

②集体订正答案。

5. 反思与行动：

（1）辩论会：狼应不应该吃羊？学生分为正方和反方进行辩论，通过辩论使学生知道：每种生物都是大自然的一部分，缺一不可。

（2）补充阅读：四年级语文《鹿和狼的故事》。

①梳理信息：政府是怎样保护鹿的？画出相关句子。

②交流发现：没有天敌的鹿的生活怎样了？为什么是这样的结果？

③发表观点：如果你是州长，你会怎么做？为什么？

④我们身边有哪些行为在破坏生态平衡？

6. 评估

能用绘画或彩泥等方式完成一种食物链，并用流利的语言进行介绍。

【资源】

语文：《鹿和狼的故事》。

数学：7、6加几及相应的几加7、6的口算方法。

绘本：《食物们的超级乐园》。

【评价】

（1）能围绕一个观点，至少找到2条以上理由。

（2）能清楚表达自己的想法。

（3）能听清对方的话，并给予及时的反驳。

板书展示：

虫→鸡→狐狸

资料：绘本《食物们的超级乐园》。

学生自我评价：

画一个动物，及和它一起生活的植物。

和一个同伴说一说动物如何得到食物。

和同伴一起阅读绘本，进行识字活动。

学科链接：

数学：7、6加几及相应的几加7、6的口算方法。

语文：四年级语文《鹿和狼的故事》。

任务四：动物保护色

U（理解：学生将理解什么。）	Q（问题：学生将探究什么。）
动物和人类相互依存，人类有责任保护动物及环境。	栖息地对小动物有哪些影响？
K（知识：学生将知道什么。）	D（技能：学生将会做什么。）
（1）什么是保护色，什么是警戒色。 （2）认识汉字50个左右，积累词语20个左右。工整书写汉字。 （3）掌握8加几的计算方法。	（1）能利用各种信息了解动物的生存状况。 （2）能根据动物习性、特点等，了解动物生存的方式，并介绍自己的想法。 （3）能根据动物保护色联想一些保护色有趣的运用方法。

任务评估

表现性任务	其他评估与自我评估
我来设计警示牌。 评价标准： （1）能根据了解到的动物的特点、习性及生活环境，利用身边资源为设计一个警示标志。 （2）能用语言进行介绍。	识字过关卡。 学生的自我评价和反馈： （1）完成警示牌设计。 （2）对同学设计的警示牌提出自己的建议。 （3）能正确认读词语。

教学与学习过程

1. 搜集信息

动物的生活环境怎样的？

2. 梳理信息

了解学生对于动物保护自己的认识以及所感兴趣的问题。

（1）植物和动物如何生活在森林里？

（2）动物怎样生存？

3. 进入探究

动物与栖息地的不同关系——适应环境，保护色与警戒色。

出示保护色和警戒色动物的图片，引导学生思考，这些小动物是怎么生活的？为什么会有这样不同的颜色呢？

4. 深入探究

（1）观看变色龙变色视频。思考变色龙变色的原因是什么。

（2）交流：生活中有哪些保护色和警戒色的运用？

（3）完成绘画：动物和我捉迷藏。

5. 反思与行动

（1）生活中，你是怎样照顾小动物的？

（2）在和小动物相处过程中，该怎样保护自己？

6. 课外拓展

调查：动物的生长环境中有哪些朋友和敌人？

【资源】

绘本：《动物和我们捉迷藏》。

【评价】

（1）能用比较流利的语言介绍至少3种动物保护的方法。

（2）能把自己熟悉的保护色和警戒色动物名称说清楚。

（3）能认真听明白同伴介绍，对不明白的提出自己的问题。

相关材料：

绘本：《动物和我们捉迷藏》。

任务五：我为动物代言

U（理解：学生将理解什么。）	Q（问题：学生将探究什么。）
动物和人类相互依存，人类有责任保护动物及环境。	动物和人如何和谐共处？
K（知识：学生将知道什么。）	D（技能：学生将会做什么。）
（1）我们的食物是动物植物提供的。 （2）主要食物（馒头、米饭）是怎样来的。 （3）绘本故事的主要内容。 （4）认识生字词语30个左右，积累词语10个左右。	（1）能运用流程图梳理收获。 （2）能用清楚的语言表达自己的观点。 （3）能根据同伴的建议修改作品。

任务评估

表现性任务	其他评估与自我评估
“我是动物代言人”表演。 运用多种方式（海报、情景剧表演等）呼吁人类爱护动物。 评价标准： （1）能在情景表演中大方表演，声音洪亮。 （2）独立完成绘画海报，色彩搭配恰当，主题鲜明。	其他评估： 讲关于动物的故事、动物知识大比拼。 学生的自我评价和反馈： （1）能根据需要独立或和同伴合作完成头饰。 （2）能用比较流利的语言进行表演。 （3）能用图文的海报宣传对动物的保护。

教学与学习过程

1. 搜集信息

想一想你最了解的一种动物，找一找动物为我们的生活提供了什么。

2. 梳理信息

从衣、食、住、行等方面对问题进行梳理，并进行说话练习。

口语表达：动物为我们提供……，我们的生活离不开动物。

【评价】

（1）能根据自己的调查表进行交流。

（2）自己提出的问题被至少3个同伴认可。

3. 进入探究

（1）引导性问题：我们身边的食物是怎样来的？

（2）课件出示：馒头（米饭），引导学生推测馒头（米饭）是怎么来的。

（3）小鸡从孵化到成为我们的食物要经历哪些过程？

4. 深入探究

（1）观看濒临灭绝动物的纪录片，思考如果世界上没有动物会怎样？

（2）小组讨论保护方法并进行讲解。

（3）阅读绘本《恐龙的灭绝》。

（4）识字活动：

①出示活动词卡进行认读。

②小组认读，按照词语不同分组：动物、环境。

③集体出声认读。

（5）观看影子舞——呼吁保护野生动物。

5. 反思与行动

分享：怎样照顾我的小动物。

6. 评估

画宣传海报或拍宣传片。

【资源】

科学：《我们的食物》《身边的动植物资源》。

道德与法治：《大自然谢谢您》。

绘本：《恐龙的灭绝》。

主题三　“家”主题课程设计

一、简要说明

本单元设计了四个主要的学习任务，分别是：我说我家、家中的他、家庭树、家的守护者。四个学习活动有一定的逻辑关系，每个任务沿着探究循环思路设计，学习时长大约4周，以探究为主要学习方式展开。学习活动设计实施基于学生已有经验，针对真实情境及问题，探究解决方法。探究活动需要融入大量的不同学科的学习资源，这些资源既是探究的“工具”，也是学科标准的“学材”。融入学科要素，促进儿童发展，促进学习活动目标的实现。

二、单元思维导图

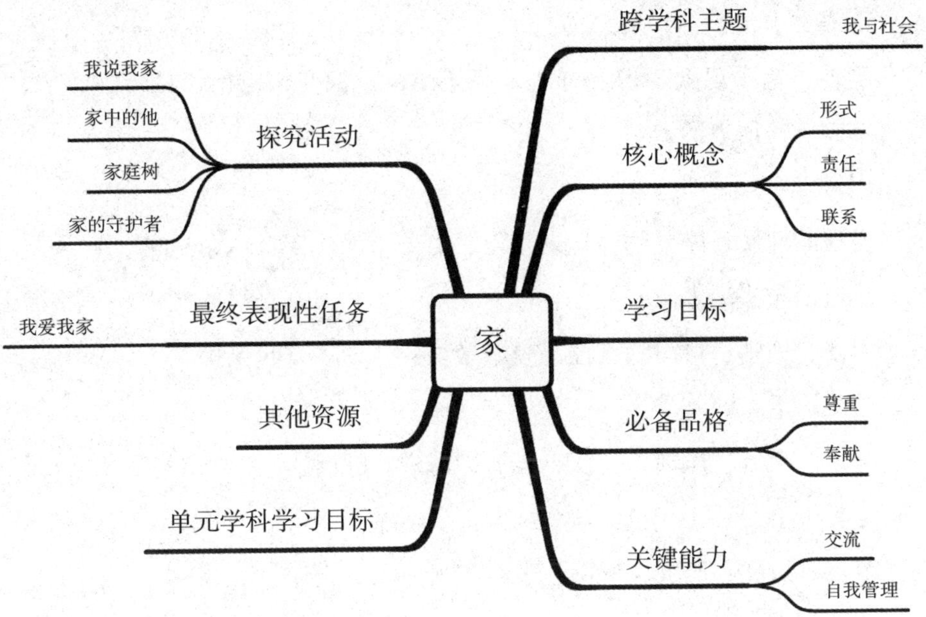

三、单元计划表

第一阶段：目标——学生将获得什么样的学习结果？

聚合概念：形式、责任、联系。

探究问题：

（1）家是什么样的？家为我们提供什么？

（2）你了解你的家人和家庭成员的称谓吗？

（3）每个家庭成员为家做了什么？我能为家做什么？

焦点学科领域：科学、数学、语文、体育、道德与法治等。

单元网

学科概念：

【数学】

分类比较，认识整时和半时，认识元角分。

【语文】

笔画、笔顺规则、识字方法、间架结构、偏旁、书法、朗诵、积累、感受汉字美、口语表达。

【科学】

磁铁的性质、简单物体运动规律、简单力的作用、科学思想。

【道德与法治】

习惯、规则、自律、责任、爱亲敬长、劳动、自我保护。

【英语】

介绍、交流、识别、指认、表演、请求、歌谣。

【音乐】

节奏、力度、速度、节拍、表演。

【体育】

情绪调控、变化、健康。

【美术】

观察、想象、欣赏、评述。

教学资源

【语文】

（1）《项链》。

（2）口语交际：听故事，讲故事。

（3）快乐读书吧：读读童谣和儿歌。

【数学】

100以内的加法和减法、统计表、统计图。

【绘本】

《忙碌的车轮子系列》《轱辘轱辘转》《你认识这些车吗》。

【美术】

折纸、剪纸、装饰。

【音乐】

童谣

必备品格：尊重、奉献。

关键能力：交流、自我管理。

相关课程标准

【语文】

1. 识字与写字

（1）喜欢学习汉字，有主动识字、写字的愿望。认识常用汉字300个，其中100个会写。

（2）掌握汉字的基本笔画和常用的偏旁部首，能按基本的笔顺规则用硬笔写字，注意间架结构，初步感受汉字的形体美。

（3）努力养成良好的写字习惯，写字姿势正确，书写规范、端正、整洁。

（4）学习独立识字。能借助汉语拼音认读汉字，学会用音序检字法和部首检字法查字典。

2. 阅读与鉴赏

（1）喜欢阅读，感受阅读的乐趣。学习用普通话正确、流利、有感情地朗读课文。

（2）结合上下文和生活实际了解课文中词句的意思，在阅读中积累词语。

（3）诵读儿歌、儿童诗和浅近的古诗，展开想象，获得初步的情感体验，感受语言的优美。

（4）阅读浅近的童话、寓言、故事，向往美好的情境，关心自然和生命，对感兴趣的人物和事件有自己的感受和想法，并乐于与他人交流。

3. 表达与交流

（1）学说普通话，逐步养成说普通话的习惯，有表达交流的自信心。

（2）能认真听他人讲话，努力了解讲话的主要内容。

（3）听故事、看影视作品，能复述大意和自己感兴趣的情节。能较完整地讲述小故事，能简要讲述自己感兴趣的见闻。

（4）与他人交谈，态度自然大方，有礼貌。积极参加讨论，敢于发表自己的意见。

（5）对写话有兴趣，留心周围事物，写自己想说的话，写想象中的事物。在写话中乐于运用阅读和生活中学到的词语。

（6）根据表达的需要，学习使用逗号、句号、问号、感叹号。

4. 梳理与探究

（1）观察字形，体会汉字部件之间的关系。梳理学过的字，感知汉字与生活的联系。

（2）观察大自然，热心参加校园、社区活动，积累活动体验。结合语文学习，用口头或图文等方式整理、表达自己在活动中的见闻和想法。

（3）对周围事物有好奇心，能就感兴趣的内容提出问题，结合其他学科的学习和生活经验交流讨论，尝试提出自己的看法。

【数学】

（1）能根据给定的标准进行分类，形成初步的数据意识。

（2）在主题活动中认识货币单位、时间单位和基本方向，尝试用数学方法解决问题，积累数学活动经验，形成初步的量感和应用意识。

（3）能辨认简单的立体图形和平面图形，认识长方形和正方形的特征。

（4）能在教师指导下，从日常生活中提出简单的数学问题，尝试运用所学的知识和方法解决问题。

【道德与法治】

（1）初步认识到自己作为家庭一员的责任，学会承担力所能及的家务活。

（2）培养自理能力，培养学生做事用心、不怕困难、持之以恒的品质。

（3）体会到父母长辈对自己的关爱，体会家庭生活的幸福；能用自己的方式孝亲敬长，向长辈表达自己的爱、自己的心意，从而学会感谢他人、关爱他人。

【体育】

（1）发展校外运动能力。

（2）学会调控情绪的方法。

【美术】

“造型·表现”学习领域：学生能够运用各种美术工具、材料来表现家庭生活中的事物。

<table>
<tr><th>基本理解</th><th>引导问题</th><th>主题任务群</th></tr>
<tr><td>家是每个人成长和生活的重要地方。</td><td>家是什么样的？家为我们提供什么？</td><td rowspan="2">任务一：我说我家。
任务二：家中的他。
任务三：家庭树。
任务四：家的守护者。</td></tr>
<tr><td>家庭成员关系不同而称谓不同，每个家庭成员都有自己的角色、责任。</td><td>（1）你了解你的家人和家庭成员的称谓吗？
（2）每个家庭成员为家做什么？我能为家做什么？</td></tr>
<tr><th>学生将知道</th><th colspan="2">学生将能做</th></tr>
<tr><td>（1）家是每个人成长和生活的重要地方。
（2）家庭成员关系不同而称谓不同，每个家庭成员都有自己的角色、责任。</td><td colspan="2">（1）能利用各种信息来源认识家、家人。
（2）能在学习过程中提出主要的研究的问题，找出解决的方法。
（3）能用图片和文字进行相关描述。
（4）能利用思维工具梳理信息。
（5）能用流利的语言描述并表达自己的观点。
（6）学生能交流图画作品，介绍自己的家，并能够通过倾听进一步完善绘画作品，对家的功能有更全面的了解。</td></tr>
</table>

第二阶段：评价——如何收集证据以确定学生达到既定学习结果的程度？

表现性任务

本单元总结性评价（即学习的庆祝活动）：

我爱我家：

（1）识字：识字城堡。

（2）亲子剧场《爱心树》《逃家小兔》《我的家庭故事》。

（3）诗朗诵《游子吟》。

（4）爱的告白：和爸爸妈妈说说心里话。

其他评估证据

（1）各活动环节任务单展示。

（2）学科知识检测。

第三阶段：实施——哪些学习经验将表现出学生达到既定的学习结果？

主题任务群

任务一：我说我家

（1）探究问题：家是什么样的？家为我们提供什么？

（2）深入探究：引导学生用CSI工具表现自己的家并用流利的语言进行介绍。

（3）学生用流利的语言交流分享自己带来的照片。在分享中体会家庭的变化，感受家庭的温暖。

语文：《项链》

道德与法治：《家中的安全与健康》。

资源：

家庭照片

任务二：家中的他

（1）探究问题：你的家人有哪些？你的家人的外貌特征、职业、性格、兴趣爱好是什么？

（2）进入探究：你对家人的了解有多少？说说自己家人的外貌特征、职业、性格和兴趣爱好。

（3）深入探究：教师介绍自己家人的外貌、职业、性格、兴趣爱好等。学生带着照片用流利的语言介绍自己的家人，并认真倾听别人的表达。

（4）画自己的家人，并且用学到的方法进行介绍。

语文：《大还是小》。

绘本资源：

《我爸爸》《我妈妈》。

任务三：家庭树

（1）探究问题：其他家庭成员的称谓是什么？家庭成员之间的关系是怎样的？

（2）进入探究：用圆形图梳理学生了解的家庭成员的称谓及其关系。教师绘制班级树，让学生了解它的功能、样子，引导学生大致说出自己家庭树的组成 。

（3）深入探究：学生尝试绘制家庭树，并且用流利的语言介绍自己的家庭树。对比同学们之间家庭树的异同，感受不同家庭之间的构成不同。

借助故事万花筒，讲一讲我的家庭故事。

语文：

语文园地七“家庭成员识字”。

《姓氏歌》《明天要远足》。

任务四：家的守护者

（1）探究问题：我家的守护者是谁？每个家庭成员为家做什么？我还能为家做什么？利用句式脚手架介绍自己家的守护者。

（2）深入探究：通过体验或采访的形式了解父母的职业、具体工作内容。利用“家庭向日葵”梳理记录爸爸妈妈为家做的事和我为家做的事。

引导孩子观察发现爸爸妈妈为家付出的远比我们做得多，引导学生思考我们还可以为家做什么。

（3）你能想出什么办法帮助妈妈整理物品？谁的方法更好？利用身边的物品（书包、文具）练习分类。

（4）学习律动《听我说谢谢你》，表达对父母的感激之情。

数学：《认识钟表》《分类与比较》《认识人民币》。

德道与法治：我爱我家。

资源：《家庭向日葵》任务单、《今日我当家》任务单。

课时设计

任务一：我说我家

U（理解：学生将理解什么。）	Q（问题：学生将探究什么。）
家是每个人成长和生活的重要地方。	（1）家是什么样的？ （2）家为我们提供什么？
K（知识：学生将知道什么。）	D（技能：学生将会做什么。）
（1）学生通过探究，了解家的布局、变化以及家的功能。 （2）学生通过“画画我的家”并交流绘画作品，展示自己对家的理解。 （3）学生通过对课文《项链》的学习，了解大海是海螺和贝壳的家。 （4）学生通过对《家中的安全与健康》的学习，了解基本的居家安全常识以及相关健康常识。 （5）学生通过对《逃家小兔》主题绘本的阅读，加深对家的理解。	（1）学生能用通顺的语言，表达出自己在家里看到的、能做的和感受到的。 （2）能用通顺完整的语言进行交流。 （3）能够提出自己的问题。 （4）能够根据所读绘本进行想象、续编和表达。 （5）能够感受家庭的温暖。
必备品格：尊重、奉献。 关键能力：交流、自我管理。	

任务评估

表现性任务	其他评估
表现性任务： 通过口头和绘画等方式，介绍自己对家的认识和了解。 评价维度： （1）能画出自己心目中的家。 （2）能用流利的语言描述自己的画作并说出自己对于家的感受。	其他证据： （1）利用照片介绍自己家庭的布局、变化，介绍最有意义的一张照片。 （2）能画出自己心目中的家。 （3）能用流利的语言介绍自己的画作。 （4）能在绘画和表达的过程中体会并表达家的温暖。

教学与学习过程

1. 搜集信息

导入：

我们来看几幅图片，句式练习：森林是小鹿的家……

同学们成功发现了小动物的家，今天老师就和大家一起聊聊我们的家。板书课题：我说我家。

2. 进入探究

（1）出示表现性任务：用CSI工具画出自己对家的感受。

（2）制定活动公约。引导学生运用班级公约规范行为。

（3）前测：用KWL呈现学生对于家的了解。

教师引导学生回忆自己的家，并且用合适的语言表达出来。

引导性问题：

问题1：你的家里有什么？

问题2：在家里可以做什么？

问题3：家给你什么感受？

【评价】

（1）能画出自己心目中的家。

（2）能用流利的语言描述自己的画作并说出自己对于家的感受。

3. 梳理信息

引导学生谈一谈在家里看到的、能做的和感受到的，教师及时梳理。（引导学生运用句式“我的家里有……我在家里可以……我的家让我感觉……”运用完整的句子进行熟练通顺的表达。）

4. 深入探究

（1）我的家。

提前搜集家的布局、家庭的变化，以及父母结婚、孩子出生、过生日、外出旅游等比较有纪念意义的照片3—5张。

学生用流利的语言交流分享自己带来的照片，在分享中体会家庭的变化。

观看家人录制好的视频，感受家庭的温暖。

【评价】

①能够用通顺流畅、有逻辑性的语言介绍自己的带来的照片，说出照片上的内容。

②能够表达出自己的情感。

工具：

公约、KWL表格、Y图。

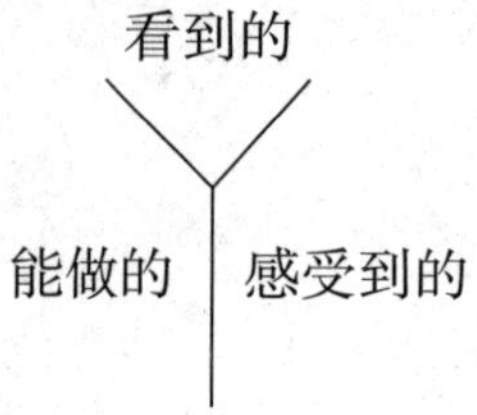

差异化教学：

运用句式帮助学生完整表达。

资源：

能体现家的布局、变化的照片以及最有意义的家庭照片3—5张。

学科链接：

一年级上册道德与法治第三单元。

《玩得真开心》。

（2）家中的安全与健康。

利用家里的废旧物品制作玩具，带到学校交流，举办“玩具交流会”。

引导性问题一：你放学回家玩什么？

引导性问题二：怎样玩更安全？更健康？

（3）学习课文《项链》。

（4）识字活动。

出示生成的的词卡，进行分类认读识字。

小组内认读词语，按照不同的标准为词语分组：家庭布局、能做的事、家庭成员称谓、感受。

集体展示词语认读。

资源：

识字卡片。

学科链接：

一年级上册语文第七单元。

《项链》。

（5）绘本阅读

精读绘本《逃家小兔》，体会家对于小兔子的意义，尝试续编绘本，并且仿照原绘本语言进行表述。

5. 反思与行动

通过采访，了解你的家人，完成卡片。

在进入探究KWL表格中重点梳理孩子对于家的感受。

在Y图梳理和学生画画表达的过程中注意语言的完整性和逻辑性。

《逃家小兔》绘本续编可以把一个小组孩子的作品装订成册，形成一个新的绘本进行展示。

6. 评估

画画我的家

（1）学生画一画自己的家。可以从多方面呈现，例如家的布局、家庭大事件、家的变化等方面。

（2）学生尝试用流畅完整有逻辑性的语言交流绘画作品。

（3）通过倾听，进一步完善绘画作品，对家有更全面的了解。

【工具】

班级公约、KWL表格、Y图、识字卡片、家庭照片。

【资源】

语文：《项链》。

道德与法治：《玩得真开心》。

绘本：《逃家小兔》。

资源：

绘本《逃家小兔》。

资源：

《逃家小兔》续编任务单。

家人信息卡片。

评价：

（1）能够全面地画出自己心目中的家，并用流畅完整有逻辑性的语言进行交流。

（2）能画出家的一个部分并进行交流。

任务二：家中的他

U（理解：学生将理解什么。）	Q（问题：学生将探究什么。）
家庭成员关系不同而称谓不同，每个家庭成员都有自己的角色、责任。	你的家人有哪些？你的家人的外貌特征、职业、性格、兴趣爱好是什么？
K（知识：学生将知道什么。）	D（技能：学生将会做什么。）
（1）学生通过探究，从四个方面了解自己家人的基本信息：外貌特征、职业、性格、兴趣爱好。 （2）精读绘本《我爸爸》《我妈妈》，体会绘本中介绍家人的语言方式。 （3）学习课文《大还是小》，认读生字，理解课文内容，体会作者想长大的心情。 （4）认识与家人有关的生字词。	（1）学生能用通顺的语言，借助田字图说话，从四个方面用通顺完整的语言介绍自己的家人。 （2）能够仿照绘本《我爸爸》《我妈妈》进行绘本创编，介绍自己“家中的他”。 （3）能够增进对自己的了解，树立独立自主的意识。 （4）能够感受家庭成员不同的性格特征，体会家庭成员对家庭的付出。
必备品格：尊重、奉献。 关键能力：交流、自我管理。	

任务评估

表现性任务	其他评估
绘本创编：选择一位自己的家人，仿照绘本《我爸爸》《我妈妈》，进行绘本创作。 评价维度： （1）能画出“家中的他”的外貌特征。 （2）能仿照绘本《我爸爸》《我妈妈》的语言特点，对“家中的他”进行简单的文字介绍。 （3）能把自己创编的绘本用流利通顺的语言讲解给别人听。	借助家人照片，介绍家人的外貌特征、职业、性格、兴趣爱好。

教学与学习过程

1. 搜集信息

你的家庭成员有哪些？

你对他们有什么了解？

2. 进入探究

（1）绘本创编：选择一位自己的家人，仿照绘本《我爸爸》《我妈妈》，进行绘本创作。

（2）制定活动公约，引导学生运用班级公约规范行为。

（3）前测：用KWL呈现学生对于家的了解。

①学生展示上节课布置的家庭成员信息卡，交流有关家人的信息。

②用KWL表格展示学生对于家人的了解。

【评价】

（1）能画出“家中的他”的外貌特征。

（2）能仿照绘本《我爸爸》《我妈妈》的语言特点，对“家中的他”进行简单的文字介绍。

（3）能把自己创编的绘本用流利通顺的语言讲解给别人听。

3. 梳理信息

引导学生从四个方面（外貌特征、职业、性格、兴趣爱好）梳理家庭成员的信息，教师运用田字图及时梳理。注意表达应完整、准确和通顺，培养学生认真倾听的习惯。

【差异化教学】

运用句式帮助语言表达能力较弱的孩子进行完整表达。

4. 深入探究

学生利用事先准备好的家人照片，对自己的家人进行简单介绍。句式：我介绍的是……他的工作是……他很……他喜欢……

【评价】

（1）能够用通顺流畅、有逻辑性的语言介绍自己的带来的照片，并能够表达自己的情感。

（2）能较为流利地说出照片上的内容。

（3）精读绘本《我爸爸》《我妈妈》，体会作者介绍自己的爸爸妈妈的语言，并从中体会作者与爸爸妈妈的深厚感情，以及爸爸妈妈对于家庭的付出。

工具：

公约、KWL表格、家庭成员信息卡。

资源：

家人照片。

绘本《我爸爸》《我妈妈》。

（4）学习语文课文《大还是小》。

（5）识字活动，出示生成的词卡，进行分组认读，并集体展示词语认读。

5. 反思与行动

（1）除了家中常见的家人之外，你还知道哪些家庭成员？

（2）你是怎样称呼他们的？

（3）你们之间的关系是怎样的？

6. 评估

绘本创编：选择一位自己的家人，仿照绘本《我爸爸》《我妈妈》，进行绘本创作。

（1）画出“家中的他”的外貌特征。

（2）仿照绘本《我爸爸》《我妈妈》的语言特点，对“家中的他”进行简单的文字介绍。

（3）把自己创编的绘本用流利通顺的语言讲解给别人听。

资源：

识字卡片。

【评价】

（1）能画出家人的外貌特征并能仿照绘本进行介绍，能用流利通顺的语言讲解自己创编的绘本。

（2）能画出家人并能进行相关的介绍。

【工具】

班级公约、KWL表格、家庭成员信息卡、家庭照片。

【资源】

语文：《大还是小》。

道德与法治：《早睡早起》。

绘本：《我爸爸》《我妈妈》。

任务三：家庭树

U（理解：学生将理解什么。）	Q（问题：学生将探究什么。）
家庭成员之间关系不同，称谓不同。	（1）家庭成员的称谓是什么？ （2）家庭成员之间的关系是怎样的？
K（知识：学生将知道什么。）	D（技能：学生将会做什么。）
（1）学生通过制作“我的家庭树”，知道家庭成员的关系和称谓。 （2）学生在主题绘本阅读和“故事万花筒”活动中，进行语言积累。	（1）能利用树状图等思维工具梳理家庭成员的关系、称谓并表达观点。 （2）能用流利的语言讲述家庭故事，感受家庭的温暖和关爱。 （3）能在学习过程中提出主要的研究问题，进行语言表达，找出解决的方法。
必备品格：尊重。 关键能力：交流。	

任务评估

表现性任务	其他评估
家庭树游戏：家庭成员称谓和关系。 评价维度： 能够发现家庭成员称谓和关系对应的卡片，并能够正确介绍。	其他证据： 绘制家庭树，并能介绍自己的作品。 能认真倾听，了解他人的家庭关系。 故事万花筒。 学科知识展示与测试。

教学与学习过程

1. 搜集信息

（1）问题导入：你知道哪些家庭成员的称呼呢？

（2）前测：用KWL表格记录已知的家庭成员称谓。

2. 进入探究

（1）家庭树游戏：家庭成员称谓和关系。

（2）制定公约，引导学生运用班级公约规范行为。

（3）了解家庭成员之间的关系。

①根据梳理出来的称呼，说一说你和家庭成员、家庭成员之间的关系。

②教师使用圆形图梳理学生了解的家庭成员的称谓及其关系。

③认识家人，相机识字。

④你还想知道哪些家庭成员的称谓或关系呢？教师相机记录。

3. 梳理信息

（1）梳理班级关系，教师绘制班级树。

（2）学生了解班级树的功能、样子，知道其作用。

（3）理清家庭树组成：教师引导学生大致说出自己家庭树的组成。

【评价】

能够发现家庭成员称谓和关系对应的卡片，并准确介绍。

【差异化教学】

能够寻求帮助后发现对应卡片，并介绍。

工具：

班级公约、KWL表格。

4. 深入探究

（1）情境导入。

①观察班级树，说一说小组里同学的名字，发现姓氏的不同。

②介绍《中华百家姓》并学习其中改编的一小部分《姓氏歌》。

③出示学习目标和评价量规。

（2）找出信息。

①听老师读课文，圈出听到的姓氏。

②出示文中姓氏，学生可以通过借助拼音等方式自主识字。

（3）问答游戏。

①师生对读，总结发现用“加一加”介绍姓氏的方法。

②问答游戏，引导学生通过“说偏旁”的方法来介绍姓氏。

③姓氏我来说：用上“加一加”和“介绍偏旁”的方法，或自己想到的方法向他人介绍自己的姓氏。

（4）写写我的姓氏。

（5）尝试绘制家庭树，并找一找家中的姓氏。

①小组内交流作品，教师出示评价量规。

②全班交流，对比同学们之间家庭树的异同，感受不同家庭之间的家庭结构不同。

【评价】

（1）正确读写生字、朗读课文。

（2）向他人介绍自己的姓氏。

学科链接：

部编语文一年级上册语文园地七。

部编语文一年级下册《姓氏歌》。

5. 反思与行动

（1）故事万花筒：我的家庭故事。通过讲故事，感受家庭的温暖和关爱。

（2）幸福旅行，温馨难忘。学习一年级上册语文课文《明天去远足》。

（3）情境链接，拓展练习。

①说一说自己远足或旅行前的感受。

②根据句式写一小节诗歌，介绍和家人在一起的有趣经历，可以配画，并讲给爸爸妈妈听。

（4）绘本阅读《Me and my family tree》，加深对于家庭成员的理解。

【差异化教学】

教师根据小组合作探究的进度，相机指导学习有困难的小组。

【评价】

（1）能读出期待和兴奋激动的心情。

（2）能用小诗歌的形式，记录自己与家人难忘的故事。

学科链接：

部编语文一年级上册课文《明天要远足》。

资源：

绘本《Me and my family tree》。

备注：结合英语课，阅读绘本。

资源：

游戏所需要的家族树、卡片、图片等。

6. 评估

家庭树游戏：家庭成员称谓和关系。

（1）将家庭成员图片和称谓卡片分别分给不同的小朋友。

（2）小朋友根据家庭成员的关系在班级内寻找相应的称谓。

（3）找到读一读生字，粘到家族树中相应的位置。

（4）介绍自己在家族树中与其他成员的关系。

任务四：家庭守护者

U（理解：学生将理解什么。）	Q（问题：学生将探究什么。）
每个家庭成员都有自己的角色、责任。	（1）我家的守护者是谁？ （2）每个家庭成员为家做了什么？我还能为家做什么？
K（知识：学生将知道什么）	D（技能：学生将会做什么）
（1）了解每个家庭成员的角色和责任。 （2）学习分类与比较。 （3）结合绘本的学习，掌握分享交流时的句式。	（1）学生观察、记录自己和父母一天的生活，完成“家庭向日葵”任务单，并能够提出自己的问题。 （2）“我做家庭的守护者”，为家庭做力所能及的事情。
必备品格：责任　奉献。 关键能力：交流　自我管理。	

任务评估

表现性任务	其他评估
根据探究单进行汇报 评价标准： （1）了解每个家庭成员的角色和责任。 （2）能准确表达自己的观点，介绍清晰，语句通顺。	学生的自我评价和反馈： （1）能和小组成员合作完成任务。 （2）能和同伴交流讨论，表达观点。 （3）能通过认真倾听，产生新的思考。

教学与学习过程

1. 激趣导入

（1）课前律动，随着音乐活动身体。

（2）趣味猜字，猜一猜图中的字。

（3）趣味识字，观看视频，让学生了解“家”字的来源。

2. 探究梳理

（1）谁是你家的守护者？她（他）是怎么守护的？（通过哪些行动？）向大家介绍自己家的守护者。

（2）利用“家庭向日葵”梳理记录爸妈妈为家做的事和我为家做的事。

①把每个人做的事情涂上不同的颜色。

提示：妈妈做的事情涂红色，爸爸做的涂蓝色，我做的涂黄色。

②与其他同学分享自己的任务单，引导学生观察发现爸爸妈妈为家付出的远比我们做得多很多。

③怎样让别人一眼就能看出每个人做的事情有几种呢？可以怎样分？

学生思考并回答，然后师生共同梳理优化，采用分类的方法，把爸爸做的分成一类，妈妈的分成一类，我的分成一类，然后涂色。

④每个人的角色不同，责任也不相同，通过探究你发现了什么？

我发现：

为家庭付出最多的是________，为家庭付出最少的是________。我想对（　　）说：__________________

【差异化教学】

教师根据探究的进度，相机指导学习有困难的学生。

【评价】

（1）了解每个家庭成员的角色和责任。

（2）能表达自己的观点。

工具：

音量调节、T图梳理。

资源：任务单——家庭向日葵。

教学资源：

数学一年级下册《分类与整理》。

3. 我爱我家

（1）和小伙伴说一说家人的爱藏在哪里？

（2）谈论一下：怎样让家人感受到我的爱？

4. 学习分类

（1）引导性问题：你能想出什么办法帮助妈妈整理物品？谁的方法

更好?

（2）总结：不同的分类标准有不同的结果。

（3）动手实践，练习分类：利用身边的物品（书包、文具）进行分类。

引导性问题：通过整理文具，你有什么发现?

5. 心怀感恩

观看视频《听我说谢谢你》，爸爸妈妈为我们付出了这么多，我们要感谢他们。

【资源】

数学：《分类与整理》。

视频：《听我说谢谢你》。

主题四　“节日”主题课程设计

一、简要说明

“节日”主题课程聚焦三大关系中的“我与社会”，属于社会学科领域，在“节日”主题中，通过探究人们与节日、节日与生活和节日与文化的关系，发现“节日”的奥秘，并反思自己的责任指导我们的生活。“节日”主题中，我们通过节日知多少，CSI图[1]说对节日的了解等活动进入探究，初步了解学生现有的与节日有关的知识。

节日这个单元的主要内容来自社会学科，它聚焦于节日与人、节日与生活的关系，让师生共同发现其中的奥秘，并反思自己的责任，指导我们的生活。本单元通过节日知多少、CSI图说对节日的了解等活动进入探究，初步展

[1] CSI即Color，Symbol，Image的缩写，即引导学生使用一种颜色代表自己的中心观点，创设象征符号，并将其画下来。这一方法有助于低年级学生总结并表达思想、观点。——编者注

示孩子已有的节日知识。然后，通过节日大盘点、节日对比等活动梳理关于节日的信息；通过手工制作节日食物、创编节日以及“和合节日庙会”等活动深入理解节日的功能、意义以及我们的责任。最后，本单元将通过“和合节日庙会”的真实表现性任务向大家呈现学生的成长与收获。

二、单元思维导图

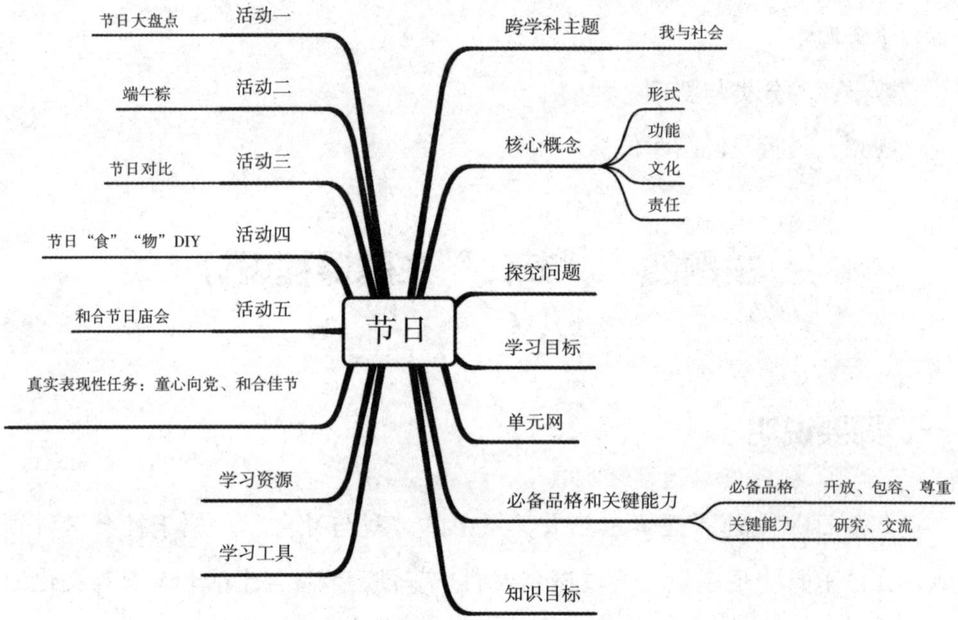

三、单元计划表

第一阶段：目标——学生将获得什么样的学习结果？

聚合概念：形式、功能、文化、责任。

探究问题：

（1）每年人们都会过哪些节日，人们怎样庆祝节日？

（2）人们为什么要过节？

（3）你最喜欢的节日是什么？你为什么喜欢这个节日？

（4）你能创设一个节日吗？

（5）怎样做中国节日的小小传承人？

焦点学科领域：语文、数学、音乐、道德与法治、社会。

单元网

学科概念：

【语文】

识字方法、音序查字法、停顿、借图理解、上下文、语言积累、标点运用、想象、完整通顺地写话、倾听。

【数学】

100以内数的认识、20以内的退位减法、认识年月日、认识人民币。

【道德与法治】

时间和地域、多样性、生活方式、情趣。

【科学】

特征、质量、形状、分类。

【音乐】

音符、演奏、节拍、肢体表演、演唱、欣赏。

【美术】

线条、图形、颜色、图案、主题、创意。

教学资源

【语文】

（1）一年级下册课本《端午粽》《静夜思》《夜色》《猜字谜》。

（2）二年级下册《传统节日》，二年级上册《难忘的泼水节》，一年级下册第二单元“心愿”，《吃水不忘挖井人》。

（3）口语交际：听故事，讲故事。

（4）快乐读书吧：读读童谣和儿歌。

【数学】

平面图形、100以内数的认识、100以内的加法和减法、对称、人民币。

【道德与法治】

《团团圆圆过中秋》《欢欢喜喜庆国庆》。

【绘本】

《春节的故事》《团圆》《我们的节日》。

【美术】

折纸、剪纸、装饰。

【音乐】

童谣。

必备品格：开放、包容、尊重。

关键能力：交流、研究。

相关课程标准

【语文】

1. 识字和写字

（1）喜欢学习汉字，有主动识字的愿望，初步形成独立识字的能力，认识常用汉字200个左右（包括课本中的150个）。

（2）掌握新出现的汉字基本笔画和常用偏旁部首。

（3）学习独立识字，能通过多种途径、方法主动识字。

（4）学习用音序查字法识字，初步养成在学习中查字典的习惯。

（5）将识字与认识事物结合，在识字过程中发展认识，发展思维。

（6）将识字与阅读相结合，在阅读中巩固识字，发展语言。

（7）会写新学的汉字70个。

（8）能按笔顺规则书写，注意间架结构，初步感受汉字的形体美。

（9）努力养成良好的写字习惯，姿势正确，书写规范、端正、整洁。

2. 阅读

（1）学习用普通话正确、流利地朗读文本。

（2）学习分角色朗读故事，学习表演故事。

（3）朗读儿歌、韵文、古诗、现代诗，初步感受其中的韵律美。

（4）在阅读中体会句号、问号、感叹号所表达的不同语气，并尝试朗读。

（5）在阅读中，学习结合生活实际或具体语境了解词句意思。

（6）在阅读和生活中积累优美词句，丰富语言积累。

（7）能大致了解所读文本的内容，提取简单信息，根据内容作出简单推断。

（8）阅读适合的童话、故事、儿歌、古诗等，获得情感体验，感受语言的优美。

（9）喜欢阅读，感受阅读的乐趣，爱护图书。

3. 写作

（1）对写话有兴趣，乐于将自己生活或学习中想说的话写下来。

（2）能用一句或几句通顺、连贯的话写出自己看到、听到或想到的内容，能把句子写完整、写通顺。

（3）学习使用逗号、句号、问号、感叹号。

4. 口语交际

（1）学习用普通话与人交流，逐步养成说普通话的习惯。

（2）在生活、活动或学习中乐于与人交流，能用完整、清楚的语言表达自己的想法。

（3）听故事、看音像作品，能复述大意和感兴趣的情节。

（4）乐于运用平时积累的词语说句子，使表达更准确、更清晰。

（5）与别人交流，态度自然大方，有礼貌，讲规则。

（6）认真听别人讲话，不随便插话和打断别人的讲话。

（7）能理解别人说话的内容，并能说出自己的想法。

【数学】

1. 数字和数感

（1）在实际情境中正确认、读、写100以内的数，能用数表示物体的个数或事物的位置顺序。

（2）能认识个位、十位和百位，识别数位上数字的意义；会比较100以内数的大小。

2. 计算和估算

（1）结合具体情境体会加减法的意义。

（2）在解决具体问题的过程中学会两位数加减两位数，经历计算方法的探索过程。

3. 数学广角

（1）学生们将探索用列举法解决问题，进一步学会有序地思考问题。

（2）体验列举法解决问题的优越性。

4. 测量

（1）在现实情境中认识货币单位元、角、分及它们之间的关系，并能进行简单计算。

（2）认识年、月、日，了解它们之间的关系。

【道德与法治】

（1）学生们将要讨论和党的生日、国庆节、端午节这些节日相关的人的生活。

（2）动手动脑有创意地生活。

（3）学习利用图书、电视、网络等多种方式收集需要的资料。

（4）愉快、积极地生活。

（5）负责任、有爱心地生活，为自己是中国人而感到自豪。

【科学】

物质科学：用不同材料做庆祝物品。

【美术】

（1）学生探索各种艺术制作的方法。

（2）学生描述艺术创作的步骤。

（3）学生利用视觉、触觉和听觉发现艺术创作的灵感。

（4）学生通过故事或诗歌、创意和主题的启发，进行艺术创作。

（5）学生根据真实的和想象的灵感源，进行艺术创作。

<table>
<tr><th>基本理解</th><th>引导问题</th><th>主题任务群</th></tr>
<tr><td>节日是用来庆祝或纪念的，能促进沟通交流和加深感情。</td><td>你知道的节日有哪些？人们是怎样庆祝节日的？</td><td rowspan="3">任务一：节日大盘点。
任务二：端午粽。
任务三：节日对比。
任务四：节日“食”“物”DIY。
任务五：和合节日庙会。</td></tr>
<tr><td>节日有独特的庆祝方式，传递不同的文化。</td><td>人们为什么要这样过节？</td></tr>
<tr><td>人们有责任传承、发扬中国传统节日文化。</td><td>你最喜欢的节日是什么？怎样做中国节日的小小传承人？</td></tr>
</table>

学生将知道	学生将能做
（1）节日由来、习俗、食物及服饰等。 （2）不同的节日有不同的文化。 （3）传承节日文化是我们的责任。	（1）使用T图、泡泡图、双泡图以及流程图等工具梳理信息。 （2）使用CSI等展示思维。 （3）制作一种节日食品或物品，并能按照一定的顺序介绍。 （4）自信大方展示自己对节日的理解。 （5）绘制节日海报、节日年轮。 （6）能交流、分享自己的观点。

第二阶段：评价——如何收集证据以确定学生达到既定学习结果的程度？

表现性任务

本单元总结性评价（即学习的庆祝活动）：

（1）节日探究单（习俗、由来、意义）、做花灯。

（2）做出两个节日对比的双泡图。

（3）完整鸡蛋壳绘制、展示、评比，评选绘蛋、撞蛋小能手（最美鸡蛋、撞蛋大王等）。

（4）举行“我是小小传承人”活动来庆祝我们这一单元的收获，学生自动分组，确定自己小组活动主题，通过商定方案，传递节日文化。

（5）和合节日庙会：在完成“节日”主题探究后，我们学校将举行“和合节日庙会”来庆祝我们的收获。届时，学生们将化身为节日的策划者和参与者，设计承办不同节日摊位，呈现具有节日特色的食物、手工作品、游戏，展现对节日的全面的理解。在节日庙会中，学生将为一个节日代言人，通过海报、表演节日活动等向来宾介绍节日，传递节日文化；在节日庙会当中，学生将作为节日食物或物品的代言人对自己制作的节日食物和饰品等进行展示和销售。

其他评估证据

销售记录单、海报、节日汇演、节日食物或物品。

第三阶段：实施——哪些学习经验将表现出学生达到既定的学习结果？

主题任务群

任务一：节日大盘点

（1）通过绘画，再现印象中的某个节日场景。

（2）分享交流，尽量清楚地介绍出画中的场景和细节，表达清楚自己的想法。教师注意学生表达和倾听技能的指导。

必备品格：

尊重。

关键能力：

交流。

工具：

泡泡图。

任务二：端午粽

（1）进入探究：观看《春节童谣》动画。

（2）认识日历：观察日历，了解日历的构成（认识大月、小月）。认识平年和闰年，借助儿歌辨别大月、小月、平年和闰年。

（3）制作节日年轮：感知月历，认领月份。制作月历，盘点节日。

（4）布置教室：将每组完成的节日月历张贴到墙壁上，形成完整的节日年轮。

必备品格：

尊重。

关键能力：

研究、交流。

资料：

2018年、2019年、2020年的日历。

查阅学习强国《春节童谣》动画。

查阅《年、月、日》知识儿歌。

任务三：节日对比

（1）进入探究：学习节日里的歌谣，学习中初步认识不同节日的文化内涵。

（2）阅读绘本《春节》，边阅读边用十字图梳理节日要素信息——节日的由来小故事、习俗、食物、意义。

（3）对比节日的异同：自选两个节日，一个为现代节日，另一个为传统节日，用维恩图从节日的由来、习俗、庆祝（纪念）方式和意义四个方面梳理两个节日的异同点。

（4）反思与行动：观看《小鬼当家》，梳理信息，对比春节与儿童节的异同。

必备品格：

开放包容。

关键能力：

研究、交流。

资料：

查阅节日绘本资源《春节的故事》《我们的节日》《团圆》等。

工具：

泡泡图、维恩图或双泡图。

任务四：节日“食”“物”DIY

（1）进入探究：此时正是清明时节，借助真实的时间背景进入本课的探究。

（2）引导问题：清明节为什么吃鸡蛋，绘鸡蛋，碰鸡蛋呢？

（3）清明鸡蛋系列活动：

①活动一：煮鸡蛋，用流程图画出煮鸡蛋的过程。

②活动二：绘鸡蛋，在鸡蛋上画出美丽的图案，写上自己的心里话。

③活动三：撞蛋比赛，撞鸡蛋，记录感受。

（4）制作节日物品，并完成节日物品的探究单和流程图，全班欣赏、品尝并作出评价。

必备品格：

尊重。

关键能力：

研究、交流。

资料：

查找节日绘本资源《春节的故事》《清明》《元宵节》《端午节》等。

查找清明节视频。

物品准备：

锅、鸡蛋、水、彩笔。

工具：

流程图。

任务五：和合节日庙会

（1）师生共同梳理节日展示的要素，用泡泡图梳理节日资料。

（2）根据自己对节日的了解，选择你们要介绍的节日，小组内达成协议。

（3）学生积极准备交流展示，进行分工排练。

（4）小伙伴们对展示进行互相评价（可以借用评价表）并进一步完善自己的展示（泡泡图）。

必备品格：

尊重、包容。

关键能力：

研究、交流。

资料：

查阅闹元宵视频。

工具：

圆圈图。

课时设计

任务一：节日大盘点

U（理解：学生将理解什么。）	Q（问题：学生将探究什么。）
节日是用来庆祝或纪念的，能促进沟通交流和加深感情。	（1）每年人们都会过哪些节日，人们怎样庆祝节日？ （2）你还想要了解节日的哪些内容？
K（知识：学生将知道什么。）	D（技能：学生将会做什么。）
（1）了解节日的习俗、庆祝方式。 （2）单元的主题、预期结果、基本问题、表现要求等。	（1）能够熟练使用KWL工具进行已知和欲知的梳理。 （2）学会初步梳理问题（梳理同学们提出的若干问题，并提取有价值的、感兴趣的问题）。
必备品格、关键能力：开放包容、尊重、交流、思考。	

任务评估

表现性任务	其他评估
这一活动中，你将知道本单元的主题、预期结果、基本问题、表现要求等。通过探究你将认识节日名称，能用树状图对节日进行简单的分类，能用CSI画出你印象中的节日并将作品介绍给同学们。	泡泡图、树状图、节日初印象探究单。

教学与学习过程

1. 搭建单元框架

（1）创设情境。

观看春节录像，思考问题：视频中的人们在欢天喜地庆祝什么？你们喜欢过节吗？你对节日有哪些了解？

师：是的，过节是我们最盼望的一件事了，不过小小的节日里面藏着大大的学问呢！新年新气象，让我们乘着“节日”之舟，踏上了一段新的探究之旅吧。

（2）明确探究目标。

通过研究节日，我们将理解：

①节日是用来庆祝或纪念的，能促进沟通交流和加深感情。

②节日有独特的庆祝方式，传递不同的文化。

③人们有责任传承、发扬中国传统节日文化。

那么关于节日你有哪些了解，还有哪些问题？

查阅春节的相关录像和图片。

2. 节日我知道

（1）节日对对碰。

引导问题：你对节日有哪些了解？

学生活动：学生分享介绍了解的节日。

教师借助KWL思维工具中的K进行前测，并梳理信息，形成词卡并认读词卡。

（2）节日排排队。

刚才认读了这么多节日，同学们知道这些节日都是什么节日吗？你能给这些节日分分类，排排队吗？你想怎么分呢？分类的标准是什么？

学生现独立思考，然后小组讨论分类标准并在探究单上用T图进行梳理。

完成梳理后，在班级内通过画廊观察的方式分享交流各小组分类及分类标准。

（3）节日初印象。

你了解的节日是什么样子的呢？请你在探究纸上画出你心里的最喜欢的节日的样子吧。

师生同时在探究单上绘画，并组织语言准备介绍。

老师做示范，将探究单投屏介绍节日。

学生先小组内介绍，每组推选一名同学进行班内分享。

查阅春节的相关录像和图片。

工具：

泡泡图、探究单、树状图。

表达、倾听要求：

交流时态度自然大方，有礼貌，讲规则，表达准确、清晰。

（4）教师借助KWL思维工具中的W进行前测，引导学生交流，在“节日”主题中，你最想探究哪些问题？

①给学生1分钟独立思考地时间。

②小组内分享：记录员将本组成员的问题记录在便利贴上，相同的问题保留一条，保留本组最想探究的问题。

③各小组将收集问题的便利贴贴到教室“问题墙”上形成便利贴问题墙，然后班内分享本组问题，并对探究问题进行梳理和交流答疑，重复的问题不再分享交流。

④全班同学用五颗星评价工具评选出最有价值、最感兴趣的探究问题，教师用问题彩条呈现并张贴到问题墙上。

⑤教师补充呈现以下探究问题：

每年人们都会过哪些节日，人们怎样庆祝节日？

人们为什么要过节？

你最喜欢的节日是什么？你为什么喜欢这个节日？

你能创设一个节日吗？

我们如何传递节日文化？

3. 单元“工作”知多少

为了完成对上述问题的探究，展示我们的学习成果，我们将开展以下工作：

节日大盘点、端午粽、节日对比、节日“食”“物”DIY、和合庙会街。

4. 反思与行动

通过这个主题的探究，同学们会增加很多新的本领。我们会通过这样的方式来检验你的学习效果，并在主题展演时向爸爸妈妈进行汇报。

5. 预期结果诊断

学科学习活动：“小小美食家”“最佳设计师”“小巧手”“识字小达人”“速算小能手”“小小律动精灵家”等。

【工具】

泡泡图、树状图、探究单。

【评价】

达到表达，倾听要求。

（1）表达：

交流时态度自然大方，有礼貌，讲规则，表达准确、清晰。

（2）倾听：

①安静地坐着。

②用眼睛注视说话人。

③思考说话者所说的内容。

④反应或回答问题。

任务二：端午粽

U（理解：学生将理解什么。）	Q（问题：学生将探究什么。）
（1）节日食物能体现节日的文化内涵 （2）读好短语和长句，通过体会感情等方法以更好地朗读。	（1）节日如何传递文化？ （2）怎样读好短语、长句？

续表

K（知识：学生将知道什么。）	D（技能：学生将会做什么。）
（1）端午节习俗、代表性食物、典故、人物。 （2）学会“端”“粽”等13个生字和立字旁、米字旁2个偏旁，会写田字格里的“午”“节”等7个生字。 （3）理解“箬竹叶”“糯米”“裹着”等词语的意思。	（1）图文结合理解词语、积累词语。 （2）通过拆分法读好短语，通过内容分解法读好长句。 （3）想象画面、体会心情朗读课文。 （4）按顺序描述。 （5）学做粽子，传递节日文化。
必备品格、关键能力：开放、包容、研究、交流。	

任务评估

表现性任务	其他评估
（1）在我们的庙会时，学校要招募“粽子代言人”向大家介绍、推荐粽子。你将会是参选的其中一员。 （2）知道粽子的制作材料和过程。 （3）能借用课文中的好词丰富自己的介绍。	提问、课堂回答、T形图、代言评价卡。

教学与学习过程

1. 问题引入

同学们，你们对端午节有哪些了解？

2. 课程学习

老师在黑板上板书课文标题《端午粽》，带领学生认识生字。

学生自由朗读课文，并思考文章讲了什么事情，朗读后交流汇报。

老师对学生的汇报进行指导，推进新课的学习。

评价标准：

（1）掌握课文中的生字，能够准确朗读、书写。

（2）理解课文中的好词、好句，并能够在交流中运用。

（3）借助工具，用自己的话说一说粽子的香味、花样。

3. 拓展学习

提出问题：人们为什么要在端午节吃粽子？

引导学生阅读《屈原的故事》，并思考以下问题：

（1）你能说说屈原是个怎样的人吗？

（2）屈原投江以后，老百姓又是怎么做的呢？

（3）为什么吃粽子？为什么赛龙舟？（学生可能不知或不完整）

师提示：因为人们为了防止鱼虾伤害屈原的尸体，就用粽叶包上糯米投入江中。后来就有了端午节吃粽子的习俗。因为人们为了防止水怪伤害屈原，就把小船装扮成龙的形象，水怪以为是龙王来了，就会被吓跑。这就形成了赛龙舟。

4. 反思探究

引导学生思考：端午节还有哪些习俗？

根据学习内容，让学生回家后和家人一起动手包粽子，并把包粽子的过程记录下来。

【资源】

语文：《端午粽》。

课外阅读文本：《屈原的故事》。

任务三：节日对比

U（理解：学生将理解什么。）	Q（问题：学生将探究什么。）
（1）节日有独特的庆祝方式，传递不同的文化。 （2）识字机会无处不在。 （3）阅读中使用一定的方法可以帮助我们更好地理解文本。	（1）人们为什么过节？ （2）人们在节日里都会做什么？
K（知识：学生将知道什么。）	D（技能：学生将会做什么。）
（1）知道节日的由来、习俗、庆祝方式、意义。 （2）在阅读中识字。 （3）预测的阅读方法。	（1）熟练使用思维工具。 （2）边读边想，提取阅读材料中的相关信息。 （3）边读边预测。 （4）有节奏地朗读。 （5）清晰并有条理地讲话和表达想法。 （6）倾听并接受别人的信息。
必备品格、关键能力：倾听、交流、研究。	

任务评估

表现性任务	其他评估
你是否思考过人们为什么要过节？不同的节日包含哪些不同的内涵，体现什么样的意义？在本活动中你将作为一名节日研究者，将对你感兴趣的节日进行深入探究，以小组结对的方式对节日进行比较，在这个过程中你会用泡泡图进行梳理，用维恩进行比较，发现节日的习俗、意义以及节日的文化内涵。	十字图、维恩图、春节和儿童节知识梳理、朗读。

教学与学习过程

1. 进入探究（歌谣里的节日）

（1）课程引入：上节课我们在日历上标注了很多节日，那么你知道人们为什么要过节吗？节日里人们都会干什么呢？

听歌谣《传统节日》边听边思考以上问题。

（2）《传统节日》课文学习，学习字词，并思考什么是传统节日呢？

（中国人从几千年前一直流传到现在，中国人世世代代都在过的节日，就叫传统节日。）

（3）自读歌谣，借助拼音、图画把歌谣读熟，不重读不漏读，读通句子，并标注小节。

（4）请同学们进行朗读展示，朗读提示：朗读时注意节奏，读准字音，读通句子，其他同学边听边圈画出歌谣中的传统节日。

（5）人们会在节日里干什么呢？进行下图所示彩灯对对碰的游戏。

请将下面的习俗与对应的节日连起来

春节	乞巧
元宵节	祭扫
清明节	贴窗花
端午节	赛龙舟
七夕节	吃月饼
中秋节	赏菊
重阳节	艾香
	乞巧
	看花灯

2. 深入探究

（1）老师带领阅读绘本《春节的故事》，边阅读边用十字图梳理节日要素信息——节日的由来、习俗、食物、意义。

（2）以小组为单位选择其他的一个节日进行阅读，并像老师领着大家一样去阅读并用十字图梳理信息，并写下你的思考（可写可画）。以小组为单位，将自己小组探究的活动张贴于“节日年轮”对应的时间下面。

3. 节日对比，发现异同

学生活动一：

以小组为单位到节日大盘点处寻找自己感兴趣的另一个节日，两个小组结成一个大组。

学生活动二：

两组学生再次互相介绍自己节日，并以维恩图的形式将两个节日的相同点与不同点进行梳理，并说出你的发现或提出一个问题。

教师组织孩子们结对，引导学生认识并使用维恩图，布置课下任务。（课下任务：结合自身经验搜集更多的信息，发现更多的异同，并完善自己的双泡图。）

学生活动三：

小组选出代表交流自己小组的作品和想法。

4. 反思与行动

观看《我和我的祖国》，思考国庆节与春节有什么异同，梳理春节与国庆节的异同并说一说你的发现或想法。

完成节日比较异同任务单。

【工具】

双泡图、节日探究单。

【资源】

语文：《猜字谜》《传统节日》。

绘本：《春节的故事》《传统节日》。

视频：《我和我的祖国》。

其他：

中国节日系列片（学习强国）

任务四：节日“食”“物”DIY

U（理解：学生将理解什么。）	Q（问题：学生将探究什么。）
（1）节日有独特的庆祝方式，传递不同的文化。 （2）写作中可使用一定的方法。	（1）你最喜欢的节日是什么？ （2）某个节日的代表性美食和物品是什么？这些物品有什么意义？
K（知识：学生将知道什么。）	D（技能：学生将会做什么。）
（1）知道节日的物品、食物。 （2）使用表达句式如：“先……再……最后……”等。	（1）熟练使用流程图等工具。 （2）以图或图文结合的方式进行表达。 （3）能用流利的语言、图画和思维图等方式描述节日“食”“物”的制作过程。
必备品格、关键能力：开放、包容、尊重、交流、思考。	

任务评估

表现性任务	其他评估
在节日单元展时，我们学校会组织和合节日庙会，学生将化身为节日庙会传承人，准备节日食物和纪念品，完成本项任务，你需要提前做很多准备： （1）了解庙会节日物品、食物、饰品。 （2）知道你所准备的节日物品或食品的制作流程，并提前制作。 （3）详细了解你所准备节日食品或物品并能为它代言，向别人介绍并推销你的物品。	流程图、评价表、句式表达、节日食物或物品、代言计划。

教学与学习过程

1. 进入探究

导入：在我们的节日大盘点中你发现最近会有什么节日呢？（清明节）

研究清明节的小组向大家介绍清明节，大家补充。

预设回答：清明节吃鸡蛋，绘鸡蛋。

2. 清明鸡蛋的故事（煮鸡蛋—绘鸡蛋—碰鸡蛋）

（1）“话”鸡蛋。

引导问题：清明节为什么吃鸡蛋，绘鸡蛋，碰鸡蛋呢？

引导孩子用网络、询问、查阅书籍等方式搜集资料，在查阅资料中让孩子们进一步了解清明节是一节气，它的节日由来与寒食节有关，感悟中国文化的源远流长，体会吃鸡蛋、碰鸡蛋所表达的文化内涵，了解介子推的故事。

教师讲述自己小时候寒食节绘鸡蛋、碰鸡蛋、吃鸡蛋的故事。

（2）体验活动一：煮鸡蛋。

问题引导：

①我们需要准备什么物品？（锅、水、鸡蛋等。）

②我们先做什么？再做什么呢？（引导孩子关注放水的多少，煮的时间。）

教师总结：与孩子们提前确定需要的材料和煮鸡蛋的过程。

开始试验、观察：按照刚才的思考开始煮鸡蛋，部分孩子动手操作，其他孩子们观察。

总结：请同学们说一说煮鸡蛋的过程，请你用“我们煮鸡蛋的时候，要先……再……最后……。”的句式告诉我。

流程图总结：孩子们边说，老师边用流程图画出煮鸡蛋的过程。

（3）体验活动二：绘鸡蛋。

绘鸡蛋活动：（可安排课下活动）

想一想需要准备什么？你想绘成什么样子，你绘鸡蛋的步骤是如何？体验绘鸡蛋的乐趣。

小组内交流自己绘鸡蛋的过程：用上句式“我绘彩蛋的时候，先……再……最后……一个漂亮的彩蛋就完成了。”

（4）体验活动三：撞蛋活动。

①组织同学们开始互相撞鸡蛋游戏。

②思考问题：看到漂亮的彩蛋被撞破你想到了什么词语？鸡蛋撞破的瞬间你联想到了什么？可以用以下比喻句来表达：

撞破的鸡蛋像……

差异化教学：

（1）该活动中是所借用的节日是清明节之际，节日可以换成其他节日及习俗。

（2）学习课文《端午粽》。

学科资源：

数学：

第三单元100以内数的认识。

智慧广场：用列举法解决问题。

语文：

《端午粽》《彩虹》《语文园地四》。

工具：

节日食物探究单和流程图。

3. 制作节日“食”“物”

（1）探究任务：在节日单元展时，我们学校会组织节日庙会，你将作为庙会的商家向来宾展销你们的节日食物和物品，为了更好地完成这项任务，你们需要提前做很多准备，你需要：选择自己喜欢的节日，根据之前所了解以及搜集的资料，选择该节日的代表性“食”“物”并探究它的由来和意义。

（2）熟悉你喜欢的节日代表性“食”“物”的制作材料及流程，并尝试制作。

（3）详细了解你所准备的节日食品或物品并能为它代言，向别人介绍并推销你的物品（完成节日“食、物”探究单和流程图）。

4. 反思与行动：分享节日“食”“物”

思考：我们制作的这个食品和节日有什么关系？

展示分享：介绍食物特点、制作过程及该食、物和节日的关系。

全班分享欣赏、品尝，及时提醒学生从色、形、味等方面进行品尝、欣赏。可以在分享中增加师生、生生间的互动。

食物代言计划书展示分享：可以介绍食物特点、制作过程及该食、物和节日的关系。运用简单的连词、句式。

改进自己的节日物品并准备好节日食物或物品代言计划。（《端午粽》中探究如何代言）

【资源】

数学：100以内数的认识。

语文：《端午粽》《彩虹》。

任务五：和合节日庙会

U（理解：学生将理解什么。）	Q（问题：学生将探究什么。）
（1）节日是用来庆祝或纪念，能促进沟通交流和加深感情。 （2）不同节日传递不同节日文化。	（1）你知道哪些节日？ （2）人们怎样过节？
K（知识：学生将知道什么。）	D（技能：学生将会做什么。）
（1）知道节日的概念、习俗、意义、庆祝方式。 （2）传承节日文化的责任。	（1）熟练使用学习工具。 （2）观看画面并从中梳理信息。 （3）小组分工协作。 （4）表演。
必备品格、关键能力：开放包容、尊重、交流、思考。	

任务评估

表现性任务	其他评估
在完成“节日”主题探究后，我们学校将举行“和合节日庙会”来庆祝我们的收获。届时，你们将化身为活动的策划者和参与者，设计承办不同节日摊位，呈现具有节日特色的食物、手工作品、游戏，展现你们对节日的全面的理解。在节日庙会中，你将为一个节日代言，通过海报、表演节日活动等向来宾介绍节日，传递节日文化；在节日庙会当中，你将作为你的节日食物或物品的代言人，对你自己制作的节日食物和饰品等进行展示和销售。 你需要： （1）确定你要展示的节日。 （2）深入了解你所展示的节日习俗、文化及意义等节日内涵。 （3）小组成员分工合作制订节日展示计划并按计划积极准备服饰、道具等进行彩排。 （4）能对他人的展示进行评价并提出改进建议。	联想、圆圈图、表演。

教学与学习过程

1. 进入探究

出示任务：为庆祝我们的学习成果，在节日单元结束时，我们会以节日庙会的形式庆祝我们这一主题的收获，你作为节日庙会的参与者，需要为一个节日代言，向家长和来宾展示该节日文化。

引导问题：他人如何知道你代言的是哪个节日呢？你的展示将如何传递这个节日的文化呢？

2. 活动内容：节日展示要素梳理

（1）梳理中秋节的节日要素（以中秋节为例）

观看中秋视频资料，引导学生思考。这是什么节日？你从中发现了什么节日习俗？有什么样的画面可以展示这些节日习俗呢？

（2）学生交流展示

表达提示：清晰并有调理地表达想法。

倾听提示：倾听并提取信息。

3. 制订节日代言计划

（1）确定我的节日

以小组为单位，根据自己对节日的了解，选择自己要介绍的节日（节日不限，可以是传统节日，也可以是自创节日。），小组内达成协议。

节日确定了，为了更好地代言你所选择的节日，你需要做好哪些准备和打算呢？怎样展示才能更好地传递节日文化，更吸引人呢？

（2）梳理节日展示计划

小组内交流，用圆圈图来梳理你们的节日展示打算。

★综合素养（汇演）	
评价标准	评价
（1）能展示本单元研究内容，且充实生动；	☺ 😐 ☹
（2）展示表演自然、大方；	☺ 😐 ☹
（3）与同学配合默契，乐于展示。	☺ 😐 ☹

全班交流展示，进一步完善自己的展示计划。

表达提示：清晰并有调理地表达想法。

倾听提示：倾听并提取信息。

【差异化教学】

（1）单元展时，如果班级展示可以以小组为单位进行。

（2）如果进行校内展示，则可以以班级为单位进行。

4. 节日代言彩排

积极准备交流展示，进行分工排练。

评价：

小伙伴们对展示进行互相评价（可以借用评价表）并进一步完善自己的展示（圆圈图）。

老师适时给予一定的帮助和指导。

【资源】

数学：人民币的认识。

语文：《一个接一个》《四个太阳》《语文园地二》。

道德与法治：《欢欢喜喜庆国庆》《团团圆圆过中秋》。

视频：《惠州墨园村闹元宵》。

学科资源：

数学：

第六单元人民币的认识。

道德与法治：

二年级上册第一单元我们的节假日。

《欢欢喜喜庆国庆》《团团圆圆过中秋》。

语文：

第二单元“心愿”。

《一个接一个》《四个太阳》《语文园地二》。

其他资源：

闹元宵视频、惠州墨园村闹元宵。

工具：

123联想、圆圈图。

主题五 “植物”主题课程设计

一、简要说明

本单元设计了五个主要的学习任务，分别是：植物大调查、种植物你的成长我知道、和植物握个手、植物生存大揭秘、我为植物代言。

五个学习活动有一定的逻辑关系，每个活动沿着探究循环思路设计，学习时长大约6周，以探究为主要学习方式展开。学习活动设计实施基于学生已有经验，面对真实情境及问题，探究解决方法。探究活动需要融入大量的不同学科的学习资源，这些资源既是探究的“工具”，也是学科标准的“学材”。融入学科要素，促进儿童发展，促进学习活动目标的实现。

二、单元思维导图

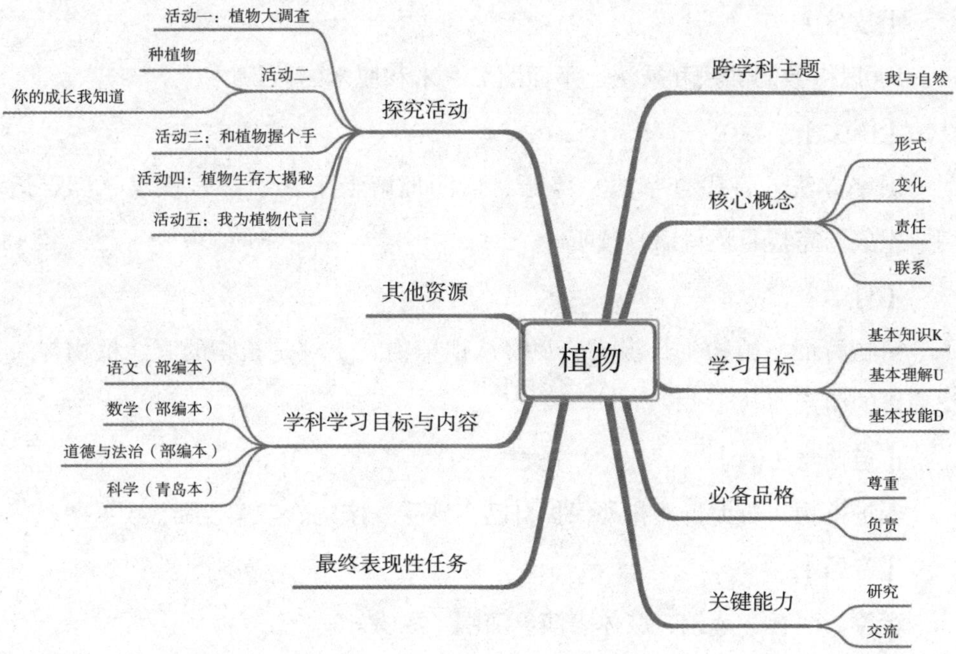

三、单元计划表

第一阶段：目标——学生将获得什么样的学习结果？

聚合概念：形式、责任、变化、联系。

探究问题：

（1）植物有什么特点？它生长在什么地方？

（2）植物是如何生长的？

（3）植物与人类和大自然有什么关系？

焦点学科领域：语文、数学、科学、道德与法治等。

单元网

学科概念：

【数学】

100以内数的加法和减法、平面图形、米和厘米的认识。

【语文】

识字方法、音序查字法、停顿、借图理解上下文、语言积累、标点运用、想象、完整通顺写话、倾听。

【科学】

植物特征、植物生长组成、观察认识植物、土壤是植物的家、植物与人类环境的关系。

【道德与法治】

保护植物、与大自然相处保护自己、感受、亲近、观察生命。

【音乐】

音符、演奏、节拍、肢体表演、演唱、欣赏。

【体育】

情绪调控、变化、健康。

【美术】

观察、想象、欣赏、评述。

教学资源

【语文】

借图理解上下文、语言积累、标点运用、想象、完整通顺写话、倾听。

【数学】

一下数学：20以内的退位减法、分类和整理。

【道德与法治】

《花儿草儿真美丽》。

【科学】

《我们周围的植物》《种大蒜》《看叶认植物》《看茎认植物》《土壤

与植物》，第五单元“番茄与番茄酱”。

【绘本】

《什么是植物》《植物的秘密》《向日葵的故事》《一粒小种子的成长》。

【美术】

折纸、剪纸、装饰。

【音乐】

童谣。

必备品格：尊重、负责。

关键能力：研究、交流。

相关课程标准

【语文】

1. 识字与写字

（1）喜欢学习汉字，有主动识字、写字的愿望。认识常用汉字1600个左右，其中会写800个左右。

（2）学会汉语拼音。能读准声母、韵母、声调和整体认读音节。能准确地拼读音节，正确书写声母、韵母和音节。认识大写字母，熟记《汉语拼音字母表》。

（3）掌握汉字的基本笔画和常用的偏旁部首，能按基本的笔顺规则用硬笔写字，注意间架结构，初步感受汉字的形体美。努力养成良好的写字习惯，写字姿势正确，书写规范、端正、整洁。

（4）学习独立识字。能借助汉语拼音认读汉字，学会用音序检字法和部首检字法查字典。

2. 阅读与鉴赏

（1）喜欢阅读，感受阅读的乐趣。学习用普通话正确、流利、有感情地朗读课文。学习默读。

（2）结合上下文和生活实际了解课文中词句的意思，在阅读中积累词语。认识课文中出现的常用标点符号，在阅读中体会句号、问号、感叹号所表达的不同语气。借助读物中的图画阅读。

（3）阅读浅近的童话、寓言等故事，向往美好的情境，关心自然和生命，对感兴趣的人物和事件有自己的感受和想法，并乐于与他人交流。诵读儿歌、儿童诗和浅近的古诗，展开想象，获得初步的情感体验，感受语言的优美。

（4）尝试阅读整本书，用自己喜欢的方式向他人介绍读过的书。养成爱护图书的习惯。

（5）积累自己喜欢的成语和格言警句。背诵优秀诗文50篇（段）。课外阅读总量不少于5万字。

3. 表达与交流

（1）学说普通话，逐步养成说普通话的习惯，有表达交流的自信心。

（2）能认真听他人讲话，努力了解讲话的主要内容。听故事、看影视作品，能复述大意和自己感兴趣的情节。能较完整地讲述小故事，能简要讲述自己感兴趣的见闻。与他人交谈，态度自然大方，有礼貌。积极参加讨论，敢于发表自己的意见。

（3）对写话有兴趣，留心周围事物，写自己想说的话，写想象中的事物。在写话中乐于运用阅读和生活中学到的词语。

（4）根据表达的需要，学习使用逗号、句号、问号、感叹号。

4. 梳理与探究

（1）观察字形，体会汉字部件之间的关系，梳理学过的字，感知汉字与生活的联系。

（2）观察大自然，热心参加校园、社区活动，积累活动体验。结合语文学习，用口头或图文等方式整理、表达自己在活动中的见闻和想法。

（3）对周围事物有好奇心，能就感兴趣的内容提出问题，结合其他学科的学习和生活经验交流讨论，尝试提出自己的看法。

【数学】

1. 数与运算

（1）在实际情境中感悟并理解百以内数的意义，理解数位的含义，知道用算盘可以表示多位数。

（2）了解符号<、=、>的含义，会比较百以内数的大小；通过数的大小比较，感悟相等和不等关系。

（3）在具体情境中，了解四则运算的意义，感悟运算之间的关系。

（4）探索加法和减法的算理与算法，会整数加减法。

（5）探索乘法和除法的算理与算法，会简单的整数乘除法。

（6）在解决生活情境问题的过程中，体会数和运算的意义，形成初步的符号意识、数感、运算能力和推理意识。

2. 数量关系

（1）在简单的生活情境中，运用数和数的运算解决问题，能解释结果的实际意义，形成初步的应用意识。

（2）探索用数或符号表达简单情境中的变化规律。

3. 综合与实践

运用厘米、米的认识中的知识和方法估测和测量高度、长度、距离。

【科学】

1. 科学知识

（1）说出周围常见植物的名称并描述其特征。

（2）植物生长需要一定的条件，植物的生存环境与特征密切相关。

（3）植物的生长组成。

2. 科学探究

（1）在教师指导下，运用观察、比较的方法及多种感官认识植物的基本特征。

（2）能选择自己擅长的方式表述探究过程与结果。

3. 科学态度

（1）对常见植物有探究兴趣。

（2）认识到植物与人类生活和生态环境关系密切。

4. 科学、技术、社会与环境

珍爱生命，保护身边的植物，意识到保护环境的重要性。

【道德与法治】

（1）让孩子们初步认识和感受生命、亲近和观察生命，并用自己的方式去记录各种生命形态。

（2）通过花儿草儿等生命形态，对学生进行爱自然、爱生命的教育。

（3）初步懂得遵循自然生活的原则，具有初步的环保意识。

【音乐】

1. “感受与欣赏”领域

（1）感受各种声音，体会不同情绪与情感的音乐，并能做出不同的体态反应，能够用自己的声音或打击乐器模仿喜欢的音响。

（2）聆听与植物或大自然有关的、音乐形象鲜明、结构较为简短的进行曲、舞曲及其他体裁的音乐段落。

2. “表现”领域

（1）学唱与植物或大自然有关的儿歌、童谣及其他短小歌曲，用正确的姿势、自然的声音与他人合作，进行律动、集体舞、音乐游戏、儿童舞蹈表演等活动。

（2）认识简单节奏符号，用声音、语言、身体动作表现简单节奏。

3. “音乐与相关文化”领域

用简单形体动作配合表现与植物或大自然有关的音乐节奏和情绪。

【体 育】

（1）发展校外运动能力。

（2）学会调控情绪的方法。

【美术】

1. “造型 · 表现”学习领域

学生能够运用各种美术工具、材料来表现植物或大自然中的事物。

2. “设计 · 应用”学习领域

用不同艺术表现手法及其材料引发想象，体验设计和制作的乐趣。

3. “欣赏 · 评述”学习领域

学习观察、想象和欣赏，用简短的话语大胆表达感受。

<table>
<tr><th>基本理解</th><th>引导问题</th><th>主题任务群</th></tr>
<tr><td>植物有各自的特征及生长环境。</td><td>植物有什么特点？它生长在什么地方？</td><td rowspan="3">任务一：植物大调查。
任务二：种植物（你的成长我知道）。
任务三：我和植物握个手。
任务四：植物生存大揭秘。
任务五：我为植物代言。</td></tr>
<tr><td>植物有自己的生长过程。</td><td>植物是如何生长的？</td></tr>
<tr><td>保护植物有利于生态环境的平衡。</td><td>植物与人类和大自然有什么关系？</td></tr>
</table>

学生将知道	学生将能做
（1）常见植物的特征及生长环境。 （2）植物的组成、生长。 （3）植物与人类和环境的关系。	（1）使用简单图画（文字或拼音）撰写观察记录。 （2）能在学习过程中提出要研究的问题，并努力找解决办法。 （3）对事物特征进行简单描述。 （4）掌握借助感官及相关工具对植物进行观察的方法。 （5）利用各种信息来源认识植物。 （6）能够评论自己或者他人的计划和产品，并提出改进的意见。

第二阶段：评价——如何收集证据以确定学生达到既定学习结果的程度？

表现性任务

本单元总结性评价（即学习的庆祝活动）：

欢迎来到我的世界

（1）识字：识字城堡。

（2）植物画册展评。

（3）《我的一生》话剧表演（植物成长记：从一颗种子发芽直到生态环境被破坏、植物毁灭）。

（4）我是小小演说家：每个人代表一种植物，用独白的形式介绍自己的作用，呼吁人类保护植物、珍爱生存环境。

其他评估证据

（1）评选“植物小博士”。

（2）各活动环节任务单展示。

（3）学科知识检测。

第三阶段：实施——哪些学习经验将表现出学生达到既定的学习结果？

主题任务群

任务一：植物大调查

（1）探究问题：你知道哪些植物？它有什么特点？生长在什么地方？

（2）活动准备：课前布置学生参观植物园或周围环境，找植物、认植物、研究植物。说一说它的名称，找一找它的特点，看一看它生长在哪里。

（3）进入探究：参观植物园，认识校园里的几种植物，知道名字，观察他们的特征。可以带一片叶子、一朵花、一棵草、一粒种子等回来。

（4）梳理信息：利用Y图说话，梳理学生对植物的认识，包括名称、外形、习性、生活环境等。介绍时提示句式要求。

（5）深入探究：根据自己对植物的认识，给植物分分类。交流分类结果，要说清楚自己的分类依据。用泡泡图画自己喜欢的植物，并介绍。

学科链接：

科学《我们周围的植物》

工具：

句式“我认识的植物是……它生长在……我发现它……”

任务二：种植物（你的成长我知道）

（1）探究问题：植物种子有什么特点？植物是如何生长的？

（2）探究活动：

①观察：学生观察（可利用观察工具放大镜）植物的种子，观察种子的形状、大小、色泽、表面纹理等特征。

②画一画：用任务单画画种子，并写一写想对种子说的话。

③绘画作品交流。

④种植物。教师指导学生种植物，相同植物集中放置，学生组成不同的植物小组。

⑤问题梳理：植物种上后，学生思考问题：对于刚种上的植物你有什么想知道的？梳理问题，形成观察问题墙。可以预设问题：种子几天能发芽？种子先长出什么？种子发芽需要什么？怎样做更有利于植物的生长呢？

（3）课后观察记录：学生每天观察植物的生长，并用流程图绘制《植物成长手册》，写或者画植物的变化和自己是如何照顾它的。

学科链接：

科学《种大蒜》。

任务三：我和植物握个手

（1）探究活动：

①展示学生的植物成长手册。

②你从哪些方面记录植物的成长？

③怎样才能准确地知道植物每天长的多高呢？引入厘米、米的认识和测量的学习。

（2）深入探究：

①展示各小组种植的植物，引导学生观察各组植物的生长情况，思考：你有什么发现？（相同的植物长势不一样。）

②长势好的植物主人进行分享：我是如何照料自己植物的？教师用泡泡图进行经验梳理。通过梳理使学生理解水、空气、阳光、土壤等对植物的生长都有影响。

（3）通过对比实验继续探究阳光和水等对植物生长的影响。有的植物喜欢阳光，有的植物不喜欢阳光；有的植物需要多浇水，有的植物不喜欢多浇水。

（4）总结梳理，达成共识：怎样做有利于植物的生长？以后我要怎样照顾我种植的植物？

学科链接：

数学，20以内的退位减法、分类和整理。

科学第四单元《土壤与植物》。

任务四：植物生存大揭秘

（1）观察准备的植物，交流观察结果，教师用树状图进行整理，在此基础上理解植物的组成：根、茎、叶、花、果实、种子。

（2）深入探究1：

①以小组为单位，利用维恩图对两种植物进行对比，找一找不同植物的根、茎、叶、花、果实、种子的相同点和不同点。

②各小组展示自己的维恩图，使学生认识植物根、茎、叶、花、果实、种子的特点，理解每种植物都有各自的特征，可以通过识别不同的部分来认识植物。

学科链接：科学：

《看花认植物》《看叶认植物》《看茎认植物》。

道德与法治：

《花儿草儿真美丽》。

（3）深入探究2：为什么不同的环境生长着不同的植物？不同植物对阳光、温度、水、土壤等的要求不同，因此，环境不同，生长的植物也不同。

必备品格：

尊重、包容。

关键能力：

研究、交流。

资料：

查阅闹元宵视频。

工具：

圆圈图、“1–2–3”联想。

任务五：我为植物代言

（1）探究问题：我们为什么要保护植物？找一找植物为你的生活提供了什么？借助十字图从衣、食、住、行、环境等方面进行梳理，并进行说话练习。

（2）小组讨论：如果没有植物会怎样？并用泡泡图梳理讨论结果。

（3）深入探究：我们应该怎么做呢？分享你的想法。

（4）课外活动：请用宣传海报的形式呼吁大家保护植物与环境。和家人一起做番茄酱。

学科链接：科学第五单元《番茄与番茄酱》。

课时设计

任务一：植物大调查

U（理解：学生将理解什么。）	Q（问题：学生将探究什么。）
植物有各自的特征及生长环境。	植物有什么特点？它的生长环境是怎么样的？ 植物是怎样分类的？

续表

K（知识：学生将知道什么。）	D（技能：学生将会做什么。）
（1）学生通过调查周围的植物，知道常见植物的特征及生长环境。 （2）通过观察研究植物，知道依据一定的标准对植物进行分类。	（1）能在学习过程中提出要研究的问题，并努力寻找解决办法。 （2）对事物特征进行简单描述。 （3）利用各种信息源、多种方法认识植物。 （4）用多种方法观察植物。 （5）依据合理标准对植物进行分类。
必备品格：尊重、负责。 关键能力：研究、交流。	

任务评估

表现性任务	其他评估
用语言描述或用泡泡图画出认识的植物，并依据合理标准对植物进行分类。 评价维度： （1）通过说一说或者画一画来展示对植物的认识，体现整体性，能表现植物的特点。 （2）通过观察研究植物，知道植物可以依据一定的标准进行分类。	（1）学会多种方法观察认识植物。 （2）完整、有条理地表达自己的想法。 （3）认真倾听别人发言，并能提出自己的观点。

教学与学习过程

1. 活动准备

课前布置学生参观周围环境或植物园，找植物、认植物、研究植物，说一说它的名称，找一找它的特点，看一看它生长在哪里。

2. 情境导入

展示丰富多彩的植物视频短片，引入对植物世界的探究。

评价：

清楚完整地表述自己的问题。

3. 搜集信息

（1）交流植物观察任务单。

（2）使用KWL表格对学生进行前测。

K：关于植物，同学们知道些什么？

W：关于植物，你还想知道什么？

（3）教师对学生提出的问题进行梳理、记录，在此基础上形成植物主题问题墙。

4. 进入探究

参观校园植物园。

（1）引导学生交流：参观校园植物园过程中要遵守什么规则？

达成共识，形成参观公约。

①认真观察。

②爱护植物。

③与植物共处时懂得自我保护。（避免出现花粉过敏、接触有毒植物、被植物划伤等情况。）

（2）提出参观要求：

①认识校园里的几种植物，知道名字，观察他们的特征和生长环境。

②及时填写任务单。

③可以带一片叶子、一朵花、一棵草、一粒种子等回来。

（3）参观校园植物园，活动过程中教师注意引导学生观察校园中不同植物的外观特征。

①教师带领共同观察一棵树：它是什么树？长在什么地方？摸一摸它的树干，有什么感觉？叶子（花）什么样子、什么颜色？用放大镜观察它的叶子（花），看到了什么？

②教师带领观察草：小草长在什么地方？周围有什么？把草轻轻地从土壤中拔出来，观察土壤，用放大镜观察草的根部，并引导学生观察其他部位。

学科资源：

道德与法治：《花儿草儿真美丽》。

任务单2（校园植物大调查）。

差异化教学：

对观察能力弱、观察目的不明确的学生，老师进行帮助指导。

（4）学生根据自己的兴趣，选择想要研究的植物。观察目标一致的学生可以组成小组，进行合作观察。

【差异化教学】

对观察能力弱、观察目的不明确的学生，老师进行帮助指导。

5. 梳理信息

（1）引导学生从看到的、闻到的、摸到的、感受到的四方面交流参观收获，教师用十字图梳理。

问题设置：

①在校园里看到了哪些植物？你知道它们的名字吗？用放大镜看到了什么？

②在校园里闻到了哪些与植物有关的味道？

③你摸过哪些植物（什么部位），有什么感觉？

④通过观察校园里的植物，你感受到了什么？

（2）学生介绍校园植物大调查任务单，并张贴在展板上。

通过观察生活周围和校园里的植物，你有什么发现？

植物有各自的特征、植物种类很多、植物无处不在、植物有自己的生存环境……

（3）利用句式介绍自己对一种植物的整体认识（名称、外形、习性、生活环境等方面）。介绍时参考提示句式："我认识的植物是……它生长在……我发现它……"

（4）找找植物的"家"。

引导性问题：

①你们的家在哪里？你认为植物的"家"在哪里？

②校园的土壤里生长着哪些植物？

③其他地方的土壤上生长着什么植物？

交流梳理：土壤上生长着多种多样的植物。土壤是植物的家。

学科链接：

科学：

第三单元《我们周围的植物》。

第四单元《土壤与植物》。

评价：

①把话说完整通顺。

②完整描述植物。

（5）师生共同提炼方法：看、闻、摸、用放大镜观察局部等。

（6）整理词卡，认读识字。先进行小组内认识，后进行集体认读。

6. 深入探究

出示评价量规

（1）画一画：用任务单2画自己喜欢的植物。

（2）作品介绍：学生介绍自己所画的植物，教师把图画贴在展板上。

（3）找朋友：学生观察展板上的图画，根据自己对植物的认识，给植物分类。交流分类结果，要说清楚自己的分类依据。

（4）小结：通过这节课，我们可以用什么方法研究植物？你是通过什么样的方法来认识植物的？（观察、交流、分类、比较、测量……）

7. 反思与行动

（1）反思：学会了几种观察植物的方法。

（2）行动：

①如何与植物打交道？

爱护植物，在与大自然相处时懂得保护自己。

②用学到的观察方法继续观察植物。

【评价】

（1）能展现探究中学会的一项学科技能。（看一看、摸一摸、闻一闻、借助工具观察等观察方法）

（2）学生根据识字情况进行自我评价。

（3）画出自己认识植物的特征，并能从多个方面加以表现。

（4）用通顺、条理的语言介绍自己的作品。

（5）认真倾听，能对别人的作品提出自己的观点。

【资源】

道德与法治：《花儿草儿真美丽》。

科学：《我们周围的植物》《土壤与植物》。

绘本：《十万个为什么·植物篇》《谁要种一棵树》。

纪录片：《种出个地球》。

任务二：种植物（你的成长我知道）

U（理解：学生将理解什么。）	Q（问题：学生将探究什么。）
植物有自己的生长过程。	（1）植物种子有什么特点？ （2）怎样种植物？
K（知识：学生将知道什么。）	D（技能：学生将会做什么。）
（1）认识植物的种子，知道植物的种子各有不同。 （2）了解每一种植物需要不同的生长环境。 （3）学生知道种植植物要做准备。	（1）能借助放大镜观察植物种子。 （2）能用通顺完整的语言进行交流介绍。
必备品格：尊重、负责。 关键能力：研究、交流。	

任务评估

表现性任务	其他评估
表现性任务： 我的《植物成长手册》。 用口头和流程图的形式向大家介绍你是如何种植物的。 评价维度： （1）能用完整的语言进行介绍。 （2）能用流程图展示种植物的过程。	（1）识字城堡。 （2）认读有关种植物的词语并尝试说句子。 （3）种子的自画像。 （4）《植物成长手册》中的部分内容。

教学与学习过程

1. 搜集信息

（1）搜集种植物的有关信息，准备相关物品：透明的花盆、植物种子、泥土、也可以用水培育。

（2）导入：你见过什么植物的种子？它是什么样的？

2. 进入探究

（1）引导学生回顾并完善探究时要注意的规则，达成共识，共同学习。

（2）用KWL呈现学生对于植物种子的了解。

引导性问题：你知道的植物种子有哪些？长什么样子？

3. 梳理信息

（1）梳理种子的特征（形状、大小、色泽、文理特征等），小组内可借助工具观察并交流自己种子的特征。可以用十字图梳理，学生练习说话。

句式：我的植物种子是……它圆圆的/黄色的……很大/小……没有花纹。

小结：植物种子都有各自的特征。

（2）根据对种子特征的梳理，请为你的种子画一幅自画像，并写一写你想对它说的话。

（3）小组成员互相介绍各自的绘画作品，全班分享并评议。

【差异化教学】

鼓励学生认真观察，说完整的句子。

教师注意查看各小组进度，个别指导进度较慢的小组。

4. 深入探究

（1）种植物。

引导性问题：你知道怎样种植物吗？跟随视频，学习如何种植物。跟着老师种大蒜。

活动准备：蒜瓣、水。

活动过程：挑选个大的蒜瓣，泡入水中，观察大蒜的生长并记录。

梳理：你有什么想问的问题？

引导学生用流程图梳理种植过程。

（2）我来种植物。

①对植物进行分组，相同的植物集中放置，种在一起。

②以小组为单位进行植物种植，教师个别指导。

③对于我们刚刚种进去的植物，你有什么想问的问题吗？

④学生每日认真观察并记录《植物成长手册》。

（3）识字活动。

①出示词卡，进行认读识字。

②小组内认读词语。

③集体展示词语认读。

（4）阅读绘本《谁要种一棵树》《一粒种子》。

5. 反思与行动

阅读绘本《一粒种子》，观察种下种子的变化并做记录。

6. 评估

我的《植物成长手册》相关内容的记录。

请用口头和流程图的形式向大家介绍你是如何种植物的。

【工具】

透明的花盆、植物种子、泥土，也可以准备水培的相关工具。

【资源】

科学：《种大蒜》。

绘本：《谁要种一棵树》《一粒种子》。

【评价】

（1）能够用流程图的形式梳理展示自己种植植物的过程。

（2）能用简单完整的句子进行流利表达。

任务三：我和植物握个手

U（理解：学生将理解什么。）	Q（问题：学生将探究什么。）
植物有各自的特征及生长环境。	植物都有哪几部分组成？它们都长一个样子吗？

续表

K（知识：学生将知道什么。）	D（技能：学生将会做什么。）
（1）知道植物由根、茎、叶、花、果实、种子组成，了解各部位的功能作用。 （2）知道每种植物有各自不同的特征。	（1）能够通过观察和对比的方法，发现植物由不同部位组成，并能找出两种植物或者两个部位之间的相同点和不同点。 （2）能够提出自己的问题。 （3）能够通过不同部位来识别植物。 （4）能对植物进行不同分类。
必备品格：尊重、负责。 关键能力：研究、交流。	

任务评估

表现性任务	其他评估
表现性任务1： 准备不同品种植物的图片，将这些植物图片裁剪为几个部位，比如花、果实、种子、根等部位，让学生分小组开展活动，在有限时间内拿着部位图片去识别寻找，直至拼成完整的一株植物。 评价标准： （1）对植物的外形、基本特征有所了解。 （2）对植物的部位有基本识别能力。 表现性任务2： 我说我画：将你这节课所观察的植物用画笔画出来，（要画出特征）并为大家介绍一下它的组成。 评价标准： （1）能够用完整的语言进行说话。 （2）能够画出植物的基本特征。	（1）识字城堡。 （2）认读有关种植物的词语并尝试说句子。 （3）维恩图对比。

教学与学习过程

1. 搜集信息

准备一株完整的植物，观察思考，植物由哪几个部分组成？

2. 进入探究

（1）完善公约

引导学生回顾并完善探究时要注意什么规则，达成共识，共同学习。

（2）前测

用KWL呈现学生对于植物组成的了解。

引导性问题：你知道植物是由哪几部分组成的？它们分别是什么？

3. 梳理信息

（1）小组合作，观察交流你所看到的植物的组成部分。

（2）用Y图梳理自己的发现，学生练习说话。

（3）教师出示课件，展示植物的组成部分。

小结：植物由根、茎、叶、花、果实、种子组成。

布置任务：找一找，自己种植的植物长出了哪几部分？

【差异化教学】

教师注意查看各小组进度，个别指导进度较慢的小组。

4. 深入探究

（1）找找植物的异同点。

①出示两种植物图片，小组合作，找一找不同植物的根、茎、叶、花、果实、种子的相同点和不同点。

②交流作品，各小组展示维恩图，分享交流。认识植物根、茎、叶、花、果实、种子的特点，理解每种植物都有各自的特征。

③火眼金睛辨植物：出示图片，通过识别不同的部分来认识植物。

（2）我来认一认：找一找你身边的植物，用自己的方式记录植物生命形态，可以用拍照记录。观察植物的花、叶，茎，说出植物的名称与特征。

（3）我为植物分分类：学生自主对植物进行分类，并梳理分类依据和结果。

（4）布置任务：请你利用周末和家长一起制作一幅植物叶子创意贴画。

（5）识字活动。

①出示词卡，进行认读识字。

②小组内认读词语。

③集体展示词语认读。

（6）阅读绘本：《什么是植物》《植物的秘密》。

5. 反思与行动

将你这节课所观察的植物用画笔画出来（要画出特征），并为大家介绍一下它的组成。

任务：植物对我们的生活环境有什么作用?

6. 评估

表现性任务1：植物拼图游戏。

准备几种不同品种植物的图片，将这些植物图片裁剪为几个部位，比如花、果实、种子、根等部位，让学生分小组开展活动，在有限时间内拿着部位图片去识别寻找，直至拼成完整的一株植物。

表现性任务2：我说我画。

将你这节课所观察的植物用画笔画出来（要画出特征），并为大家介绍一下它的组成。

【资源】

科学：《看花认植物》《看叶认植物》《看茎认植物》。

道德与法治：《花儿草儿真美丽》。

绘本：《什么是植物》《植物的秘密》。

【评价】

（1）能对植物部分有基本识别能力，能够在规定时间内完成植物拼图游戏。

（2）每组至少拼出2种植物。

（3）能用完整流利的语言进行口头表述。

（4）能够大致画出一种植物的基本特征。

工具：

一株完整的植物、建立公约、KWL表格、Y图。

差异化教学：

鼓励学生认真观察，说完整的句子。

运用句式，练习说话。

课程目标：

（1）知道可以根据花、叶、茎的颜色、形状不同认识植物。

（2）能用语言初步描述植物特征，能对周围的花、叶、茎进行比较。

（3）用自己的方式记录生命形态。

（4）利用说话练习让学生分享自己的独特感受，引导学生表达真情实感。

任务四：植物生存大揭秘

U（理解：学生将理解什么。）	Q（问题：学生将探究什么。）
植物有各自的特征及生长环境，植物的特征与生长环境密切相关。	植物和环境是什么关系？
K（知识：学生将知道什么。）	D（技能：学生将会做什么。）
不同植物对阳光、温度、水、土壤等的要求不同，环境不同。生长的植物也不同。	（1）能在学习过程中提出要研究的问题，并努力寻找解决办法。 （2）对事物特征进行简单描述。 （3）利用各种信息来源认识植物。
必备品格：尊重、负责。 关键能力：研究、交流。	

任务评估

表现性任务	其他评估
表现性任务： 调查任务单。 （1）画一画植物的家。 （2）任务单详细具体，能配合图片和文字展示调查内容。 （3）植物与生存环境能对应。	小组交流：给植物找家。 作品介绍。 学生的自我评价与反馈： 认真倾听别人发言，并能提出自己的观点。 清楚、条理的介绍自己的作品。

教学与学习过程

1. 课前准备

我国的南北方水果、粮食大调查，并选取一种水果或粮食深入研究，可以请教别人、查找书籍或者上网搜寻。

2. 信息梳理

（1）学生交流找到的南北方不同的水果和粮食，教师用T图进行梳理。

工具：T图

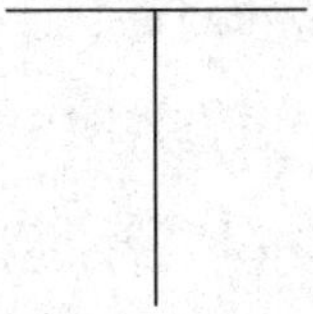

南方：　　北方：

（2）交流问题：你还知道哪里有植物？不同的环境生长着哪些不同的植物？

通过交流学生知道，植物遍布地球的每个角落，植物生长在不同的环境中：水里、高山、沙漠、海洋里、雪山……

3. 探究活动

原因探究：为什么植物有各自的生长环境？

播放电影片段，并让学生交流，得出结论：不同植物对阳光、温度、水、土壤等的要求不同，因此，环境不同，生长的植物也不同。环境选择植物，植物也在努力地适应环境。

4. 深入探究

（1）冬天能吃到我们这里出产的香蕉、火龙果等南方水果，你信吗？

介绍冬暖式大棚，使学生了解利用大棚给植物创造生长条件。引导学生思考，人们利用大棚还种植哪些植物？

（2）画自己了解的一种植物，突出它的生存环境和特征。

清楚、条理地介绍自己的作品。

5. 反思与行动

（1）完成调查任务单。

（2）画一画植物的家。

【资源】

电影：《植物私生活》。

绘本：《植物去哪里》《植物的秘密》。

【评价】

（1）清楚、条理地介绍自己的调查。

（2）配合图片或文字展示会更直观明白。

资源链接：

电影《植物私生活》（展示植物的游历、成长、成花及与其他植物和动物斗争求存，以及种种适应环境的奋斗历程。）

绘本推荐：

《种子去哪里》《植物的秘密》。

任务五：我为植物代言

U（理解：学生将理解什么。）	Q（问题：学生将探究什么。）
保护植物有利于生态环境的平衡。	我们为什么要保护植物？ 保护植物对我们的生活有何影响？
K（知识：学生将知道什么。）	D（技能：学生将会做什么。）
（1）学生通过观察、思考和老师的引导介绍，了解植物的多种作用，知道我们的生活离不开植物。 （2）学生将知道要有保护植物、保护环境的意识。	（1）学生能尝试用词语进行句子表达，说完整的话。 （2）学生在听、说、看的过程中，能够提出自己的问题。 （3）学生通过想象画面，联系生活实际，猜想植物的多种用途。 （4）学生将会用自己的方式去呼吁人类保护植物与自然。
必备品格：尊重、负责。 关键能力：研究、交流。	

任务评估

表现性任务	其他评估
表现性任务1：我是小小演说家。用完整的话对植物作用进行介绍，从而呼吁人类保护植物、珍爱生存环境。 评价标准： （1）能够用完整的话去表达，语言流畅。 （2）能够面向大家勇敢阐述你的观点且有内容。 表现性任务2：环保小卫士。制作一幅海报，呼吁大家保护植物、保护环境。 评价标准： （1）要有完整的海报形式（标题、图画）。 （2）海报内容恰当、主题明确。	其他证据： 认识与植物有关的生字，并能在生活中运用。 运用固定的句式练习说话，尝试说完整清晰的句子。 绘本阅读：《向日葵的故事》《一粒小种子的成长》。 学生的自我评价和反馈： 能和小组成员合作，猜想植物作用。 能和同伴交流谈论，并提出自己的问题。 能独立思考问题，敢于判断对错。

教学与学习过程

1. 搜集信息

植物对我们的生活有什么作用呢？

用KWL呈现学生对生活中植物（植物作用）的了解。

2. 进入探究

提醒学生交流探究植物的过程中要注意什么规则，达成共识，共同学习。

3. 梳理信息

（1）引导性问题：如果没有植物，会怎么样？

小组讨论交流，分享观点。

各小组上台展示自己的讨论成果。

（2）分组讨论，借助十字图从衣、食、住、行四个方面去思考植物的作用，并用上句子：植物为我们提供……我们的生活离不开植物。

（3）出示番茄图片，思考番茄从哪里来？它是怎么长大的？番茄能为我们的生活提供什么？

4. 探究活动

（1）观察图片，说一说，番茄酱是怎么制作的？

梳理流程：新鲜的番茄洗净——切成小块——榨汁机搅碎——放入锅中熬制成酱——品尝。

（2）植物不仅能为我们提供食物，通过人类智慧的加工还会变得更加美味。你还知道哪些植物经过加工可以变得更加美味？

（3）布置任务：请与你的家人一起制作番茄酱。

（4）识字活动：整理当堂出现的与植物相关的词语，制成生字卡片，通过多种方式认读识字。

工具：

KWL表格、流程图、生字卡片、番茄图片。

学科链接：

科学：《番茄与番茄酱》。

绘本：《向日葵的故事》《一粒小种子的成长》。

（5）阅读绘本《向日葵的故事》《一粒小种子的成长》。

【差异化教学】

教师根据小组合作探究的进度，相机指导学习有困难的小组。

引导学生利用句式进行表达，鼓励有困难的学生尽量说完整的话。

5. 反思与行动

运用植物资源改善生活。

6. 评估

（1）我是小小演说家：用完整的话对植物的作用进行介绍，从而呼吁人类保护植物、珍爱生存环境。

（2）环保小卫士：请你制作一幅海报，呼吁大家保护植物、保护环境。

【工具】

KWL表格、流程图、生字卡片、番茄图片。

【资源】

科学：《番茄与番茄酱》。

绘本：《向日葵的故事》《一粒小种子的成长》。

【评价】

（1）能够用完整的话去表达，且做到语言流畅。

（2）能敢于站在台上与大家分享观点，有个人独特的见解与想法。

（3）绘制海报，海报的标题与图画要全面，二者缺一不可。海报的主题明确，内容恰当，色彩要丰富。

主题六　“交通”主题课程设计

一、简要说明

“交通”单元和学生的生活非常贴近，属于“人与社会”的范畴，它聚焦于交通与人类、交通与生活的关系，让师生共同发现其中的奥秘，并反思自己的责任，指导我们的生活。本单元我们遵循探究循环基本要素，借助T图、维恩图、圆圈图等思维工具带领学生展开深入探究，了解交通运输方式和工具，了解古今交通工具的演变，并畅想未来。然后，比较同类型交通运输方式中两种交通工具的不同，并进行查找和梳理。根据学生学习需要还可以引申至交通的另一个方面——邮电，或其他学生感兴趣的问题。

本单元将主要通过“我是交通发言人”的真实表现性任务来展示学习成果，这是学习的预期成果，也是评估的主要方面。

二、单元思维导图

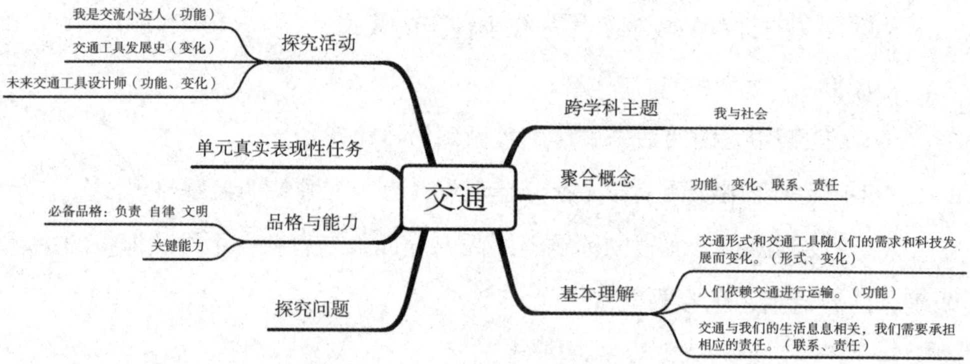

三、单元计划表

第一阶段：目标——学生将获得什么样的学习结果?

聚合概念：功能、变化、联系、责任。

探究问题：

（1）功能：你知道的交通工具有哪些，它们有什么特点？

（2）变化（内含的联系）：轮船、汽车、飞机等交通工具它们是怎么变成现在的样子的？将来又会是什么样子？

（3）联系：交通是如何联系我们生活的？

（4）责任：我们要遵守哪些交通规则？

焦点学科领域：科学、数学、语文、体育、道德与法治、美术。

单元网

学科概念：

【数学】

推理、运算、交流、归类、关系、平面图形和统计。

【语文】

笔画、偏旁、查字法、笔顺规则、汉字结构、阅读感受、反义词、扩句、积累、提取信息、通知书、情感熏陶、图文结合、标点符号、流利表达、寻求帮助和表达交流。

【科学】

空气。

【道德与法治】

变化、图形符号和生活方式。

教学资源

【语文】

《一分钟》《小猴子下山》《赠汪伦》《语文园地八》。

【数学】

100以内的加法和减法、统计表、统计图。

【绘本】

《忙碌的车轮子系列》《轱辘轱辘转》《你认识这些车吗》《坐汽车去郊游》《汽车的奥秘》。

【美术】

折纸、剪纸、装饰。

【音乐】

童谣。

必备品格：负责、自律。

关键能力：思考、研究。

相关课程标准

【语文】

1. 识字

（1）喜欢学习汉字，有主动识字愿望。

（2）认识汉字不少于200个（其中课内识字不少于88个）。

（3）掌握汉字的基本笔画和常用偏旁部首。

（4）学习独立识字，能通过多种途径方法主动识字。

（5）学习用音序查字法识字，初步养成在学习中查字典的习惯。

（6）将识字与认识事物结合，在识字过程中发展认知、发展思维。

（7）将识字与阅读相结合，在阅读中通过识字发展语言。

2. 写字

（1）喜欢学习汉字，有主动识字、写字的愿望。学习独立识字。

（2）积累生字300—500个（含教材中的120个），会写 48 个。

（3）掌握汉字的基本笔画和常用的偏旁部首，能按基本的笔顺规则用硬笔写字，注意间架结构，初步感受汉字的形体美。努力养成良好的写字习惯，写字姿势正确，书写规范、端正、整洁。

3. 表达与交流

（1）初步学会有条理地表达。

（2）能用完整清晰的语言表达自己的想法。

（3）在观察图画的基础上，大胆说出自己看到的或想到的。用完整的话说出自己获得的信息。

（4）与别人交流态度自然大方，有礼貌，讲规则。

（5）认真听别人讲话，不随便插话和打断别人讲话。

（6）能理解别人说话的内容并说出自己的想法。

4. 阅读与鉴赏

（1）学习用普通话正确流利地朗读文本。

（2）在阅读中能结合生活实际或具体语境了解词句意思，丰富语言积累。

（3）能大致了解所读文本的内容，提取简单信息，根据内容做出简单推断。

（4）借助图画阅读课文。

（5）阅读适合的童话故事、儿歌、古诗等，获得情感体验，感受语言优美。

（6）丰富语言积累，背诵优秀诗文。

（7）感受阅读的乐趣，爱护图书。

5. 探究与写作

（1）能用几句通顺连贯的话，把想表达的意思写明白。

（2）对写话有兴趣，乐于将自己生活或学习中想说的话写下来。

（3）能把句子写完整，写通顺。

（4）学习使用逗号、句号、问号、感叹号。

【数学】

1. 测量

学生们将使用模拟和数字时钟分辨时间，精确到半小时。

2. 统计与概率

学生将能够使用表格、图片图像和实物图像研究、识别并描述多种形式的数据收集（比如：记录每一天的温度、每个同学的换牙情况等）。

3. 数字与数感

学生们将会在实际情境中，正确认识读写100以内的数，能用数表示物体的个数或事物的位置顺序。

4. 计算和估算

在解决具体问题的过程中学会两位数加减两位数。经历计算方法的探索过程。

5. 图形与几何

描述并归类平面几何图形（三角形、正方形、长方形、圆、平行四边形）。

【道德与法治】

（1）理解过去现在和将来是不同的。

（2）能够收集信息并给信息分类，解读图片表达的概念，使用时间线，按照时间顺序给事件排序。

（3）认识到规则的目的，并实践自我控制。

（4）对自己的行为负责任。

（5）学生将会描述他们的社区的位置、气候、物理环境如何影响人们的生活方式，这些生活方式包含他们的食物、衣服、住所、交通以及娱乐。

【科学】

（1）通过学习规划和展开调查，学生将展示对科学推理、逻辑和科学本质的理解，在调查中对观察结果和数据以简单的图表、图片、书面陈述和数字进行记录、分析和口头交流。

（2）在调查中对熟悉的事物和事件进行推断和下结论，在一次或多次观察中提出问题，根据观察做出预测。

（3）学生将通过生活和课堂中的学习，在科学探究方法领域形成以下主要概念：提出问题、作出假设、制订计划、搜集证据、处理信息、得出结论、表达交流、反思评价。

【美术】

（1）学生探索各种艺术制作的方法。

（2）学生描述艺术创作的步骤。

（3）学生利用视觉、触觉和听觉发现艺术创作的灵感。

（4）学生通过故事或诗歌、创意和主题的启发，进行艺术创作。

（5）学生根据真实的和想象的灵感源，进行艺术创作。

基本理解	引导问题	主题任务群
交通形式和交通工具随人们的需求和科技发展而变化。	（1）你知道的交通工具有哪些，它们有什么特点？ （2）将交通工具分类，他们各属于哪种交通运输方式？ （3）它们是如何变化的？变化受什么影响？（轮船、汽车、飞机的演变史。） （4）如何合理选择出行方式？从你家到学校，有哪几种出行方式？为什么选择这种方式？	任务一：我是交通小达人。 任务二：交通工具发展史。 任务三：未来交通工具设计师。
人们依赖交通进行运输。	（1）交通是如何服务我们生活的？ （2）畅想未来的交通工具是什么样的？	
交通与我们的生活息息相关，我们需要承担相应的责任。	（1）我们要遵守那些交通规则？ （2）如何文明乘坐交通工具？	

续表

学生将知道	学生将能做
（1）了解常用的交通工具、交通标识、交通规则。 （2）知道各类交通工具之前的样子以及发展变化的过程。 （3）了解交警的职责。 （4）知道常见的交通信号。 （5）根据学校门口路况分析出原因，根据原因制定出改善方案，并根据方案发出倡议。 （6）提高收集、整理、分析和利用信息的能力，初步树立规则意识。	（1）能用自己喜欢的方式（分一分、数一数、画一画）对交通工具、交通标识等进行分类整理，体验数据收集和整理的过程。 （2）选择合适的交通方式出行。 （3）能够设计并制作一个交通标志牌。 （4）用维恩图梳理交通工具的异同。 （5）用时间轴梳理一种交通工具的发展史。 （6）通过采访了解交警的职责，学习交通指挥手势。 （7）设计一种未来交通工具并介绍它的样子和功能。 （8）将设计的未来交通工具用彩泥进行制作，在泡沫板中设计并制作出未来的交通场景。

第二阶段：评价——如何收集证据以确定学生达到既定学习结果的程度？

表现性任务

本单元总结性评价（即学习的庆祝活动）：

学生们将以代言人的形式呈现出对本单元的主要理解和认识。作为观众的家长将有机会通过学生的制作作品、代言词、语言表达评判本次展示是否很好地展现了交通多样性的特点及交通的发展过程，以及展示过程中学生的语言表达、艺术表现、自信等方面的成长。

其他评估证据

设计并制作交通标志牌、交通工具发展的时间轴、两种交通工具异同的维恩图、未来交通工具设计作品、交通场景作品、倡议书等。

第三阶段：实施——哪些学习经验将表现出学生达到既定的学习结果？

主题任务群

任务一：我是交通小达人

（1）梳理我们生活中有哪些交通工具，你认识哪些交通标识？你知道哪些交通规则？

（2）阅读绘本《坐汽车去郊游》，了解大意，知道交通工具是用来做什么的。

（3）探究活动：交通工具我来认、交通标识我来认、交通规则知多少、小小挑战台。

（4）反思与行动：选择合适的交通工具。设计并制作一个交通标志牌。

必备品格：

负责。

关键能力：

交流、研究。

绘本：

《坐汽车去郊游》。

任务二：交通工具发展史

（1）你喜欢哪种交通工具？把喜欢哪种交通工具画一画、说一说。

（2）你喜欢的交通工具之前是什么样子的？它是怎么样变化来得？

（3）阅读《远行靠什么》，了解交通工具的发展史。

必备品格：

文明。

关键能力：

交流、研究。

文本：

《远行靠什么》。

绘本：

《汽车的奥秘》《自行车》《飞行器》。

任务三：未来交通工具设计师

（1）说一说：你心目中未来的交通工具是什么样子的？你为什么这样认为？

（2）画一画：你心目中未来的交通工具并介绍它的样子和功能。

（3）做一做：未来的交通场景会是什么样子的？

必备品格：

文明。

关键能力：

研究。

课时设计

任务一：我是交通小达人

U（理解：学生将理解什么。）	Q（问题：学生将探究什么。）
学生将理解数据分析的意义，体会哪种统计方法既清楚又简便，观察现象，收集分析数据，给出合理化建议。	如何有效收集数据和整理数据？
K（知识：学生将知道什么。）	D（技能：学生将会做什么。）
认识象形统计图和统计表。	能用自己喜欢的方式（分一分、数一数、画一画）表达数据收据和整理的过程。
必备品格、关键能力：负责、交流、研究。	

任务评估

表现性任务	其他评估
任务1：选择合适的交通工具 小朋友，你从家到学校有几种方式？你是用哪种方式到校的？为什么选择这种方式？哪种方式更适合你呢？为什么？ 任务2：设计并制作一个交通标志牌 我们的校园或居住小区内哪些地方需要交通警示标识？做个交通小达人，设计、制作一下吧！	统计图、统计表。

教学与学习过程

1. 进入探究

（1）引入。

同学们，我们这个主题探究的是“交通”，提起交通，你一定知道很多知识。下面我们一起来梳理一下吧！

K：你知道我们生活中有哪些交通工具？你认识哪些交通标识等？

W：你还想知道什么？

请同学们先独立思考，然后小组内讨论一下，等会儿全班分享，全班分享的时候，认真倾听，你会收获很大呢！

（各自思考后，全班交流，老师记录在已知和欲知中。全班整理的内容建议张贴在教室的醒目位置，便于及时关注。）

（2）绘本阅读。

阅读绘本《坐汽车去郊游》，了解大意，知道交通工具是用来做什么的。

2. 搜集资料

表现性任务：

小朋友们收集到了这么多的交通工具以及标志，咱们单元展时需要介绍给家长，怎样能让家长一眼就清楚地看到我们收集到的交通工具各有多少呢？

（预设：可以把我们收集的交通工具分分类，整理一下，再数一数。）

今天我们就一起来探究如何整理数据能让人一眼就看明白。下面开启我们的探究之旅。

3. 深入探究

（1）交通工具。

①老师将同学们收集的交通工具汇总起来，提示同学们小组合作，对这些交通工具进行分类。

②鼓励同学们以图文的方式展示自己的分类结果，提示同学们思考，有没有更便捷的方式可以呈现分类结果？

鼓励同学们用数学课上学到的数字、符号来整理分类结果。

③同学们互相帮助，以数字和符号的方式整理分类结果，并把分类结果填写到表格中。

老师将同学们的分类结果以柱状图的方式呈现出来，并对统计图进行讲解。引导学生认识统计图，并感受统计图的便捷、直观。

④引导同学们思考，通过统计图，你发现了什么？我们还可以用统计图来整理什么信息？

（2）交通标志。

咱们之前不仅认识了许多交通工具，还知道了很多交通标志（出示交通标志图片）。

①学生按自己喜欢的方式分类整理数据。

②将分类结果用统计图和统计表表现出来。

（3）交通规则知多少。

①你知道什么是交通规则吗？自己读一读“知识袋袋裤”。

②想一想：如果你是一位行人，该遵守哪些交通规则？如果你是一位司机，又该遵守什么规则呢？

③搜集资料：可以向伙伴、老师、爸爸妈妈、书籍、网络请教，我们该遵守什么样的交通规则，然后用“T图”工具梳理一下吧！

（4）小小挑战台。

理一理：学了这么多关于交通的知识，如何成为遵守交通规则的小标兵呢？你一定有很多自己的想法。先自己独立思考一下，再和你的小组伙伴讨论一下，用画一画、写一写、唱一唱、演一演等方式来展示一下你们的想法吧。

分享展示自己的作品，并说出自己的理由。

4. 采取行动

（1）选择合适的交通工具：同学们，你从家到学校有几种方式？你是用哪种方式到校的？为什么选择这种方式？哪种方式更适合你呢？为什么？

（2）设计并制作一个交通标志牌：我们的校园或居住小区内哪些地方需要交通警示标识？做个交通小达人，设计、制作一下吧！

5. 反思总结

我们可以把我们了解到的交通工具及其他信息，分类整理并统计后告知我们的家长，这样他们就能特别清楚地了解我们的学习情况了。

【工具】

交通工具图片、交通标志图片、词卡。

【资源】

绘本：《坐汽车去郊游》。

任务二：交通工具发展史

U（理解：学生将理解什么。）	Q（问题：学生将探究什么。）
交通形式和交通工具随人们的需求和科技发展而变化。	（1）轮船、汽车、飞机等交通工具是怎么发展变化的？ （2）各种交通工具有什么异同？ （3）各种交通工具发展变化的原因是什么？
K（知识：学生将知道什么。）	D（技能：学生将会做什么。）
（1）各种交通工具发展变化的过程和原因。 （2）各种交通工具的异同。	（1）用维恩图梳理交通工具的异同。 （2）用时间轴梳理一种交通工具发展史。
必备品格、关键能力：文明、交流、研究。	

任务评估

表现性任务	其他评估
用时间轴梳理一种交通工具发展史。	维恩图、流程图。

教学与学习过程

1. 进入探究、搜集信息

（1）孩子们，你喜欢哪种交通工具？它是什么样子的？请在任务单上简单画一画、说一说。

（2）阅读《远行靠什么》，了解交通工具的发展史。

2. 梳理信息

孩子们，交通工具之间有相同点，也有不同点，选两种你喜欢或熟悉的交通工具，用维恩图进行梳理，然后和小伙伴一起比较一下它们的异同。

3. 深入探究

（1）孩子们，你们知道吗？这些交通工具最早被设计出来的时候并不是现在的样子，它们是怎样变化的呢？ 你能看出这几幅图片展示的是哪种交通工具以前的样子吗？

（2）孩子们，阅读是很好的搜集资料的方式。《汽车的奥秘》等绘本可以让我们了解很多汽车的发展史。

4. 反思与行动

（1）我们了解了常见交通工具原来的样子，那么，它们是怎样发展变化的？又为什么会有这样的变化呢？一边搜集资料，一边试着用一个流程图整理出来。

（拓展阅读：《自行车》《飞行器》）

（2）理一理：“时间轴”是一个很好用的梳理工具。用关键的时间节点，把你感兴趣的一种交通工具的发展史理一理吧。尽量写上时间、主要变化、变化原因等。

（3）画一画：用“流程图”画出它的发展史吧。期待你的分享哦！

【资源】

语文：《远行靠什么》。

绘本：《汽车的奥秘》。

任务三：未来交通工具设计师

U（理解：学生将理解什么。）	Q（问题：学生将探究什么。）
交通工具和场景会随着社会的发展和人的需求不断变化。	（1）你希望未来的交通工具是什么样子的？ （2）未来的交通场景会是什么样子的？
K（知识：学生将知道什么。）	D（技能：学生将会做什么。）
未来交通工具和交通场景的样子。	（1）设计一种未来交通工具并介绍它的样子和功能。 （2）将设计的未来交通工具用彩泥进行制作，在泡沫板中设计并制作出未来的交通场景。
必备品格、关键能力：文明、研究。	

任务评估

表现性任务	其他评估
小组合作将设计的未来交通工具用彩泥进行制作，在泡沫板中设计并制作出未来的交通场景。	设计一种未来交通工具并介绍它的样子和功能。

教学与学习过程

1. 进入探究

（1）之前咱们探究了交通工具的发展史，了解到了各种交通工具的发展历程，还知它们是为什么发展成现在的样子的。

今天我们在了解到交通工具的历史的基础是继续进行探究，你希望未来的交通工具是什么样子的？

（2）说一说：你心目中未来的交通工具是什么样子的？你为什么这样认为？

先自己想，然后跟小伙伴交流一下，要清晰并有条理地讲话和表达自己的想法。

2. 搜集信息、深入探究

（1）调查目前新能源汽车及无人驾驶技术等。结合调查说一说未来的交通工具如何发展才能满足人们的需求？

（2）画一画：你心目中未来的交通工具并介绍它的样子和功能。

请你做未来交通工具设计师，设计一种未来交通工具，画出来并介绍它的样子和功能。

3. 反思行动

（1）大家设计的交通工具各具特色，十分有创意，有想法。这么多未来交通工具参与下的交通会是什么场景呢？还是不是跟现在这样，车子只能在地上走，飞机在天上飞呢？请同学们小组合作，发挥大家的想象力，设计一下未来的交通场景吧！

（2）先将设计思路进行整体规划，然后将设计的未来交通工具用彩泥进行制作，在泡沫板中设计并制作出未来的交通场景。

（3）设计并制作完成后，请每个小组向大家介绍你们的交通场景，说清楚你们的想法和制作过程，我们将评出最具创意奖！

【材料与工具】

新能源汽车及无人驾驶技术资料。

画笔、设计纸、彩泥、泡沫板、牙签等材料。

主题七　“家乡”主题课程设计

一、简要说明

“家乡”是每个人心灵的栖息之地，那里的山、那里的水、那里的一草一木经常闪现在我们眼前，那里的亲情缠绵心中，乡音总是萦绕在我们耳边。对于二年级的小朋友，家乡又意味着什么呢？现在我们把话题打开，让学生成为学习的主人，让家乡的一草一木、一事一人成为学习的资源，在真实的生活中寻找问题和答案。

“家乡”主题是二年级的第一个主题，大约需要7周探究时间。借助“家乡”这个情景，师生依托探究活动，通过考察探究、社会服务、设计制作、职业体验四种主要的活动方式，达成学科和跨学科目标，促进学生学科核心素养及综合素质的提升。

本主题设计了四个探究活动，分别是：家乡的风景——印象临沂、家乡物产养育我、家乡的名人、百年临沂。这四个活动既相互独立，又彼此关联，既具有综合性、跨学科性，也注重学生学科技能和思维的形成。

二、单元思维导图

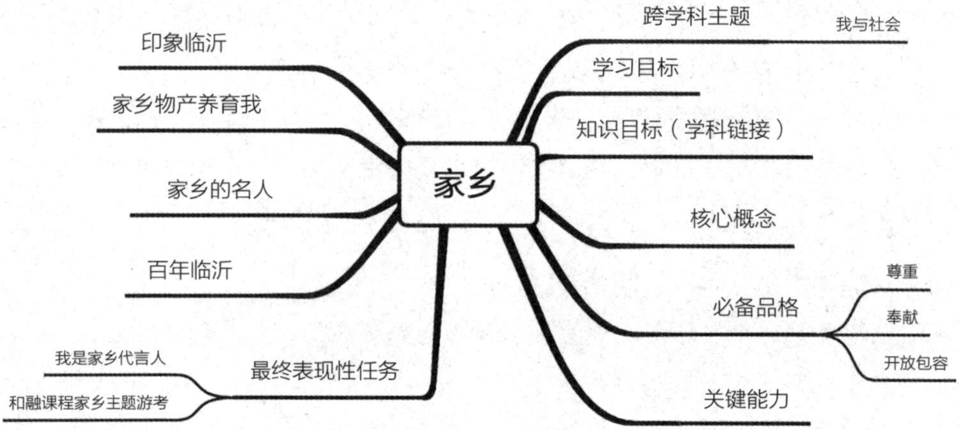

三、单元计划表

第一阶段：目标——学生将获得什么样的学习结果？

聚合概念：形式、功能、文化、责任。

探究问题：

（1）家乡是什么样子的？你的家乡美在哪里？

（2）家乡发生了什么样的变化？

（3）我们可以为家乡做点什么？

焦点学科领域：

语文、数学、道德与法治、音乐、美术、体育。

单元网

学科概念：

【语文】

识字方法、部首查字法、上下文、语言积累、标点运用、想象、完整通顺写话、倾听、表达。

【数学】

观察物体。

【道德与法治】

文化、民俗、特产、名人、景点、手工艺品、特色美食、发展、保护、变化、责任。

【音乐】

节奏、速度、情绪、节拍。

【美术】

色彩、涂画、剪纸、书法。

【体育】

协同、速度、口令、自我保护。

教学资源

【语文】

二年级上册第七单元“家乡”《古诗二首》《黄山奇石》《日月潭》《葡萄沟》《画家乡》。

二年级下册拓展阅读：《神州谣》《传统节日》《“贝”的故事》《中国美食》《祖先的摇篮》《当世界年纪还小的时候》。

【绘本】

《我的家乡——世界最美的村子》《请你来我家》《请到我的家乡来》《我的家乡真美丽》《来，大家一起修马路》《快来，一起盖房子》《小房子》《故乡的杨梅》等。

【数学】

二年级上册《表内乘法》《观察物体》。

【音乐】

《我们的家园》《中华人民共和国国歌》《沂蒙山小调》《谁不说俺家乡好》。

【科学】

教科版二年级上册第一单元《我们的地球家园》。

【道德与法治】

第四单元《我们生活的地方》。

必备品格：尊重、奉献、开放包容。

关键能力：思考、技术运用。

相关课程标准

【语文】

1. 识字与写字

（1）喜欢学习汉字，有主动识字、写字的愿望。

（2）会写常用汉字150字左右，能按笔顺规则使用硬笔书写，注意间架结构，初步感受汉字的形体美。

（3）学习独立识字。能借助汉语拼音认读汉字，学会用部首检字法查字典。

2. 阅读

（1）喜欢阅读，感受阅读的乐趣。养成爱护图书的习惯。

（2）在教师的指导下分角色朗读，读出人物语气，将自己的阅读感受通过朗读表达出来。

（3）结合上下文和生活实际了解课文中词句的意思，在阅读中积累词语。借助图画阅读。

（4）诵读家乡主题的儿歌、儿童诗和浅进的古诗，展开想象，获得初步的情感体验，感受语言的优美。

（5）阅读关于家乡主题的童话、寓言、故事，向往美好的情境，关心家乡，热爱家乡。对感兴趣的人物和事件有自己的感受和想法，并乐于与人交流。

3. 写话

（1）对写话有兴趣，留心家乡景物和事物，能用几句通顺、连贯的话写一写自己的家乡。

（2）在写话中乐于使用阅读和生活中学到的词语。

（3）根据表达的需要，学习使用逗号、句号、问号、感叹号。

4. 口语交际

（1）与别人交流有礼貌，讲规则，认真倾听不打断别人讲话。

（2）能理解别人说话的内容，并说出自己的想法。

（3）能较完整地讲述家乡小故事，能简要讲述感兴趣的家乡见闻。

5. 综合性学习

（1）对家乡事物有好奇心，能就感兴趣的内容提出问题，结合课内外阅读共同讨论。

（2）结合语文学习，观察家乡的风景和物产，用口头或图文等方式表达自己的观察所得。

【数学】

（1）能根据具体事物、照片或直观图辨认从不同角度观察到的简单物体。

（2）结合具体情境，初步体会乘法的意义，认识乘法，会读、写乘法算式。

（3）在经历乘法的形成过程中，培养学生动脑、动手、动口等多种感官能力和合作意识。

（4）通过对乘法的初步认识，感受到数学与生活的密切联系。

【道德与法治】

（1）爱护家乡，节约资源，为保护家乡和家乡的发展做力所能及的事。

爱家，爱家人，爱家乡。

（2）了解家乡的风景名胜、主要物产等有关知识，感受家乡的发展变化。

<table>
<tr><th>基本理解</th><th colspan="2">引导问题</th><th>主题任务群</th></tr>
<tr><td>（1）家乡的风景、物产与自然、人文环境息息相关。
（2）家乡的变化是社会发展的缩影。
（3）我与身边人守望互助、共同生活的相依关系。</td><td colspan="2">（1）家乡是什么样子的？你的家乡美在哪里？
（2）家乡发生了什么样的变化？
（3）我们可以为家乡做点什么？</td><td>任务一：家乡的风景——印象临沂。
任务二：家乡物产养育我。
任务三：家乡的名人。
任务四：百年临沂。</td></tr>
<tr><th colspan="2">学生将知道</th><th colspan="2">学生将能做</th></tr>
<tr><td colspan="2">（1）阅读：能够联系上下文和生活经验了解词语的意思。
（2）口语交际：自信地表达家乡的景色，简要讲述自己感兴趣的见闻。
（3）写作：能运用阅读中积累的词句介绍家乡的风景。
（4）姿态：与别人交谈，态度自然大方，有礼貌。</td><td colspan="2">（1）通过对比家乡的生活方式的变化，感受家乡的变化，表达自己的感受和想法。
（2）利用图书、电视、网络等多种方式收集需要的资料。
（3）能与同伴交流、分享、反思探究的过程和成果。
（4）学习用观察、比较、调查等方法进行简单的生活和社会探究活动。
（5）能根据需要动手制作简单的道具、小模型、小饰品等来开展活动。</td></tr>
</table>

第二阶段：评价——如何收集证据以确定学生达到既定学习结果的程度？

表现性任务

本单元总结性评价（即学习的庆祝活动）：我是家乡代言人。

本次任务中，学生们将化身为小小家乡代言人，为大家介绍家乡的风景、物产和名人，通过制作家乡风景手册展现百年来临沂的沧桑巨变，为大家呈现一份立体、动态的琅琊家乡印象。

其他评估证据

探究单、家乡风景手册。

第三阶段：实施——哪些学习经验将表现出学生达到既定的学习结果？

主题任务群

任务一：家乡的风景——印象临沂

（1）你的家乡有哪些吸引人的风景？能给大家介绍一下吗？

（2）怎样介绍家乡风景更吸引人呢？

（3）制作家乡风景图册，运用学习到的方法介绍家乡风景。

任务二：家乡物产养育我

（1）播放关于家乡物产的视频或引导学生阅读一本绘本，激发学生探究家乡物产的兴趣，知道自己的家乡也有很多物产。

（2）前测，利用KWL梳理对物产的已知信息。

（3）搜集信息。

（4）梳理信息。根据家乡特产调查表，介绍家乡特产。学生可借助调查表、思维导图，展开对家乡特产的介绍。

（5）深入研究，研究烙煎饼的方法。

（6）回家制作感兴趣的物产。

（7）开展班级内的家乡特产推介会，介绍自己制作的物产的特点或制作流程等。

任务三：家乡的名人

（1）开展小调查活动，通过不同途径了解可敬的家乡人（不通过新闻、名人档案、采访等方式）。

（2）开展“可敬家乡人”主题交流分享会。

任务四：百年临沂

（1）学生课前收集照片，利用几组家乡的发展变化照片，激发学生发现变化的兴趣，让学生感受到家乡的变化。

（2）通过开展“祖孙三代话家乡”的活动，孩子通采访长辈，了解家乡的曾经，让学生真切地感受到家乡的发展以及这些发展给自己的生活带来的幸福。

（3）感受家乡变化，总结家乡发展变化的原因，激发学生热爱家乡的情感。

（4）同学们都发现了家乡发生的变化，也感受到了今天的幸福生活。可是家乡的变化还不完美，有的地方还变得让人不舒服。

任务五：我为家乡代言

假如你是一名解说员，要给外来参观者介绍自己的家乡——临沂。请准备相关的资料，并创建一个丰富多彩和有吸引力的海报（图画、图标、文字等）或是准备一个名人故事等来辅助你的介绍，体现你对家乡临沂的热爱。

课时设计

任务一：家乡的风景——印象临沂

U（理解：学生将理解什么。）	Q（问题：学生将探究什么。）
（1）联系上下文和生活经验是理解难懂词语的好方法。 （2）家乡的景色与自然环境、人文历史息息相关。	（1）你的家乡在哪里？它是什么样子的？ （2）如何生动形象地介绍家乡的景色？
K（知识：学生将知道什么。）	D（技能：学生将会做什么。）
（1）学习课文的语言表达，积累描写家乡的语言。 （2）积累描写颜色的词语和风景名句。	（1）阅读：能够联系上下文和生活经验了解词语的意思。 （2）口语交际：自信地描述家乡的景色，简要讲述自己的感兴趣的见闻。 （3）写作：能运用阅读中积累的词句介绍家乡的风景。

教学与学习过程

1. 进入探究

（1）教师播放临沂市形象宣传片。

（2）提问：视频中介绍了哪些景点？

（3）通过看宣传片，你觉得临沂美吗？你去过哪里？

【工具】

T图梳理、班级公约、地图海报。

【评价、资源与差异化教学】

临沂宣传片。

2. 搜集信息

（1）阅读《日月潭》，思考作者是如何介绍日月潭的，日月潭美在哪里？

（2）阅读《黄山奇石》，作者是怎样生动形象地介绍黄山奇石的？

（3）阅读《葡萄沟》，为什么说“葡萄沟真是个好地方”？

【工具】

阅读量规、5W1H。

（1）看图、读文。

（2）利用“像”“好像”等比喻句，把景色写得生动形象。

3. 梳理信息

（1）学习课文，提炼出难懂的词语，为接下来的写作积累素材。

（2）了解三处风景的地理位置、景点特色及文化背景，并用思维导图对其进行梳理。

【工具】

思维导图。

4. 深入探究

师生总结梳理：怎样生动形象地介绍家乡的景色？

依据写作量规，全班共同完成一处熟悉的场景写作（例如校园小菜园），感受量规的要求。

（1）仔细实地观察小菜园，从种类、颜色、气味、周围环境等方面观察。

（2）小组内利用Y图把看到的、听到的、想到的说一说、写一写，小组推荐“最佳写手”，在班级展示分享。

5. 反思与行动

真实表现性任务——我是景区代言人。

（1）确定代言景区，再次出示评价量规，告知评价方式（互评、师评）。

（2）结合所拍摄景区图片，为景区撰写解说词，并进行修改。

（3）选拔“景区代言人”，并致颁奖词。

6. 评估

班级进行我是家乡景区代言人比赛，并进行不记名投票。

任务二：家乡物产养育我

U（理解：学生将理解什么。）	Q（问题：学生将探究什么。）
（1）家乡的物产与自然环境、人文历史息息相关。 （2）家乡物产对人们的作用及意义。 （3）课堂知识有助于我们解决生活中的问题。	（1）临沂的物产有哪些？ （2）农具有哪些，它们的作用是什么？ （3）怎样将课堂知识运用到我们的活动中来？
K（知识：学生将知道什么。）	D（技能：学生将会做什么。）
（1）知道“和菜园”的物产种类。 （2）每种物产都有不同的特点。 （3）人们与物产之间的关系。	（1）会使用收获农作物、蔬菜的农具。 （2）利用乘法口诀进行数量的计算。 （3）会用根据Y图工具进行写作，表达出自己眼中的“和菜园”。

教学与学习过程

1. 进入探究

（1）介绍校园内六大劳动实践基地——和菜园、和合谷、蝴蝶花坊、芳芷园、智慧农场、东璧园，激发学生对劳动的热情。

（2）前测：了解学生对临沂物产知识的初步掌握。

（3）梳理问题，形成对丰收物产的问题墙。

【工具】

KWL前测工具、问题墙。

2. 搜集信息

参观和菜园：由主副班主任老师带领学生参观和菜园，重点观察和菜园的植物类型，老师进行讲解。

3. 梳理信息

（1）我眼中的和菜园：回到教室后，利用探究单，学生根据Y图工具，梳理在和菜园看到了什么，听到了什么，想到了什么，并进行全班分享。（老师提示孩子在梳理的过程中，使用形容词，将事物写得更具体。）

（2）副班主任老师将学生梳理内容进行整理。

4. 深入探究

活动一：认识农具。

由教师和学生准备好秋收农具（如铲子、耙子、铁锹、镢头、锄头等），认识农具，探究农具的功能和用法。

活动二：物产采摘我最棒。

（1）以小组讨论的形式，商量如何采摘本班要收获的物产，教师适时引导，再次强调农具的使用方法和安全提示。

（2）以小组合作的形式，协力收获。在这个过程中，学生通过看、闻、听、摸、想等方法认识不同物产。

（3）清理收获后的农田，捡拾地面上的叶子、根等，渗透保护自然、保护环境的意识。

活动三："劳"记心田，心随乐"动"——丰收再回顾。

（1）学生制作和合丰收节探究单，进行丰收再回顾。

（2）绘画即表达，写作即表达，画出脑海所感，写出心中所想。将在课堂中学到的写作方法和技巧，迁移到真实情景之中，完成探究单。

活动四：和合丰收，暖心义卖。

（1）准备工作。

例1：将红薯打包装袋，4个红薯装一袋，在装袋的过程中渗透4的乘法计算。

例2：将芋头打包装袋，一袋芋头5元钱，渗透5的乘法计算。

以计算芋头一共多少钱为任务，知道生活中的数学的重要性。

（2）义卖活动。

①以班级合作的形式，绘制义卖海报，写一写推荐词，体现本班物产的优势。

②整理好打包的农产品，放学前来到校园门口空地，准备义卖活动。在义卖中逐渐学会如何推荐自己的产品，表达自我，学会和其他人进行沟通和交流，大胆表达。

【工具】

探究单。

5. 反思与行动

（1）劳有所获，乐趣美食。

孩子们采摘的物产，不仅是收获的农产品，是学生的胜利成果，更是学生成长过程中一段最美好、最幸福的回忆。将剩余的未出售的农产品奖励给孩子们，回家后在和家人的合作中，制作出一道道饱含幸福之味的美食。

（2）让孩子向家长介绍课程中的所见所闻，练习表达。

6. 评估

使用评价量规进行自评、互评、师评。

评价量规	自评	互评	师评
知道我们身边的物产			
将物产装袋，利用乘法口诀进行真实情境中的计算			
写绘结合，制作探究单，分享感悟			
能在家长的协助下，用自己收获的物产制作美食			

任务三：家乡的名人

U（理解：学生将理解什么。）	Q（问题：学生将探究什么。）
（1）人物的品格与生活环境互相影响。 （2）家乡的每个人都在各行各业为家乡的建设做贡献，是可亲可敬的。	（1）我们的家乡都有哪些名人？ （2）你心中的家乡人是什么样子的？

续表

K（知识：学生将知道什么。）	D（技能：学生将会做什么。）
（1）一方水土养一方人，优秀的品质会传承。 （2）为生长在沂蒙大地这片红色热土感到骄傲和自豪。 （3）家乡的每位建设者都是可亲可敬的。	（1）能根据提示较完整地讲述小故事，能简要讲述自己感兴趣的见闻。 （2）会用观察、比较、调查等方法进行简单的生活和社会探究活动。 （3）能够通过具体的事件或故事表现出人物的品质或特点。 （4）与别人交谈，态度自然大方，有礼貌。

教学与学习过程

1. 进入探究

前测：你知道我们家乡的哪些名人？开展调查活动，搜集资料，介绍自己感兴趣的名人故事。

活动一：家乡名人故事会，根据评价量规讲名人故事，并评选故事大王。

【工具】

泡泡图。

【评价、资源与差异化教学】

名人故事会评价量规	故事内容完整，语言表达流畅	声音洪亮、自信大方	能从名人故事中学习到一些优秀品质
	★	★	★

2. 搜集信息

师生搜集更多的临沂名人故事。

3. 梳理信息

整理文本，整体阅读搜集到的名人故事。

4. 深入探究

活动二：深入走进名人。通过阅读，小组选择最感兴趣的一篇故事。熟悉并筛选文本信息，梳理出关键词，根据老师提供的思维工具在4K卡纸上制作故事地图，并分享交流。成功完成任务的小组获得“沂蒙大剧院”入场券。

同学们分享的这些名人故事流传千古，他们或孝顺，或勤奋，或诚信，或英勇善战。优秀的品质值得我们学习。可有这样一段特殊的历史时期，我们生长的这片热土上的每个普通的老百姓都做出了最伟大的奉献，他们被历史铭记。就让我们走进沂蒙六姐妹的故事。

【工具】

“四个标签”4C、角色扮演、思维导图。

【资源】

临沂名人故事：《王羲之吃墨》《入木三分》《曾子杀猪》《凿壁借光》《勇士蒙恬》。

二十四孝故事：《单衣顺母》《鹿乳奉亲》《啮指心痛》《卧冰求鲤》《彩衣娱亲》《负米养亲》《闻雷泣墓》。

活动三：观影《沂蒙六姐妹》，认真观影，用便利贴记下自己观影过程中不理解的地方或自己的观影感受。

画出印象最深刻的一个电影场景，并谈谈自己的观影感受。交流感受的过程融入《树之歌》课后谚语，加深孩子对谚语的理解。

【资源】

电影资源：《沂蒙六姐妹》。

5. 反思与行动

活动四：家乡每位建设者都是最可爱的人。

由名人故事到沂蒙六姐妹，学生发现，不仅名人值得我们学习，每个勤劳、善良、淳朴的沂蒙人民都是可亲可敬的。

收集各行各业家乡建设者的劳动照片（最好是孩子们熟悉的身边的人，如爸爸妈妈的工作照、校园里常见到的保洁、安保人员等）制作成视频，激发孩子热爱家乡人的情感。

6. 评估

真实表现性任务——“可亲可敬的家乡人”交流分享会。

任务四：百年临沂

U（理解：学生将理解什么。）	Q（问题：学生将探究什么。）
（1）家乡的发展反映着社会的不断进步。 （2）家乡文化多种多样，文化承载着文明。	（1）家乡有哪些方面的变化 （2）家乡为什么变化?
K（知识：学生将知道什么。）	D（技能：学生将会做什么。）
（1）知道家乡在居住环境、交通设施、生活方式等方面的变化。 （2）知道家乡关于曲艺、工艺等传统民俗的相关知识。	（1）通过对比家乡的生活方式的变化，感受家乡的变化，表达自己的感受和想法。 （2）学习利用图书、电视、网络等多种方式收集需要的资料。 （3）能与同伴交流、分享、反思探究的过程或成果。 （4）学习用观察、比较、调查等方法进行简单的生活和社会探究活动。 （5）能根据需要动手做简单的道具、小模型、小街品等来开展活动。

教学与学习过程

1. 进入探究

师生从报纸、网络中搜集家乡旧貌新颜的照片、视频，了解家乡的变化，并分享交流，教师用T图梳理出家乡都是从哪几方面发生变化的。

2. 搜集梳理信息

让孩子分享介绍带来的衣、食、住、行、玩等方面的旧照片并进行画廊观察，然后小组合作完成探究单。

【工具】

口语交际评价量规、探究单。

3. 深入探究

（1）学生在“我和……比童年”的分享后，思考问题：家乡为什么会发生变化?

（2）阅读绘本《影子爷爷》。

阅读策略：

步骤一：看题目，猜猜里面的主人公会遇到什么事情，你想知道些什么，这些都可以成为你阅读理解的目标。

步骤二：快速浏览绘本——验证预测，边读边思考。（提示：带着你的猜想和你想知道的，边读边思考，找到问题的答案。）

步骤三：反复读绘本，与大家分享：绘本说了一件什么事情？

思考：为什么豆子喜欢皮影戏？为什么爷爷比以前更忙了？

（3）通过实地参观、网络调查、寻访艺人等方式，搜集家乡的传统民俗，例如曲艺"柳琴戏"、门签等。到教室分享并思考：家乡的哪些传统没有变？为什么？

（4）联系《影子爷爷》小主人公豆子的经历，思考：如果我们是传统文化的传承人，我们可以怎么做？

学生选择一种家乡的传统民俗深入了解，可以采用流程图来梳理表演或制作步骤，也可以自己亲手制作，并思考：如何像豆子一样让更多的人喜欢这项民俗？和大家一起分享。

在分享的时候，要按照一定的顺序把传统民俗说清楚，并把自己的想法表达出来。

【工具】

绘本、流程图。

4. 反思与行动

活动：家乡名片展。

在你心中，什么可以代表家乡？将你认为最能代表家乡的物品简单画下来，为我们的家乡设计一张精彩的名片。

可以用这一句式介绍家乡名片："我认为……可以代表我的家乡，因为……，我希望……"

学习语文课本55页，写"留言条"。

（1）以将要到来的展演活动为内容，向家长写一张留言条。

（2）先写留给谁，再写有什么事情，最后写自己的名字和时间。

【工具】

名片、探究单。

5. 评估

使用评价量规进行自评、互评、师评。

评价量规	自评	互评	师评
知道我们临沂百年的变化			
整理衣食住行各方面变化			
结合变化，说出百年临沂变化的原因			
表达对临沂未来的变化所肩负的责任			

主题八　“服装”主题课程设计

一、简要说明

服装，是人体的又一层“皮肤”，是流动着的“软”雕塑，是人的气质、个性、情调、风格的亮相，它是人对自身外在美的一种设计。服装在人类社会发展的早期就已出现，古人用自然界中的一些材料做成粗陋的“衣服”，用于遮羞和保护自己。对现在社会来说，服装不仅仅是遮体、装饰的生活必需品，还是一个身份、一种生活态度、一种自我对话的媒介。临沂的孩子，对具有沂蒙特色的服装有哪些认识和理解呢？本主题我们将和孩子一起打开服装世界的大门，让学生成为学习的主人，在真实的生活中寻找问题和答案，增进对沂蒙服装文化的认知。

在“服装”主题探究活动中，师生借助“服装”这个情景，依托探究活动，通过考察探究、社会服务、设计制作、职业体验四种主要的活动方式，达成学科和跨学科目标，促进学生学科核心素养及综合素质的提升。

本主题设计了五个探究活动，分别是：我是服装小达人、走进服装厂、挑选布料、着色、沂蒙服装设计大赛。这五个活动既相互独立、又彼此关联，既具有综合性、跨学科性，也注重学生学科技能和思维的形成。前四个活动为最后一个活动做准备和铺垫，最后一个活动具有终极评价的功能，同时也是学生综合性成果展示的平台，也就是很多课程专家提到的“真实表现性任务”。

二、单元思维导图

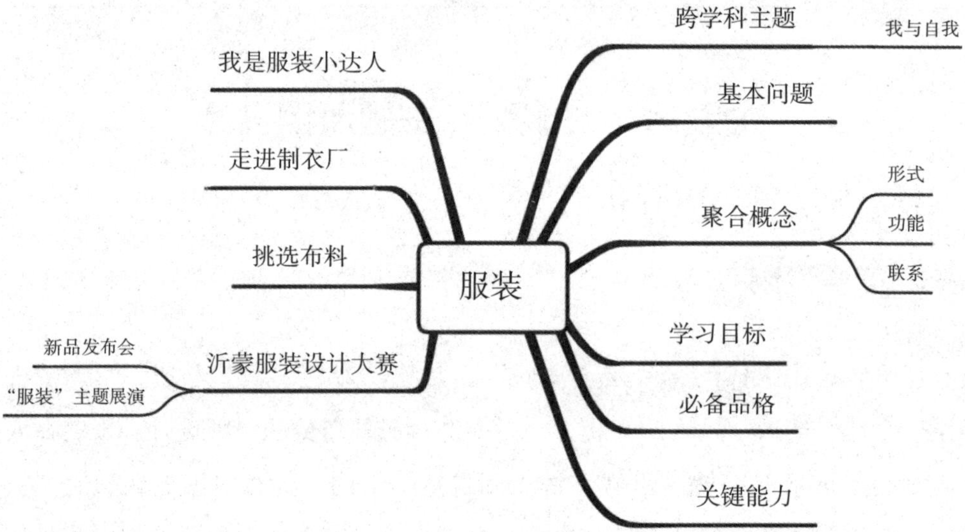

三、单元计划表

第一阶段：目标——学生将获得什么样的学习结果？

聚合概念：形式、功能、联系。

探究问题：

（1）你了解的服装有哪些？你知道哪些沂蒙特色服装？

（2）不同的服装制作材料有什么不同？

（3）服装在人们的生活中有什么作用?

焦点学科领域：语文、数学、音乐、道德与法治、科学。

教学资源

【语文】

（1）课文《难忘的泼水节》。

（2）古诗《江雪》《小儿垂钓》。

【绘本】

《皇帝的新装》《阿利的红斗篷》《彩色的乌鸦》《神奇的色彩女王》《蓝花坊》《动物绝对不应该穿衣服》《爷爷一定有办法》《月亮姑娘做衣裳》。

【数学】

青岛版二年级上册《角的初步认识》。

【道德与法治】

部编版二年级上册第三单元《我们在公众场合》。

【科学】

二年级下册第五单元《常用工具》。

二年级上册第一单元《常见的材料》。

二年级上册第二单元《我们的衣服》。

二年级上册第二单元《材料》。

【音乐】

歌曲：《欢乐颂》《青春舞曲》。

小鼓：《让我们把劳动歌唱》。

律动：《春晓》《听我说》。

【美术】

二年级上册《流动的颜色》《染色游戏》。

二年级上册《花花衣》《画出你的想象》。

关键能力：思考、协作、交流。

必备品格：尊重、开放包容。

相关课程标准

【语文】

1. 识字写字

（1）喜欢学习汉字，有主动识字、写字的愿望。会写96个字，认识134个字。

（2）学习独立识字。能借助汉语拼音认读汉字，学会用音序检字法和部首检字法查字典。

2. 阅读与鉴赏

（1）喜欢阅读，感受阅读的乐趣。学习用普通话正确、流利、有感情地朗读课文。学习默读。

（2）结合上下文和生活实际了解课文中词句的意思，在阅读中积累词语。认识课文中出现的常用标点符号，在阅读中体会句号、问号、感叹号所表达的不同语气，借助读物中的图画阅读。

（3）阅读浅近的童话、寓言、故事，向往美好的情境，关心自然和生命，对感兴趣的人物和事件有自己的感受和想法，并乐于与他人交流。诵读儿歌、儿童诗和浅近的古诗，展开想象，获得初步的情感体验，感受语言的优美。

3. 表达与交流

（1）学说普通话，逐步养成说普通话的习惯，有表达交流的自信心。

（2）能认真听他人讲话，努力了解讲话的主要内容。听故事、看影视作品，能复述大意和自己感兴趣的情节。能较完整地讲述小故事，能简要讲述自己感兴趣的见闻。与他人交谈，态度自然大方，有礼貌。积极参加讨论，敢于发表自己的意见。

（3）对写话有兴趣，留心周围事物，写自己想说的话，写想象中的事物。在写话中乐于运用阅读和生活中学到的词语。

（4）根据表达的需要，学习使用逗号、句号、问号、感叹号。

4. 梳理与探究

（1）观察字形，体会汉字部件之间的关系。梳理学过的字，感知汉字与生活的联系。

（2）观察大自然，热心参加校园、社区活动，积累活动体验，结合语文学习，用口头或图文等方式整理、表达自己在活动中的见闻和想法。

（3）对周围事物有好奇心，能就感兴趣的内容提出问题，结合其他学科的学习和生活经验交流讨论，尝试提出自己的看法。

【数学】

（1）学会使用合适的工具测量衣服或布料的长度。

（2）通过观察、操作，认识布料及衣服中存在的角，知道角的各部分名称，学会画角。

（3）结合具体情境，学习有序地数图形的方法。

（4）熟练地用表内乘法解决实际问题。

（5）结合生活情境，认识平均分，知道除法的意义。

【科学】

（1）通过观察、动手操作、记录等方式，认识衣服的种类、布料及制作服装的工具。

（2）了解不同的材料特点及应用，理解做衣服的材料来自哪里。

【道德与法治】

（1）遵守公共场所的秩序，有序参观服装厂。

（2）了解传统工艺与现代制衣流程的区别，感受服装的演变，表达自己的感受和想法。

（3）能与同伴交流、分享、反思探究的过程和成果。

（4）学习用观察、比较、调查等方法进行简单的生活和社会探究活动。

（5）能根据需要动手做简单的衣服、装饰并开展活动。

基本理解	引导问题	主题任务群
（1）人们从自然界中获取资源并加以改造利用。 （2）服装是人们自我对话的媒介。 （3）一个地域独具特色的服装是当地自然环境、人文历史的产物。	你了解的服装有哪些？你知道哪些沂蒙特色服装？ 不同的服装制作材料有什么不同？ 服装在人们的生活中有什么作用？	任务一：我是服装小达人。 任务二：走进服装厂。 任务三：挑选布料。 任务四：着色。 任务五：沂蒙服装设计大赛。

学生将知道	学生将能做
（1）服装是人类生活必需品，具有保护、装饰作用，特殊的服装是身份的象征。 （2）服装制作流程及制作过程中使用的工具和材料。 （3）不同布料的特性和成分。 （4）知道服装着色的不同方法，知道三原色，并且知道两种颜色融合产生的变化。	（1）借助一定的工具梳理服装制作流程并进行有序表达。 （2）能够通过感官感知并进行实验操作，探究布料的特性和成分。 （3）能够制作并介绍扎染作品。 （4）能够运用所学结合地域特色设计效果图并表达自己的想法。 （5）与他人交谈，态度自然大方，有礼貌。积极参加讨论，敢于发表自己的意见。

第二阶段：评价——如何收集证据以确定学生达到既定学习结果的程度？

最终表现性任务

沂蒙服装设计大赛

结合所学，融合沂蒙元素设计服装，准备新品发布会，考虑服装搭配的因素，结合服装搭配的原则，学生为自己制作的衣服进行搭配。

其他评估证据

探究单、服装作品设计。

第三阶段：实施——哪些学习经验将表现出学生达到既定的学习结果？

课时设计

任务一：我是服装小达人

U（理解：学生将理解什么。）	Q（问题：学生将探究什么。）
人们从自然界中获取资源并加以改造。	（1）为什么会有不同的服装？ （2）如何对“服装”主题的学习进行评价？
K（知识：学生将知道什么。）	D（技能：学生将会做什么。）
服装是起保护和装饰作用的生活必需品。	（1）以多种形式大方自然地表达自己的观点并倾听他人的想法。 （2）能根据分工与同伴各司其职，共同解决探究中出现的问题，完成任务，共享成果。

教学与学习过程

1. 进入探究

活动一：绘本导入。

教师大屏幕出示绘本《动物绝对不应该穿衣服》的封面，学生看图猜内容，师生一起阅读绘本，爆笑之余引发学生思考：为什么作者认为“动物绝对不应该穿衣服”？（你觉得动物应不应该穿衣服？）学生在了解绘本图画意思的基础上自己思考，将自己的想法跟同伴交流，再在小组内分享。

小组合作，借用GRR（责任逐渐转移模型）完整地整理出“动物绝对不能穿衣服的原因”。

【工具】

GRR（责任逐渐转移模型）。

2. 搜集信息

活动二：在绘本阅读之后引出“人类应不应该穿衣服？为什么？”这样的问题，借用T图梳理人为什么需要穿衣服？

【工具】

T图。

3. 梳理信息

活动三：梳理前测信息，教师借助思维导图了解学生对服装功能的认识。

提醒孩子：

说话：清晰并有条理地讲话和表达想法。

倾听：能认真听别人讲话，努力了解讲话的主要内容。

【工具】

思维导图。

4. 深入探究

活动四：借助服装演变的图片一起了解人类服装的起源和演变，借助流程图梳理服装的发展史，最后让学生尝试将打乱的服饰进行辨认和排序。

活动五：聚焦沂蒙服装演变。

出示文字资料《改革开放40周年临沂人的服饰变迁：衣橱里的芳华》，初步引导学生对临沂人的服饰变迁有所了解，并激发学生探究的欲望。引导孩子按照语言标准表达自己关于沂蒙服装还想知道什么，教师梳理问题（W）并针对学生提出的问题介绍一系列活动（进工厂、挑布料、着色）以及终极表现性任务（沂蒙服装设计大赛），明确活动要求和活动目标。

【工具】

KWL表格、流程图。

5. 反思与行动

真实表现性任务——沂蒙服装设计大赛。

6. 评估

你是一名服装设计师，为了展现沂蒙服装的魅力，你要给来宾展示你设计的服装及搭配，要体现沂蒙元素，并借助视觉文本（PPT、课件）向来宾解说你的设计理念。请准备相关内容，用流畅有条理的语言进行讲述，表现你对该服装的认识和理解，向来宾表达出你设计服装及搭配的观点。

任务二：走进制衣厂

U（理解：学生将理解什么。）	Q（问题：学生将探究什么。）
（1）制衣流程由多个环节组成。 （2）现代制衣和传统制衣有所不同。	（1）服装的制作流程是怎样的？ （2）制作服装需要的工具和材料有哪些？
K（知识：学生将知道什么。）	D（技能：学生将会做什么。）
（1）了解制衣流程。 （2）对比现代制衣和传统制衣的异同。	（1）培养学生大方自然地表达自己的观点并倾听他人的想法的能力。 （2）按部首进行词语的分类整理，进行部首查字法的复习。

教学与学习过程

1. 进入探究

（1）任务发布：本活动围绕问题“服装的制作流程是怎样的？制作服装需要的工具和材料有哪些？”展开交流汇报，师生共同梳理关于“制衣厂”你想了解的问题，根据问题形成问题墙。然后共同制定公约，通过视频了解校服制作流程。

（2）梳理问题，完善问题墙。首先，师生共同梳理关于“制衣厂”你想了解的问题，将问题记录在问题墙上。

（3）师生共同制定活动公约，约定安静观看、认真倾听、思考，回答问题用3级音量等。

【工具】

问题墙、活动公约。

2. 搜集信息

（1）提出问题。

问题1：我们的校服是怎么制作出来的？

问题2：制作校服需要的工具和材料有哪些？

（2）观看服装厂加工服装的视频，学生安静、有序观看视频，仔细倾听、认真观察，在此过程中，将“我们的约定”适时提醒给学生。

3. 梳理信息

（1）任务发布：观看视频后，师生利用Y图进行口语交际训练，把看到、听到、想到的记录下来并进行写话练习。在语用的过程中落实课标：对写话有兴趣，写自己想说的话；根据表达的需要，学习使用逗号、句号、问号、感叹号。

（2）提醒孩子。

说话：清晰并有条理地讲话和表达想法。

倾听：能认真听别人讲话，努力了解讲话的主要内容。

（3）进行识字方法的教学，重点复习部首查字法。

利用圆圈图和Y图对词语按部首进行分类整理，教师带学生进行部首查字法的复习和巩固，无法按部首分类的词语，教师可以教给学生多种识字方法，最后将学到的识字方法迁移到部编版二年级上册“语文园地三”和“语文园地五”的识字教学。

说明：此处融入部编版二年级上册“语文园地二”和识字教学的方法，如加一加、减一减、熟字换偏旁、归类识字法、象形识字法等。

（4）梳理校服制作流程。

学生分享任务单，在学生表达的基础上师生共同梳理校服的制作流程，实现部编版语文第三单元口语表达的要求，培养学生大方自然地表达自己的观点、倾听他人的想法的能力。

根据学生探究单，教师及时补充梳理问题墙。

4. 深入探究

（1）提出问题：我们的校服是在现代大机器生产的制衣技术下生产出来的，我们传统制衣和现代制衣有什么相同和不同的地方？

（2）采用多种方式了解传统制衣的流程：

①精读绘本《阿利的红斗篷》，了解红斗篷的制衣流程。

②通过有礼貌地采访老人、观看视频等探究方式补充了解沂蒙传统服装“沂蒙小棉袄”的制作过程。

学生借助故事地图梳理出传统的制衣流程，培养学生借助工具完成任务的研究技能。

（3）用维恩图梳理现代与传统的异同。

师生共同借助维恩图梳理现代制衣流程与传统制衣流程的异同，培养学生借助工具完成任务的研究技能。激发学生对传统制衣的兴趣，鼓励学生自己动手制作一件衣服。

5. 反思与行动

（1）借助维恩图向别人介绍现代制衣与传统制衣的异同，请学生借助维恩图清晰并有条理地向别人介绍一下现代制衣和传统制衣的相同点和不同点吧。

（2）鼓励学生自己动手制作一件“沂蒙小棉袄”：孩子们，你想不想亲自动手来制作一件“沂蒙小棉袄”呢？接下来，咱们就一起动手来制作。思考我们的第一步是什么呢？

学生自主选择布料，为过渡到下一个活动精挑细选择布料做好充足的准备。

6. 评估

完成探究单，并进行画廊观察。

任务三：挑选布料

U（理解：学生将理解什么。）	Q（问题：学生将探究什么。）
（1）不同的材料有不同的性能 （2）人们从自然界上获取材料并加以改造。	衣服是用什么材料制成？这些材料来自于哪里？
K（知识：学生将知道什么。）	D（技能：学生将会做什么。）
（1）随着时代的发展，布料的种类逐渐增多，满足人们不同的需求。 （2）选择合适的布料制作服装，能满足人们的不同需求。	说话：清晰有条理的交流。 倾听：能认真听别人讲话，努力了解讲话的主要内容。 研究：学会简单的科学探究方法（观察、比较）。

教学与学习过程

1. 进入探究

（1）任务发布：同学们，上节课我们决定亲手制作一件“沂蒙小棉袄”，这节课，我们就一起探究一下布料的性能吧，并利用所学为咱们的制衣挑选一块合适的布料。

（2）共同制定活动公约。

2. 搜集信息

（1）学生采访老人获得有关布料的资料，了解传统布料材料来源和制作过程。

（2）搜集棉布、麻布、涤卡、卡其、粗呢、的确良及现代常穿衣服的各种各样的布料。

（3）分小组初步探究布料的性能，完成观察记录单。

初步感知——布料的性能 记录员：	
看一看	
摸一摸	
扯一扯	
想一想	
谈一谈	我观察的是……布料，我通过……的方法，发现它有……的特点。

（4）在学生分享交流的过程中教师利用泡泡图梳理出不同布料的性能。

3. 深入探究

（1）学生通过实验，深入探究布料的性能。

学生自带不同的布料，教师引导学生通过做吸水、燃烧实验进一步探究布料的性能，进而让学生学会观察、比较、实验等常用的科学探究技能。

深入探究——布料的性能				
布料	是否柔软	是否吸水	是否有弹性	火烧
丝绸				
棉布				
化纤				
皮革				

（2）由“布料”引出“材料”概念。

布料和塑料、石头、金属等一样也是一种材料。不同的材料有不同的性能。

（3）学习《生活中的动植物资源》。

课前学生通过采访了解布料的材料来源，理解人们从自然界获取材料并加以改造。在此基础上学习青岛版二年级科学上册《生活中的动植物资源》。

4. 反思与行动

你想选择什么样的布料制作“沂蒙小棉袄”？为什么呢？

任务四：着色

U（理解：学生将理解什么。）	Q（问题：学生将探究什么。）
服装是人们自我对话的媒介。	色彩在服装中是必要的吗？为什么？
K（知识：学生将知道什么。）	D（技能：学生将会做什么。）
阅读：借助观察图画理解内容。 说话：清晰并有条理地讲话和表达想法。 倾听：能认真听别人讲话，努力了解讲话的主要内容。	能够反复动手尝试去做一件事，学会坚持。

教学与学习过程

1. 进入探究

（1）问题导入：在之前的探究活动中，同学们认识了各种颜色的衣服和布料，教师相机提出问题“色彩在服装中的是必要的吗？为什么？”让学生充分表达自己的观点。

（2）任务发布：扎染。

师：同学们，我们的“沂蒙小棉袄”是几代人的童年回忆，除了温暖舒适外，它独具特色的图案也深受沂蒙人民的喜爱。上周我们挑选了一块适合扎染的布料，本周我们将利用扎染这项着色方法，为你挑选的布料染上你喜欢的颜色及图案，并请你向大家说一说你染这种颜色和图案的理由。

2. 搜集整理信息

（1）问题导入：教师提出问题“你最喜欢什么颜色的衣服？你知道这个颜色怎么来的？让我们通过《神奇的色彩女王》来认识颜色们的独特个性吧！”

（2）通过阅读绘本《神奇的色彩女王》，让孩子体会不同颜色的表达效果，培养学生对色彩的初步感知能力。体会每一种颜色都有自己鲜明的性格，所有的颜色配合在一起形成一个绚丽多彩的王国，感受颜色的生命力。进而明白对色彩的选择也是表达自己一种方式。

（3）美术课：《流动的色彩》。

同学们，通过阅读《神奇的色彩女王》，我们知道灰色是红黄蓝三种颜色相融合而产生的，那么两种颜色在一起，会发生什么样的变化？

尝试运用纸材、颜料、调色盘、毛笔、吸管等多种工具，通过滴、吹、流等方法，感受颜色相融后发生的变化，然后进行填画创作，落实美术人教版二年级上册《流动的色彩》。

【工具】

绘本阅读：《神奇的色彩女王》		
我是×××，我能借助表格梳理故事中的信息。		
颜色	我和女王的故事（学生会讲即可）	性格特点
蓝色		
红色		
黄色		
灰色		

3. 深入探究

（1）问题导入：教师提问“如何把喜欢的颜色染到我们的衣服上？”，介绍布料着色的常用方法，教师准备PPT简单介绍。

（2）阅读绘本《蓝花坊》，了解我国传统的非物质文化遗产——蜡染这一着色方法。

（3）学习部编本语文二年级上册第三单元课文《曹冲称象》，让学生借助学习梳理曹冲称象的办法，将所学的梳理信息的方法迁移到梳理扎染流程中。

学习部编本语文二年级上册第四单元的课文《玲玲的画》，让学生明白，只要肯动脑筋，坏事也能变好事，问题总能解决。帮助学生懂得，即便时在扎染过程中，我们遇到困难，但只要肯动脑筋，想办法，困难总会解决。

（4）通过视频《白族扎染》，倾听国家级白族扎染代表性传承人段银开为我们讲解白族扎染的历史、扎染材料、扎染步骤以及难点等，借助流程图梳理手工扎染的流程和材料。

（5）通过美术课《染色游戏》，进一步体会扎染的过程，梳理扎染过程中可能会遇到的问题，教师补充问题墙，并引导学生尝试解决。落实人教版美术二年级上册《染色游戏》。

（6）选择布料进行扎染实践。坚持做好一件事，学会解决扎染过程中遇到的问题，按自己的想法完成扎染作品。

（7）介绍扎染作品：完成手工制作后，再按照顺序讲清扎染过程的环节，引导学生学习用“第一步……第二步……第三步……”或者借用“先……后……再……最后……”，完整讲清楚自己扎染的步骤。

在学生发言的过程中，提醒学生按照顺序说清楚，为写话做准备。

实现语文第三单元“口语交际”的要求：

①能按照顺序说话，把主要意思说清楚。

②培养学生专心听、静心听的好习惯，在听过程中，记住主要信息。

4. 反思与行动

通过作品展示，激发学生思考“扎染这项染色工艺需要我们保留和传承吗？为什么？”。

引导学生大方自然地表达自己的观点并倾听他人的想法。

鼓励学生自己动手用扎染的布料制作一件衣服。

5. 评估

真实表现性任务：扎染。

【工具】

阅读单、流程图。

任务五：沂蒙服装设计大赛

U（理解：学生将理解什么。）	Q（问题：学生将探究什么。）
服装是人们同自我对话的媒介。	是什么让一件衣服与众不同？
K（知识：学生将知道什么。）	D（技能：学生将会做什么。）
（1）喜欢的衣服是如何设计的。 （2）多种多样的服装配饰。 （3）用图纸设计服装。	（1）阅读：借助观察图画了解每一幅作品。 （2）说话：清晰并有条理的讲话和表达想法。 （3）倾听：能认真听别人讲话，努力了解讲话的主要内容。 （4）写作：对写话有兴趣，写自己想说的话。 （5）协作：可以利用小组合作、分工，完成探究内容。

教学与学习过程

1. 进入探究

（1）任务发布：同学们，本周我们利用我们扎染的布料，亲自动手来制作“沂蒙小棉袄”，盘扣是传统沂蒙小棉袄的特色之一，不仅能将衣服扣紧，还可以对衣服进行装饰。我们学习盘扣的制作方法之后，同学们进行服装图纸设计。最后，请你向我们介绍一下你制作的服装。届时，我们将评选出优秀的服装设计师。

（2）问题导入：你知道你喜欢的衣服是怎么设计出来的吗？我们要设计属于自己的服装，除了我们已经学会的挑选布料、扎染等方法外，还需要其他的技能辅助。在此，邀请孩子一起探究，激发孩子动手制衣的欲望。

2. 搜集信息

①了解多种多样的服装配饰：教师和学生一起借助气泡图梳理各种各样的服装配饰，理解“配饰”这一概念，在此引出重点探究的配饰“纽扣”，并在此过程中生成词卡。

②探究盘扣的材质、形状和常规用途：教师准备盘扣让学生观察其材质，学生充分观察后说一说自己观察到的盘扣的特征，进行口语表达练习，为制作纽扣做准备。

3. 梳理信息

纽扣制作：教师提供盘扣制作教学视频（或教师亲授），利用自带材料制作出盘扣，为下一步的制作服装做铺垫。

在小组合作探究中提醒孩子：和别人商量时，要用商量的语气，并把自己的想法说清楚。

4. 深入探究

（1）设计图纸

①寻找设计灵感：出示文字资料《沂蒙元素早已走向国际》。

②学生根据搜集的资料和自己对沂蒙精神和沂蒙文化的理解，学习角的初步认识，利用学到的知识，在纸上画出自己的设计图纸，教师进行方法指导。

③学生分享自己的设计图纸和设计理念，并用文字的形式进行简单介绍。学生写作时，教师主要强调标点符号的运用，提出学生在写话中使用正确的标点符号，学习逗号、句号、问号、感叹号的正确使用方法，并且能读出标点符号蕴含的不同语气。

（2）根据设计图纸制作服装

①师生精读绘本《爷爷一定有办法》，学生利用5W1H梳理绘本内容。明白布料的大小决定成品，要学会合理利用布料。

②学生年龄小，制作服装过程可在家长的协助下完成。完成手工制作后，学生分享衣服。注意在此进行语文的口语交际的表达训练。

5. 反思与行动

衣服制作出来了，与学生交流“你喜欢你做的这件衣服吗？你觉得这件衣服与众不同吗？是什么让你觉得你制作的这件衣服与众不同？”孩子自由分享，并一起总结每个人喜欢的可能都不一样，但服装是人们同自我对话的媒介，是表达自己的方式。

6. 评估——T台秀

（1）前期准备：

①教师根据学生的服装搭配风格进行分组，为T台秀做准备。

②教师准备T台秀的短视频、PPT和背景音乐，做好会场准备。

③学生进行台步训练和走位练习。

④准备T台秀的主持词和自己的服装设计解说词。解说词包含设计理念、设计图纸、制作过程，解说词可以口头表达，也可以借助PPT等多媒体工具进行辅助展示。

⑤设计服装新品发布会的宣传海报和邀请函，教师提供模板，学生参考。

（2）活动过程：

①在正式举行服装新品发布会前进行彩排，学生分组彩排，熟悉场地、出场顺序、行走路线。

②短视频热场，主持人开场，PPT和背景音乐就位，T台秀开始，学生依次上台展示自己的服装搭配。

③学生代表上台对自己设计和搭配的服装进行解说，观众认真倾听。

④学生对自己的服装设计和搭配进行展示和解说。

（3）教师评价：

①根据学生在前期准备以及活动过程中的合作意识以及规则意识进行评价。

②邀请函：对各个小组所设计的邀请函进行评价，包括邀请函的美观程度。

③口语表达：是否能够主动并清晰流畅地向他人介绍自己所设计和搭配的服装？

主题九　“水”主题课程设计

一、简要说明

水，是自然界中一种常见物质，对生物的生命延续有着至关重要的作用。水没有具体的形态，会因外部原因发生变化，同时，人体、植物都依赖水。

本主题以水作为例子，使用科学方法，研究物质形态等问题，将有利于学生进行“我与自然”体系的建构。

二、单元思维导图

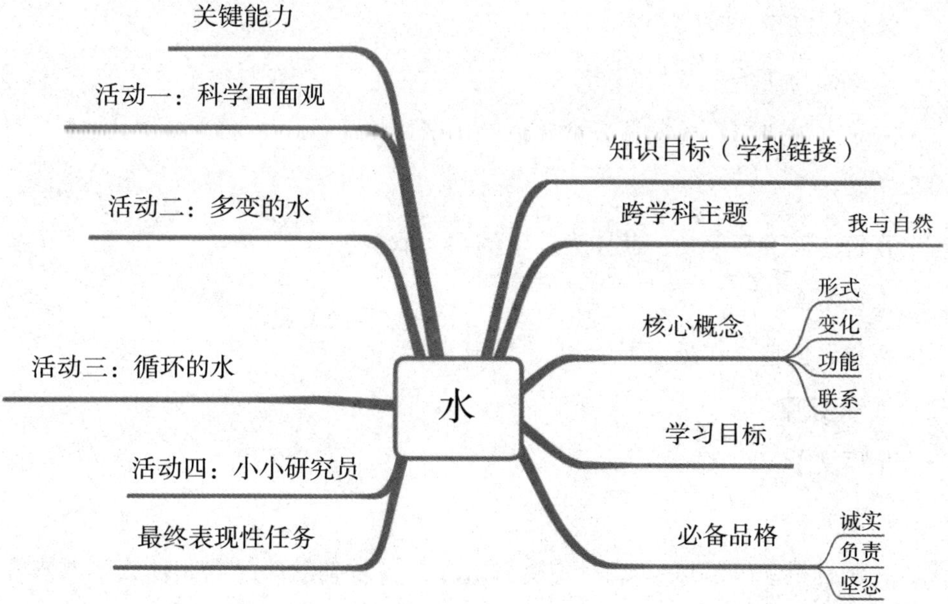

三、单元计划表

第一阶段：目标——学生将获得什么样的学习结果？

聚合概念：形式、功能、变化、联系。

探究问题：

（1）水有哪些形态？它们之间是怎样相互转化的？

（2）水有哪些作用？水都去哪了？

（3）看似透明的水真的干净吗？

（4）不健康的水会给我们带来哪些伤害？

焦点学科领域：语文、数学、音乐、科学、道德与法治。

单元网

学科概念：

【语文】

积累、表达、推论、运用。

【数学】

统计、度量、时间。

【道德与法治】

三年级下册第三单元《爱护我们的生活环境》。

【音乐】

音符、演奏、节拍、肢体表演、演唱、欣赏。

【美术】

想象、创造、作品、展示。

教学资源

【语文】

1. 课文

《画杨桃》《盲人摸象》《夜宿山寺》《敕勒歌》《我是什么》《雾在

哪里》《雪孩子》《称赞》《纸船与风筝》《分不清是鸭还是霞》《狐假虎威》《风娃娃》。

2. 古诗

《黄鹤楼送孟浩然之广陵》《江上渔者》《望洞庭》《书湖阴先生壁》《饮湖上初晴后雨》。

3. 现代诗

《河流》《望海》《瀑布》。

4. 图书

《神奇校车》《来喝水吧》《水公主》《雪花人》《水是湿的》《神奇的水》《我是黄河》《水的旅行》。

【数学】

家庭用水账单。

【道德与法治】

《小水滴的诉说》。

【科学】

水、冰块、烧杯、温度计、酒精灯、铁架台、铁夹。

美术：画纸、吸管。

必备品格：诚实、负责、坚忍。

关键能力：思考、研究、技术运用。

相关课程标准

【语文】

1. 二年级上册第七单元《想象之美》

课文部分

（1）认识38个生字，读准1个多音字，会写25个字，会写22个词语。

（2）能正确、流利地朗读课文，背诵古诗《夜宿山寺》《敕勒歌》，学习默读，试着做到不出声。

（3）图文对照，想象画面，大致理解古诗意思；通过想象，体会雾的淘气；在想象中续编故事，感受雪孩子的勇敢善良。

（4）通过句子的对比、朗读与抄写，感受语言表达的具体生动。

语文园地七

（1）联系生活，学习与自然风光有关的4组词语，认识9个生字。

（2）学习用部首查字法查独体字，积累并运用描写天气的8个四字词语，学习拟人句，体会句子的有趣。

（3）能观察图画，展开想象，续编故事。

（4）展示交流改正错别字的方法，复习巩固易错字。

（5）阅读绕口令《分不清是鸭还是霞》，感受绕口令的情趣。

2. 二年级上册第八单元《与人友好相处》

课文部分

（1）认识51个生字，读准2个多音字，会写31个字，会写3个词语。

（2）综合运用多种方法自主识字、自主阅读，读懂课文。

（3）借助提示，复述课文。

（4）继续学习默读，试着做到不出声。

（5）通过故事内容，感受应该怎样与人相处。

语文园地八

（1）认识“狼、猩”等10个生字。

（2）能利用形声字的特点猜读拟声词，并根据语境恰当运用。

（3）了解左右结构的汉字中左右宽窄大致相等的字的书写要点，养成减少修改次数的书写习惯。

（4）积累含有动物名称的四字成语。

（5）阅读童话故事《称赞》，感受称赞给生活带来的美好与快乐。

3. 表达与交流

（1）用普通话交谈，学会认真倾听，听人说话时能把握主要内容，并能简要转述。能就不理解的地方向人请教，就不同的意见与人商讨。

（2）能清楚明白地讲述见闻，说出自己的感受和想法。

（3）观察周围世界，能不拘形式地写下自己的见闻、感受和想象，注意把自己觉得新奇有趣或印象最深、最受感动的内容写清楚。

4. 梳理与探究

（1）学习组织有趣味的语文实践活动，在活动中学习语文，学会合作。结合语文学习，观察大自然，观察社会，积极思考，运用书面或口头方式，并可尝试用表格、图像、音频等多种媒介，呈现自己的观察与探究所得。

（2）能提出学习和生活中的问题，有目的地搜集资料，共同讨论，尝试运用语文并结合其他学科知识解决问题。

【数学】

（1）能正确辨别从不同位置（正面、侧面、背面）观察到的简单物体的形状。

（2）了解除法竖式的写法，能熟练地口算表内除法。

（3）由初步认识“倍”到进一步理解“倍”的意义。

（4）会计算简单的（不脱式计算）乘加、乘减、连乘、连除、乘除混合运算。

【道德与法治】

（1）知道水的珍贵。

（2）激发学生节约用水、爱护水资源、保护水资源的情感。

【科学】

（1）知道水在零摄氏度结冰。

（2）知道冰是无色、无味、透明、有具体形状的特性。

（3）知道冰在什么情况下融化并完全变成水。

（4）知道温度计的组成部分。

（5）知道水在一定条件下会变成水蒸气。

（6）知道水蒸气是一种无色无味的像空气一样的气体。

（7）知道水在100摄氏度时沸腾，继续加热，温度也不会再升高。

（8）知道水蒸气遇冷凝结成小水珠。

（9）知道物质（水）一般有三种状态：固态、液态、气态。

（10）知道用闻一闻、尝一尝、看一看观察物体的基本特征。

（11）知道植物需要水和阳光维持生存和生长。

（12）知道植物生长需要适量的水，水过少或过多都会影响植物健康。

（13）认识地球仪，认识海洋和陆地，知道地球表面海陆分布情况。

基本理解	引导问题	主题任务群
（1）水有不同的形态并且彼此联系。 （2）水是生命之源，也是一项有限的资源。 （3）水是生物体的重要成分，生命活动离不开水。	（1）水有哪些形态？它们之间是怎样相互转化的？ （2） 水有哪些作用？水都去哪了？ （3）看似透明的水真的干净吗？不健康的水会给我们带来哪些伤害？	任务一：科学面面观。 任务二：多变的水。 任务三：循环的水。 任务四：小小研究员。

学生将知道	学生将能做
（1）水在一定条件下会变成气、云、雨、冰雹和雪。 （2）动词可以准确描述事物的状态和变化。 （3）用正字的统计方法记录数据。 （4）水是生命的重要组成部分。 （5）水是有限的，要节约用水。 （6）冰、水、水蒸气在形状方面的区别。 （7）当温度升高到100摄氏度或降低到0摄氏度时，水会沸腾或结冰。 （8）冰、水、水蒸气虽然状态不同，但都是同一种物质。 （9）温度是影响水结冰和水沸腾过程的主要因素。	（1）借助图片或关键词，了解课文内容。 （2）积累并运用表示动作的词语。 （3）能提取明显信息，再交流。 （4）能用正字统计的方法记录数据，填写到统计表中。 （5）经历简单的数据收集、整理、分析的过程，了解简单的数据处理方法。 （6）通过分析数据，能够进行表达与交流。 （7）通过观察生活用水的状况，提出节约用水的方法。 （8）观察并描述水的颜色、状态、气味等特征。 （9）列举日常生活中水的蒸发和水蒸气凝结成水的实例，如晒衣服、玻璃窗上的水珠等。 （10）通过看看、画画、做做等方法大胆、自由地把所见所闻、所感所想的事物表现出来，体验造型活动的乐趣。

第二阶段：评价——如何收集证据以确定学生达到既定学习结果的程度？

表现性任务

本单元总结性评价（即学习的庆祝活动）：

（1）对学生在前期准备活动过程中的协同合作意识以及资料搜集整理能力进行评价。

（2）海报等视觉性作品、实验操作、情景剧等能做到形式完整、表达规范、富有吸引力等，具体要求如下表。

	超越（4分）	符合（3分）	基本（2分）	没有（1分）
表达形式	能完美地运用视觉文本，产生高效果的说服力。 恰当运用图表，运用形状、颜色、符号、布局和字体。	能恰当地运用视觉文本，产生有影响的说服力。 能运用图表，运用形状、颜色、符号、布局和字体。	能运用视觉文本，产生有影响的说服力。部分模块运用图表、形状、颜色、符号、布局和字体。	几乎不能运用视觉文本，对受众没有说服效果。 极少运用图表、形状、颜色、符号、布局等。
内容介绍	完整而精准地采用恰当的写作形式。准确地选择词汇，支撑细节，有说服力。按逻辑顺序表达出清晰的想法。	采用恰当的写作形式。选择词汇，支撑细节达到预期效果。按逻辑顺序组织想法。	采用较为恰当的写作形式。选择词汇，支撑细节，基本达到预期效果。按逻辑顺序表达出部分的想法。	采用的写作形式不恰当。选择词汇，支撑细节几乎没有达到的预期效果。组织想法逻辑顺序有困难。
口语表达	声情并茂地、合适而自信地进行口语表达，能就主要观点透彻地详述。	合适而自信地进行口语表达，就主要观点明白地详述。	基本能够合适而自信地进行口语表达，就主要观点能大体详述。	不能自信地进行口语表达，就主要观点的详述不清晰。

（3）建立合作型组织。

①通过学习收集所需资料，在正式举行“小小研究员”活动前进行练

习，进行自评、他评、师评等，针对出现的问题进行修改。

②每个小组负责修改、完善所探究的部分。

③按照终极表现性评价要求进行成果展示活动，在校园、教室中进行有关水主题的装饰，利用海报等展示学生的作品，家长进入教室，举行水主题展演。

④在学科素养展示结束后，加入表现性任务的展示。

其他评估证据

测试卷、作品。

第三阶段：实施——哪些学习经验将表现出学生达到既定的学习结果？

主题任务群

初始任务：单元起始课

1. 趣味导入——运水游戏

运水游戏玩法：

（1）将全班同学分为5个小组，每个小组抽选一个代表，选择一种运水工具。

（2）每个小组面前有一个盛满水的水槽，从起点用运水工具从水槽中取水，到达终点将水倒入自己小组的水槽中，再返回到起点将工具交于下一个同学。

（3）限时3分钟，看哪个小组终点的水槽中水最多，哪个小组就获胜。

2. 利用KWL工具，梳理信息，提取问题

任务一：科学面面观

（1）进入探究：游戏——“猜猜它是什么”。

（2）搜集、梳理信息：

①分小组利用看、闻、尝、摸的方式进行探究，分辨是哪一种物质。

②游戏结束后梳理信息。

③利用树状图梳理不同的物质。

（3）深入探究：

①思考问题：是否能用一种方法去研究事物呢？

②扩展阅读：《盲人摸象》《画杨桃》发现要用不同的科学方法研究不同的物体。

③学习青岛版二年级下册数学《观察物体》。

（4）反思与行动：

完成科学海报《不同角度去“看”》并能讲述作品。

任务二：多变的水

（1）进入探究：利用冰箱冻冰块，也可以进行雪糕的制作。

（2）搜集、梳理信息

①液体与固体的转化：水结冰——观察冰——冰融化了。

②气体与液体的转化：凝结实验、水蒸发、沸腾实验。

③深入探究：思考，水变化的原因是什么？

④反思与行动：通过对以上活动的梳理，教师向学生介绍三角形的水的三态变化循环图，学生填写相对应的实验和现象，也可以通过图画的方式表现。

任务三：循环的水

（1）进入探究：水在自然界中是如何变化的？

（2）搜集信息：

①群文阅读：部编版语文二年级上册课文《我是什么》《雾在哪里》《雪孩子》。

②随机生成字卡。

③学习描写水的词语。

（3）梳理信息：

①自主阅读《神奇校车之水的故事》填写并分享读书小报告。

②学生梳理水是如何循环的，教师板书。

③绘本制作《小水滴历险记》。

（4）深入探究：水是如何流到我们家中的呢？

（5）反思与行动：知道自然界中存在的各种形式的“循环”。

（6）评估：学生将以自制绘本、情景剧、海报等形式展示对“循环”的理解。

任务四：小小研究员

（1）绘制展演宣传海报。

（2）将主题学习过程中的绘本、作品、实验报告、海报、图表等资源加以利用，准备展示关于水的研究。每个小组可以选择一个观点进行研究。

（3）建立合作型组织。

（4）展演流程：学生的庆祝活动。

课时设计

初始任务：单元起始课

1. 活动指南

水是一种学生常见的物质。开启主题前，先开展一个“运水游戏”，学生在乐趣的体验中，发现水的不断流动，产生水就是这个样子的整体感知。

游戏结束后，进行KWL的前测，发布本单元最后的任务。

2. 活动过程

（1）趣味导入

介绍运水比赛，出示游戏细则。

运水工具：海绵、小勺、杯盖、有小洞的一次性碟子、双手。

盛水容器：5个盛水的水槽和5个空水槽。

（2）游戏玩法：

①将全班同学分为5个小组，每个小组抽选一个代表，用“剪子、包袱、锤”的方式决定哪个小组优先从5种工具中选择一种运水工具。

②每个小组面前有一个盛满水的水槽，从起点用运水工具从水槽中取水，到达终点后将水倒入自己小组的水槽中，再返回到起点将工具交于下一

个同学。

③限时3分钟，看哪个小组终点的水槽中水最多，哪个小组就获胜。

游戏结束后梳理信息：通过这个游戏，你有什么发现和想法？水有什么特点？教师利用圆圈图板书梳理水的特点。

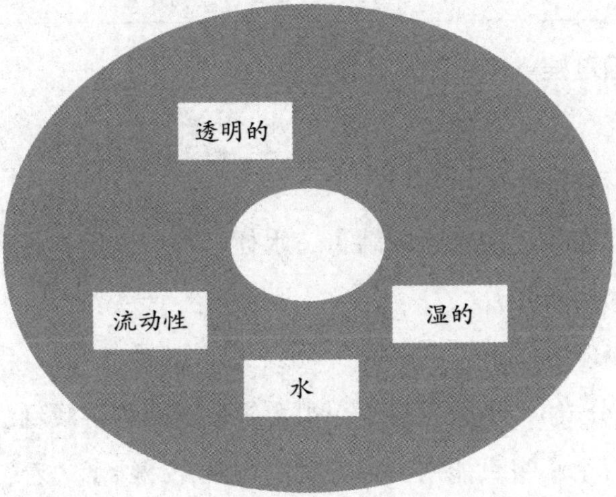

（说明：本环节融入科学一年级下册《运水游戏》让学生初步感受水具有流动性，为进一步学习水的特征做铺垫。）

（3）利用KWL工具，学生在便利贴上写下对与“水”已经知道的知识，和想要探究的问题。教师整理到班级内的问题墙上，从中选取问题作为下一步的研究问题。对于答案是事实性知识的问题，可以让其他学生认领，课下通过搜集资料、询问家长解决，并分享给全班同学。

任务一：科学面面观

1. 基本问题及设计意图

基本问题：我们可以用什么方法认识不同的物体？

这是学生可以进行科学实验的一个主题。在探究中，学生要用科学研究的方法去研究。通过看一看、闻一闻、尝一尝、摸一摸等各个角度、各种方式去研究水等物质，促使学生像科学家一样地思考。

2. 评价方式与指标

用所学到的观察方法研究一种物体或物质，例如土壤、空气、金属、木头等，可以采取科学报告等方式总结汇报。

评价指标：

项目	指标
科学海报	规范完整、主题明确、有吸引力等
口语表达	仪表、流畅度等

教学与学习过程

1. 进入探究

游戏“猜猜它是什么？”

游戏准备：布条（用来蒙眼睛）、水杯、水、牛奶、食盐水、木块、空气（用一个空水杯即可）。

2. 搜集、梳理信息

（1）全班分成4个小组，每个小组会领取不同的游戏玩法，分别是看、闻、尝、摸。每个小组只能用一种方式进行研究，除了“看”小组以外，其余小组需要玩游戏的同学蒙住眼睛，通过闻气味、品尝判断、触摸等分辨是哪一种物质。

（2）游戏结束后梳理信息，学生分享在游戏过程中的发现。学生交流分享关于水的特点，教师用圆圈图梳理水的特征（和运水游戏的圆圈图相衔接）。

水的特征

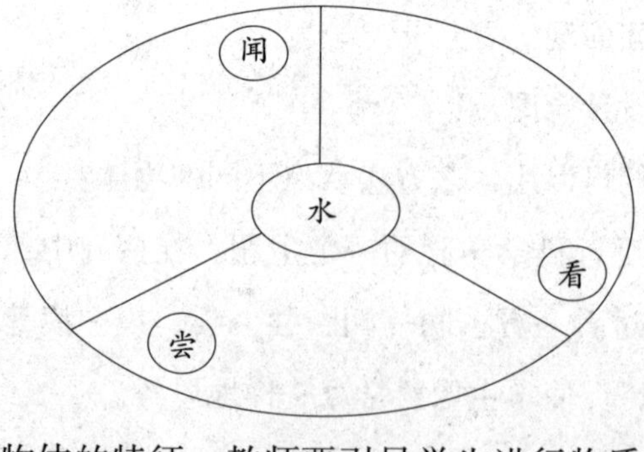

学生分享不同物体的特征，教师要引导学生进行物质的分类，并用树状图梳理，也可以向学生提问：我们常见的物体中，还有哪些是液体？哪些是

气体？哪些是固体？

3. 深入探究

（1）思考问题：是否能用一种方法去研究所有事物呢？学生自由分享。

（2）扩展阅读：《盲人摸象》，部编版语文二年级下册《画杨桃》。

通过阅读，学生联系“猜猜我是什么”游戏，谈一谈读完故事后的体会，发现要用不同的科学方法研究不同的物体，这样才能更加全面。

说明：在阅读故事的过程中，教师要让学生谈体会，完成部编版语文二年级下册第三单元“语文要素：读课文说出自己的感受和想法”。

（3）学习数学二年级下册《观察物体》，可以进行一定的习题练习，学生学会简单绘画某一物体不同角度的平面图、侧面图等。

4. 反思与行动

学生将选择一种物质或者物体，利用自己学到的科学研究方法，通过阅读有关此物质的资料，完成科学海报《不同角度去“看”》，并能讲述作品。

科学海报作品单：研究方法列表、动词的使用、三个角度物品绘画。

【资源】

绘本：《水是湿的》《神奇的水》《来喝水吧》。

语文：《分不清是鸭还是霞》《纸船与风筝》。

任务二：多变的水

1. 基本问题及设计意图

基本问题：水为什么会变化？

在日常生活中，水不仅仅只有一种液体形态。更加全面地认识水的不同形态，是认识水的初步特征后的延续。从微观角度入手，寻找身边的水，探究水在固体、液体、气体之间的变化，更要思索现象背后的本质：引起变化的原因是什么？本活动中，学生不仅利用观察的方法研究水，更要学会初步的实验技巧。

2. 评价方式与指标

评选“人工降雨操作能手”。以小组为单位，进行实验操作。小组内有分工有合作，有的同学进行实验操作，有的同学解释实验中水的形态变化，有的利用思维图示进行梳理……

教学与学习过程

1. 进入探究

发布任务：学生将在家中利用冰箱冻冰块，可以用冰箱中的冰盒，也可以利用雪糕模具进行雪糕的制作。

说明：学生将冰块或雪糕带到学校，观察冰块融化、容器外壁有凝结水珠等现象。

2. 搜集梳理信息

（1）液体与固体的转化

实验一：水结冰

探究问题：把水放入冷冻室内，过一段时间，水会有什么变化呢？是什么使水发生了变化？

实验材料：容器、水、冰箱、钟表。

实验过程：学生在容器中盛入水，放入冰箱，经过10分钟拿出来观察并绘图，如此进行3次，直到水完全结冰。

说明：本实验旨在让学生观察水结冰的过程，要学生认识钟表并能写出5：35这样精确的时间表示方式，所以要进行钟表的认识；如果不进行钟表的认识，也可以让学生将自己家中钟表的时刻画下来，只标注经过了多长时间即可。

实验二：观察冰

第二天，学生将自己实验一的成果“冰块（雪糕）”带到学校。取一些冰块，仔细观察，冰是什么颜色的？隔着冰能不能看到其他物体？冰块（雪糕）有固定形状吗？用手触摸冰（雪糕）有什么感觉？

小组内合作，完成维恩图，并分享。

实验三：冰融化了

实验猜想：固态的冰能重新变成液态的水吗？在什么条件下能变成水

呢？请大家说一说。

验证：我们用温度计测量一下吧！（教师介绍煤油温度计，包括组成部分等。）

实验步骤：

①把冰块放入烧杯内，用温度计测量并记录冰块的温度。

②在冰块融化过程中，按固定的时间间隔测量温度。

③当冰块完全化成水时，记录温度计上的读数。

④学生分小组填写冰块融化温度记录并分享观察到的现象。

时间	1分钟	5分钟	10分钟	15分钟	20分钟	……
温度						

（2）气体与液体的转化

实验一：凝结实验

问题：玻璃杯外壁上的小水珠是从哪里来的呢？是怎么形成的呢？学生发表自己的猜测。

对比试验：拿两只相同的玻璃杯，其中一只杯里装入自来水，一只杯里什么也不加，静静地放在桌子上。隔几分钟后，观察两个玻璃杯的外壁上是否也会出现小水珠。

实验结束后通过探究可发现：两个玻璃的外壁上并没有小水珠。

观看视频《玻璃杯上的小水珠》《露水的形成》。

观看视频后交流总结：水蒸气变成水的过程，我们叫作凝结。

课后实验：发现生活中的凝结现象，完成写绘作品。

实验二：水蒸发

问题：水蒸气会变成液态的水，那么液态的水会变成气体吗？原本湿漉漉的衣服为什么过一段时间就会干？水去哪里了？

实验：准备一透明玻璃杯水，每隔一天观察水位的变化，并用记号笔画线并记录实验单。

问题：水既没有流出去，也没有渗入碟子中，怎么没有了？

观看视频《水的蒸发》，学生分享了解的知识。

教师总结：水变成水蒸气的过程，我们叫作蒸发。

实验三：沸腾实验

问题：给水加热会出现什么现象？

实验准备：烧杯、温度计、铁架台、酒精灯、石棉网、火柴。

小组活动并完成探究单《水的沸腾》。学生在实验的过程中，分享自己观察到的现象和想法。

结论：水在100摄氏度时沸腾，继续加热，温度也不会再升高，而烧杯中的水逐渐减少了。

通过以上两个实验，学生发现：蒸发和沸腾现象都是水变成水蒸气的现象，水蒸气存在于空气中。教师用T图来总结水和空气的不同。

3. 深入探究

思考：水变化的原因是什么？

说明：在每一个实验结束后，教师都要询问学生这个基本问题，学生也会发现，无论水如何变化，都是因为温度的升高和降低。

4. 反思与行动

（1）通过对以上活动的梳理，教师向学生介绍三角形的水的三态变化循环图，学生填写对应的实验和现象，也可以通过图画的方式表现。学生完成后，解释水的三态是如何变化的，并举例说明。

（2）解释《企鹅寄冰》失败的原因。

任务三：循环的水

U（理解：学生将理解什么。）	Q（问题：学生将探究什么。）
自然界中水不会消失，由于外力和能量的原因，水会发生变化，从而产生水循环。	（1）水是从哪里来的？ （2）水在自然界中是如何变化的？ （3）水是如何流到我们家中的呢？

续表

K（知识：学生将知道什么。）	D（技能：学生将会做什么。）
（1）水是如何循环的。 （2）知道自然界中存在的各种形式的“循环”。	（1）能正确、流利地朗读课文，学习默读，试着做到不出声。 （2）以自制绘本、情景剧、海报等形式展示对“循环”的理解，例如光合作用中的循环、土壤的循环、人体内水的循环、植物的循环等。

教学与学习过程

1. 进入探究

观看视频《自然界中的“水”》，思考：水在自然界中是如何变化的？

梳理词卡：雨、雪、冰、霜、雾等。利用部首认识生字。

2. 搜集信息

（1）群文阅读：阅读部编版语文二年级上册课文《我是什么》，完成第七单元目标“图文对照，想象画面”；阅读课文《雾在哪里》，体会雾的淘气；阅读课文《雪孩子》，在想象中续编故事，感受雪孩子的勇敢善良。

（2）随机生成字卡。通过阅读，梳理自然界中水的各种形式。教师整理有关水形态的、不认识的字词，例如，倾盆大雨、云雾缭绕、冰天雪地、和风细雨等。

（3）固态：冰、雪、霜、冰雹（这几种固体我们称为水的固态）。

液态：雨、水雾、云、露水（这几种液体我们称为水的液态）。

气态：水蒸气（这种气体我们称为水的气态）。

【工具】

拼图阅读、天气词语表。

3. 梳理信息

（1）自主阅读《神奇校车之水的故事》，填写并分享读书小报告。

（2）学生梳理水是如何循环的，教师板书。

（3）绘本制作：《小水滴历险记》。

①分享交流：小水滴去了哪里？发生了什么变化？

②学习表达心情的词语，表现小水滴的心情。

③制作绘本《小水滴历险记》，并分享绘本故事。

在这一过程中，学生需要完成一个3页的绘本，在绘本中除了要使用一个完整的句子表达小水滴的形态、动作、地点等，还要通过小水滴的经历表达对“水循环”的理解。在阅读绘本及课文时要展开想象，获得初步的情感体验；在绘本制作中要展开想象编写故事，完成部编版语文二年级上册“语文园地七写话”。

评价量规	
书写	书写认真，卷面整洁
内容	清晰表达出水循环过程，无错别字
表达	声音洪亮，表达完整

总结：水会随着温度的变化而改变它原来的样子，水在很热的时候会变成水蒸气，水蒸气遇冷就又以雪、雨、冰雹的形式降落到地面，最后化成水流入到海洋中。从最开始的水经过一系列的变化又变回水，这就是水循环。

4. 深入探究

思考问题：水是如何流到我们家中的呢？

再次阅读绘本《神奇校车之水的故事》，利用流程图梳理自来水的处理过程。

【工具】

流程图。

5. 反思与行动

学生通过阅读科普资料和观看视频，知道自然界中存在的各种形式的“循环”，以自制绘本、情景剧、海报等形式展示对“循环”的理解。

【资源】

绘本：《我是黄河》《水的旅行》《雪花人》。

6. 评估

学生将以自制绘本、情景剧、海报等形式展示对“循环”的理解，例如光合作用中的循环、土壤的循环、人体内水的循环、植物的循环等。

【评价】

项目	指标
表现形式	规范完整、主题明确、有吸引力等
口语表达	仪表、流畅度等

任务四：小小研究员

教学与学习过程

1. 活动指南

“小小研究员”是水主题的真实表现性任务，学生作为水的研究员，要从解释、说明、应用、洞察、深入六个方面表现对“水因外部条件而呈现不同的形态”“水是生物体的重要成分，生命活动离不开水”的理解。学生在经历整个主题的活动后，可以选取自己感兴趣或者擅长的部分进行研究并展示。表现性任务是逆向设计的灵魂，在主题开始前进行设计，会让所有知识、技能、行动都有指向性，也就是强目标感。

2. 前期准备

（1）教师准备有关水的知识的小纸条，学生每人抽取一张，并按照纸条上的内容绘制展演宣传海报。

（2）将主题学习过程中的绘本、实验报告、海报、图表等资源加以利用，准备展示关于水的研究。每个小组可以选择一个观点进行研究。

3. 建立合作型组织

（1）通过学习收集所需资料，在正式举行“小小研究员”前进行练习，进行自评、他评、师评等，针对出现的问题进行修改。

（2）每个小组负责修改、完善所探究的部分。

（3）按照终极表现性评价要求进行成果展示活动，在校园、教室中进行有关水主题的装饰，利用海报等展示学生的作品，家长进入教室，举行水主题展演。

（4）在学科素养展示结束后，加入表现性任务的展示。

4. 展演流程

（1）学科素养展示。

①诵读古诗、现代诗。

②乐器演奏。

③律动、音乐展示。

④作品介绍。

⑤其他项目（可以加入书法、口算等纸笔测试）。

（2）终极表现性任务（可选取一方面）。

学生在以下任务中选择展示：水的特征、自然界中的“水”、对物体进行多种方式的研究、水三态变化的实验、物质的循环、水的作用、节水措施等。

5. 评价与自我反思

通过教师、家长的反馈，学生对自己的表现进行反思，思考可以改进的地方。

主题十 “食物”主题课程设计

一、简要说明

食物单元是学生们非常感兴趣、非常期待的一个主题，和融课程项目组通过设计主食的故事、食物营养知多少两大探究主题任务群，让学生知道食物种类十分丰富，每种食物的形成都有一定的过程。食物中有多种营养成分，在生活中不可或缺，合理膳食有利于身体健康。学生通过亲手制作美食来认识食物，了解食物对我们的作用，感受食物来之不易。

最后的终极表现性任务是举办“和合美食集结号”活动，通过设计食谱、制作营养美食、合理膳食来表现孩子们在食物主题中的探究成果及收获。

二、单元思维导图

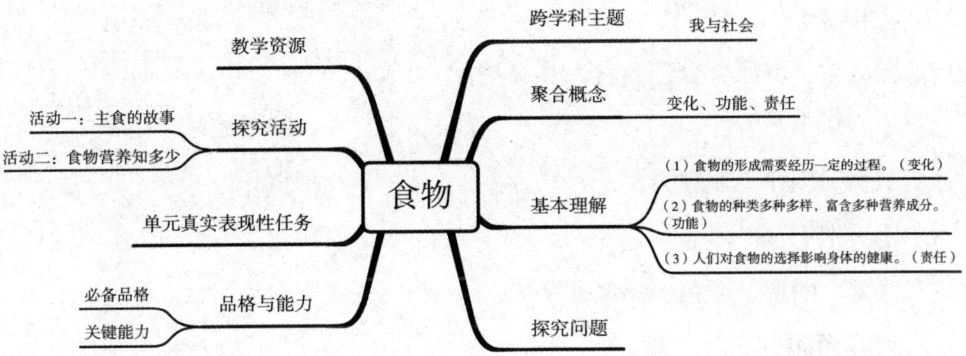

三、单元计划表

第一阶段：目标——学生将获得什么样的学习结果？

聚合概念：变化、功能、责任。

探究问题：

（1）食物是从哪里来的？

（2）食物对我们来说有什么作用？

（3）怎么才能吃的健康？

焦点学科领域：语文、数学、道德与法治、科学、音乐、美术。

单元网

学科概念：

【语文】

识字方法、联系上下文理解词语意思、想象画面、语言积累、标点运用、想象、完整通顺写话、倾听、表达。

【数学】

质量单位、克与千克、万以内数的认识、搭配。

【道德与法治】

文化、环境、民俗。

【科学】

营养素、健康、合理膳食、饮食搭配。

【音乐】

节奏、旋律、表现力。

【美术】

线条、图形、颜色、图案、手工。

教学资源

【语文】

部编版二年级下册《千人糕》《中国美食》《传统节日》《语文园地三》《语文主题丛书》。

【数学】

《万以内的加减法二》《克与千克》《数据的收集和整理》。

【道德与法治】

《试种一粒籽》。

【绘本】

《一园青菜成了精》《汉堡男孩》《环游世界做苹果派》《石头汤》《素食怪物之夜》《肚子里有个火车站》。

【视频】

《舌尖上的中国》《风味人间》《中西方饮食文化差异》《面粉制作》《味道》。

【美术】

《蔬果变变变》《漂亮的包装纸》《美味的食物》。

【音乐】

歌曲、小鼓《让我们把劳动来歌唱》。

必备品格：坚忍、开放包容、奉献。

关键能力：自我管理、技术运用、交流、协作。

相关课程标准

【语文】

1. 识字与写字

（1）喜欢学习汉字，有主动识字、写字的愿望。

（2）掌握汉字的基本笔画和常用的偏旁部首，能按基本的笔顺规则用硬笔写字，注意间架结构，初步感受汉字的形体美。努力养成良好的写字习惯，写字姿势正确，书写规范、端正、整洁。

2. 阅读与鉴赏

（1）喜欢阅读，感受阅读的乐趣。学习用普通话正确、流利、有感情地朗读课文。学习默读。

（2）结合上下文和生活实际了解课文中词句的意思，在阅读中积累词语。认识课文中出现的常用标点符号，在阅读中体会句号、问号、感叹号所表达的不同语气。借助读物中的图画阅读。

（3）阅读浅近的童话、寓言等故事，向往美好的情境，关心自然和生命，对感兴趣的人物和事件有自己的感受和想法，并乐于与他人交流。诵读儿歌、儿童诗和浅近的古诗，展开想象，获得初步的情感体验，感受语言的优美。

（4）尝试阅读整本书，用自己喜欢的方式向他人介绍读过的书，养成爱护图书的习惯。

（5）积累自己喜欢的成语和格言警句。背诵课外古诗。

3. 表达与交流

（1）学说普通话，逐步养成说普通话的习惯，有表达交流的自信心。

（2）能认真听他人讲话，努力了解讲话的主要内容。听故事、看影视作品，能复述大意和自己感兴趣的情节。能较完整地讲述小故事，能简要讲述自己感兴趣的见闻。与他人交谈，态度自然大方，有礼貌。积极参加讨论，敢于发表自己的意见。

（3）对写话有兴趣，留心周围事物，写自己想说的话，写想象中的事物。在写话中乐于运用阅读和生活中学到的词语。

（4）根据表达的需要，学习使用逗号、句号、问号、感叹号。

4. 梳理与探究

（1）观察字形，体会汉字部件之间的关系。梳理学过的字，感知汉字与生活的联系。

（2）对周围事物有好奇心，能就感兴趣的内容提出问题，结合其他学科的学习和生活经验交流讨论，尝试提出自己的看法。

【数学】

1. 数与代数

（1）能用数表示物体的个数或事物的顺序，能认、读、写万以内的数。能说出不同数位上的数表示的数值。能用符号表示数的大小关系，形成初步的数感和符号意识。

（2）能在熟悉的生活情境中运用数和数的运算，合理表达简单的数量关系，解决简单的问题。能在解决问题的过程中，体会解决问题的道理，解释计算结果的实际意义，感悟数学与现实世界的关联，形成初步的模型意识、几何直观和应用意识。

2. 数据分类

会对物体、图形或数据进行分类，初步了解分类与分类标准的关系，形成初步的数据意识。

【道德与法治】

（1）乐于探究，在学习与生活中遇到问题时能够想办法解决，提高动脑动手能力。

（2）亲近自然，感受自然的美，保护动物，爱护一草一木，保护自然环境。

（3）养成良好的饮食和个人卫生习惯。

（4）了解中华民族勤俭节约的传统美德，养成不浪费的习惯。

【科学】

（1）能举例说出生活中常见物体和材料的外部特征。

（2）能依据一些外部特征对常见物体进行比较和分类。

（3）能利用感官和观察工具（如放大镜等）进行观察并描述，能口述或利用简单图形表达想法。

（4）能在好奇心驱使下，对事物外部特征表现出探究兴趣；能仔细观察和比较，如实表达观察到的现象；愿意使用工具辅助观察。

【艺术】

（1）聆听音乐，对音乐情绪的反应及对音乐的联想和想象符合音乐基本特征并体现个性化；能基本正确地对部分音乐要素及简单的音乐体裁和形式做出适当的反应，能用自己的话简单描述不同音乐的特色。

（2）关注音乐与生活的关系，向他人介绍身边的音乐或音乐现象时，能较清楚地表达自己的感受。

（3）能从线条、形状、色彩、肌理等方面欣赏、评述周边环境中各种自然物与人造物，学会发现、感受、欣赏其中的美。

（4）能根据教师提出的主题或根据自己的所见所闻、所感所想，使用美术工具、材料和媒介创作1~2件富有创意的平面、立体或动态的美术作品（如绘画、泥塑、定格动画等）。

基本理解	引导问题	主题任务群
（1）食物种类十分丰富，每种食物的形成都有一定的过程。 （2）食物中有多种营养成分，在人类生活中不可或缺。 （3）合理膳食有利于身体健康。	（1）你知道哪些食物？食物可以怎样分类？食物是怎样加工而成的？ （2）食物中有哪些营养素？这些营养素对人体有什么影响？ （3）我们吃得健康吗？食物怎样搭配才有利于身体健康？	任务一：主食的故事。 任务二：食物营养知多少。

学生将知道	学生将能做
1. 语文 （1）通过有感情地朗读食物主题古诗、现代诗，读出节奏、停顿，体会语言的韵律美，理解古人眼中的美食。 （2）默读有利于思考课文中的问题。 （3）在阅读中学习规范书面语言，理解积累词句，丰富语言，尝试运用，并促进写作。 （4）在不同的场合用不同的语气交流，懂得礼貌与尊重，以达到更好的交流效果。 （5）认真听别人讲话，不随便插话和打断别人的讲话，做一个合格的倾听者。能理解别人说话的内容，并能大胆表达出自己的想法，能更好地交流。能按照流程有顺序地介绍食物的制作。 （6）利用课文插图可以更好地简述文章内容。 （7）对写话有兴趣，留心周围事物，能通过体验制作食物，写自己想说的话，使写作作品更为生动真实。	1. 语文 （1）能在食物主题探究活动中正确认读280个常用汉字，积累200个词卡，会写60个常用字。 （2）能运用多种方法识字，加强形声字识字。能运用偏旁归类、熟字换偏旁、猜一猜等方式识字，逐步提高独立识字的能力。运用部首、音序查字法自主识字。 （3）能按基本的笔顺规则用硬笔写字，注意间架结构，初步感受汉字的形体美。努力养成良好的写字习惯，写字姿势正确，书写规范、端正、整洁。 （4）能够结合生活实际或者联系上下文了解文中重点词句的意思，利用流程图介绍千人糕制作的过程。 （5）对食物有好奇心，能就感兴趣的内容提出问题，结合课内外阅读共同讨论。 （6）在食物主题写话中乐于运用阅读和生活中学到的词语。 2. 数学 （1）认识质量单位克与千克，掌握质量单位之间的关系，能进行简单的单位换算，能根据物品恰当地选择合适的质量单位。 （2）能认识、读写万以内的数，能说出不同数位上的数表示的数值。

续表

学生将知道	学生将能做
2. 数学 （1）根据特征不同，对食物的分类标准不同，结果也不同。 （2）在生活中要正确使用克与千克等单位。 （3）在真实情境中解决生活中的数学问题。 3. 道德与法治 （1）食物来之不易，要爱惜食物，珍惜粮食。 （2）保护自然就是保护人类自己。	3. 科学 （1）能通过观察食物的制作过程，得出事实。 （2）能依据一些外部特征对常见物体进行比较和分类。 （3）能举例说出生活中食物的外部特征。 （4）能在好奇心驱使下，对事物外部特征表现出探究兴趣。能仔细观察和比较。 4. 道德与法治 （1）乐于探究，在制作美食中提高动脑动手能力。 （2）亲近自然，感受自然的美，感受自然对人类的食物馈赠。 （3）通过食物主题探究，养成良好的饮食和个人卫生习惯。 （4）了解中华民族勤俭节约的传统美德，养成不浪费的习惯。 5. 艺术与体育 （1）能够感受并描述音乐中力度、速度的变化。能参与各种演唱活动，用自然的声音，按节奏和曲调有表情地独唱或齐唱。 （2）运用小鼓表达音乐感受。 （3）利用身体律动表达感受。 （4）利用橡皮泥、黏土进行手工食物制作。

第二阶段：评价——如何收集证据以确定学生达到既定学习结果的程度？

表现性任务

本单元总结性评价（即学习的庆祝活动）

举办“和合美食集结号”活动，通过设计食谱、制作营养美食、合理膳食来表现孩子们在食物主题中的探究成果及收获。

第三阶段：实施——哪些学习经验将表现出学生达到既定的学习结果？

主题任务群

任务一：主食的故事

（1）我们的生活和食物息息相关，我们一天要吃三餐——早餐、午餐和晚餐，通过回忆昨天一天你吃了什么，研究一天的食物。

记录统计一天中吃的食物，对一天中的食物进行分类，通过分类我们发现，每天我们都在吃不同种类的食物，食物种类繁多。

（2）观看《舌尖上的中国》，学习文本《千人糕》。观看视频《面粉制作过程》，教师梳理小麦到馒头的时间线，学生可尝试制作流程图、海报。

（3）课前搜集制作煎饼需要的工具和材料，了解制作煎饼的过程，想一想你在制作煎饼的过程中可能会出现的问题。用NEWS定位法梳理制作煎饼需要的工具和材料以及制作煎饼的过程，分享自己即将动手制作煎饼的心情。尝试制作煎饼，完成制作流程探究单，并根据探究单介绍煎饼的制作流程。

任务二：食物营养知多少

（1）用一个关键词来形容食物，进行分享。学生自主通过网络搜索、询问家长、采访餐厅工作人员等途径搜集关于食物营养成分的资料，并记录下来。交流分享记录单，补充梳理食物的七大营养成分。

（2）为身边的人设计一份适合他的健康食谱。选取几例比较典型的食谱，引导大家讨论他们设计得是否合理，是否有利于健康。经大家检验合格后，教师在食谱封面加盖健康印章。

课时设计

任务一：主食的故事

U（理解：学生将理解什么。）	Q（问题：学生将探究什么。）
食物种类十分丰富，每种食物的形成都有一定的过程。	（1）你知道哪些食物？ （2）食物可以怎样分类？ （3）食物是怎样加工而成的？

续表

K（知识：学生将知道什么。）	D（技能：学生将会做什么。）
（1）食物具有不同的种类，我们每天吃的食物都是丰富多样的。 （2）每种食物的形成都有一定的过程。 （3）利用流程图可以更好地简述食物形成的过程。	（1）对食物进行记录和分类，逐步细致地思考、筛分。 （2）在独立思考的基础上积极参与集体的研究讨论活动，并表述自己的想法。 （3）认识“糕”“特”等15个生字，读准多音字“的”，会写“能”“桌”等9个字。 （4）正确、流利地朗读课文，了解千人糕。 （5）能借助图画说出米糕经过哪些劳动才能做成。 （6）掌握制作沂蒙煎饼的方法。

教学与学习过程

主食的故事（一）

1. 进入探究

（1）趣味课堂，猜谜语：

①身穿绿衣裳，肚里水汪汪，生的子儿多，个个黑脸膛。（西瓜）

②底下平平，上面圆圆，白白香香，松松软软。（馒头）

③麻屋子，红帐子，里面睡个白胖子。（花生）

④本来一大片，变成条条线，是线不做衣，碗里常常见。（面条）

（2）中国有许多关于食物的谜语和俗语，大家知道哪些关于食物的俗语？（人是铁饭是钢，一顿不吃饿得慌；饭后百步走，活到九十九；民以食为天，食以味为先；主粮掺杂粮，蒸饭喷喷香。）

（3）讨论：食物重要吗？生活中能离开食物吗？

我们一天要吃三餐——早餐、午餐和晚餐，大家回忆一下，昨天一天你吃了什么？

（4）揭示课题：一天的食物

语文二年级下册第三单元《中国美食》，语文园地三《识字加油站》。

2. 搜集、梳理信息

活动一：记录统计一天中吃的食物

（1）借助三餐记录表，把一日三餐的食物按照早餐、午餐和晚餐的顺序记录在这张表格中。

（2）学生汇报。

（3）提问：有同学说他昨天晚上吃了一个汉堡，大家想一想这个汉堡有什么呢？（预设：有两块面包、生菜、番茄酱、沙拉酱、鸡肉饼。）再想一想其他的食物里面有什么？

（4）讨论：一个美味的汉堡是由面包、生菜、番茄酱、沙拉酱、鸡肉饼组成的。饺子是由面粉、肉、菜、盐、油等制作而成的。

（5）出示食物名称，形成词卡，进行识字训练。

（6）总结活动一：一天中我们要吃很多种不同的食物，食物具有不同的种类，我们每天吃的食物都是丰富多样的。面对美味又丰富的食物，想要更好地认识它们，可以通过使用不同分类标准对食物进行分类的方式来研究！

3. 深入探究

活动二：对一天中的食物进行分类

（1）提出要求：以一定的标准对食物进行分类，例如我们刚刚用三餐记录表记录食物时，是按照早餐、午餐和晚餐的三餐顺序进行记录的，这就是按照进餐的时间进行分类的。你还有哪些分类方法，小组讨论，进行汇报。

（2）学生分享小组交流成果：

①按照烹饪方式的不同，分为煎、炸、烤、蒸、煮、炒、拌、炖等。

②按照食物的来源，分为植物类和动物类食物。

③按照食物的味道，分为酸、甜、苦、辣。

④按照食物的生熟，分为生食和熟食。

⑤按照食物的营养成分，分为垃圾食品和健康食品。

⑥按照食物的性质，分为主食和副食。

⑦按照食物是否含肉类，分为荤和素。

（3）把你的食物先写到卡片上，然后依据一定的标准分一分吧！

学生分享分类成果，每组学生挑选一种分类方式对组内的食物进行分类。教师进行指导。

（4）让学生按照上述分类标准对小组的食物卡片进行分类，完成后分享交流。

（5）小结：通过分类我们发现，食物种类十分丰富，每天我们都在吃不同种类的食物，通过不同分类标准，可以把食物分成很多不同的类别。

【工具】

T图、食物分类探究单、食物金字塔。

4. 反思与行动

今天我们通过记录、整理、提出标准、分类等科学研究方法对一天的食物进行了研究，记录了一天三餐的食物。关于食物还有许多可以研究的问题，下课后大家可以继续研究，例如：

①日常生活中，哪类食物吃得最多，哪类食物吃的最少？

②怎样选择食物更有利于身体健康？

③如何做到合理搭配，均衡饮食呢？

主食的故事（二）

1. 进入探究

（1）梳理自己知道的面食。

（2）观看《舌尖上的中国——主食的故事》。

2. 搜集、梳理信息

学习课文《千人糕》，认识米糕，感受劳动成果的来之不易。

利用课文中插图介绍米糕的制作过程。

3. 深入探究

观看视频《面粉制作过程》，教师梳理小麦到馒头的时间线，学生可尝试制作流程图海报。

4. 反思与行动

作业：今天我家吃面食。

主食的故事（三）

1. 进入探究

提出探究问题：同学们知道我们家乡的特色主食是什么吗？煎饼是怎么做成的呢？

2. 搜集信息

课前搜集制作煎饼需要的工具和材料，了解制作煎饼的过程，想一想在制作煎饼的过程中可能会出现的问题。

3. 梳理信息

用NEWS定位法梳理制作煎饼需要的工具和材料以及制作煎饼的过程，分享自己即将动手制作煎饼的心情（担心的地方和兴奋的地方）。

【工具】

NEWS定位法。

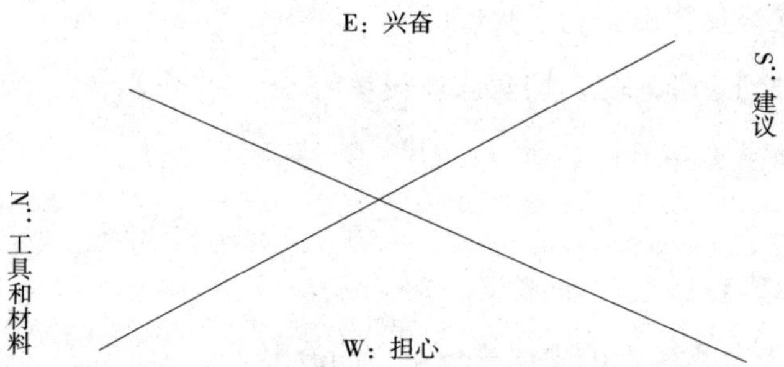

E：我们将要制作煎饼了，你的心情是怎样的？为什么？

W：你有什么担心的地方呢？

N：做煎饼需要哪些工具和材料？

S：为了烙好煎饼，你有什么建议？

4. 深入探究

（1）小组分工准备材料：油擦、面糊、舀勺、铲子、刮板、豆瓣酱……

（2）分小组体验制作（每个小组招募一位家长协助）。

（3）反思煎饼制作中出现的问题并讨论改进方案。

（4）再尝试制作，完成制作流程探究单，并根据探究单介绍煎饼的制作流程。

5. 反思与行动

同学们，在制作煎饼的过程中，我们出现了一些小小的问题，现在请同学们思考一下，为什么会出现这样的问题，你又该如何解决呢？

【资源】

视频：《舌尖上的中国2——脚步》（山东蒙阴大煎饼）

6. 评估

评出“最佳煎饼制作小组”。

评价标准：

（1）小组全员参与。

（2）煎饼色泽鲜，口感好，薄且均匀。

任务二：食物营养知多少

U（理解：学生将理解什么。）	Q（问题：学生将探究什么。）
（1）食物中有多种营养成分，在人类生活中不可或缺。 （2）合理膳食有利于身体健康。	（1）食物中有哪些营养素？这些营养素对人体有什么影响？ （2）我们吃得健康吗？食物怎样搭配才有利于身体健康？
K（知识：学生将知道什么。）	D（技能：学生将会做什么。）
（1）知道食物中的七大营养成分。知道喜欢的食物中有什么营养成分。 （2）知道合理搭配食物的方法。	会设计营养的食谱并能清晰陈述设计理念。

教学与学习过程

1. 进入探究

（1）孩子们，在上次的活动中，我们制作了煎饼、蛋挞等许多美味的食物，回顾食物主题活动，请你用一个关键词来形容食物，进行分享。（泡泡图梳理食物的功能）

（2）食物为我们提供营养，让我们充满能量，今天我们走进食物的营养世界。

（3）在这个活动中，你们是营养师，为你的朋友或者为你的家人私人订制一份科学健康的食谱。

【工具】

泡泡图、探究单。

2. 搜集、梳理信息

（1）出示任务（前置），学生自主通过网络搜索、询问家长、采访餐厅工作人员等途径搜集关于食物营养成分的资料，并记录下来。

（2）交流分享记录单，补充梳理食物的七大营养成分，讨论这些营养成分会对身体有什么样的好处。

（3）孩子们，你们喜欢吃的东西有哪些？孩子们自由发言，可适当引导，探究营养成分藏在你喜欢的哪些食物中。完成探究单。

3. 深入探究

（1）遇到喜欢的食物，你能吃多少？例如，你喜欢吃冰激凌吗？你能吃下多少？你喜欢吃糖果，红烧肉，糖醋排骨吗？又会吃多少？

（2）播放运动员健康饮食的视频，学生交流感受，再播放另一段吃播博主暴饮暴食的视频，学生继续交流感受。

（3）食物虽然是我们必须的，但是并不是越多越好，也不是越少越好。

（4）出示绘本故事《汉堡男孩》，让孩子们认识到营养均衡的重要性。

（5）教师出示人体需要的七大营养素的营养宝塔图。

4. 反思与行动

（1）营养师们，我们为身边的人设计一份适合他的健康食谱吧！

（2）利用探究单，将纸折成三折，使它看起来像彩蛋。把早餐食谱画在第一面，写上设计理念，把午餐食谱画在第二面，写上设计理念，把晚餐食谱画在第三面，写上设计理念。

（3）将食谱美化装饰。

（4）选取几例比较典型的食谱，如护眼食谱、健康食谱、减肥食谱、营养食谱、老年食谱、幼儿食谱等。引导学生讨论他们设计得是否合理，是否有利于人们的身体健康。经大家检验合格后教师在食谱封面加盖健康印章。

（5）营养师们把自己设计的食谱放到我们的健康加油站，为身边的人介绍你的健康食谱，通过合理膳食使自己和身边的人永远健康。

主题十一　“游戏”主题课程设计

一、简要说明

游戏是儿童的天性，是儿童生命的重要表现形式，更是儿童认识周围世界的重要途径。新课程标准提出，加强幼小衔接，强调小学一、二年级课程活动化、游戏化、生活化，学校课程团队在游戏主题探究活动中设计了游戏面面观、游戏万花筒、游戏诊断会和游戏大玩家四个任务，学生在分享游戏、体验游戏、诊断游戏、创新游戏的过程中，释放童心，点亮童年，落实核心素养的要求。

二、单元思维导图

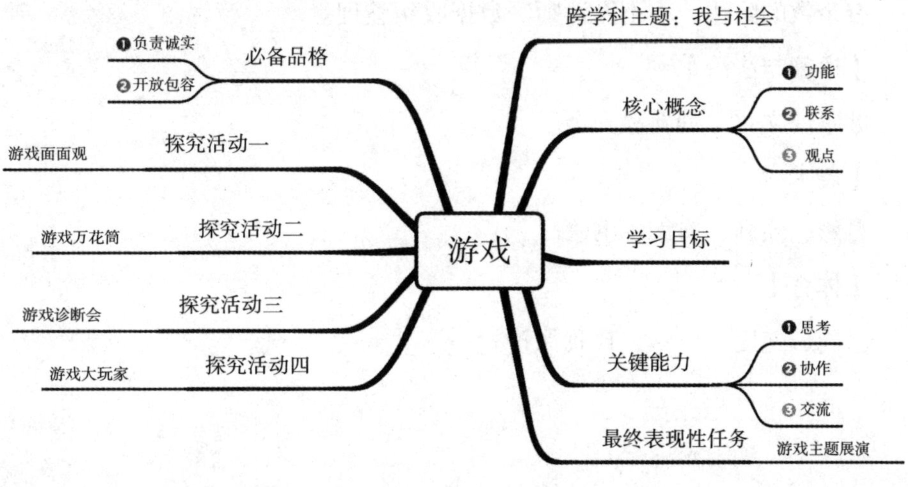

三、单元计划表

第一阶段：目标——学生将获得什么样的学习结果？

聚合概念：功能、联系、观点。

探究问题：

（1）你了解的游戏都有哪些？我们可以利用游戏干什么？

（2）游戏可以怎么分类？分类的依据是什么？

（3）我们为什么要进行游戏？

（4）游戏怎么玩安全？

（5）如何让传统游戏变得更加好玩或者更容易玩？

（6）除了变换新玩法，还可以制订什么新规则，创造什么新玩法？

焦点学科领域：语文、数学、道德与法治、美术、体育。

单元网

学科概念：

【语文】

识字方法、联系上下文理解词语意思、想象画面、语言积累、标点运用、想象、完整通顺写话、倾听、表达。

【数学】

有余数的除法、小小设计师、数据收集整理。

【道德与法治】

健康、文化、创新和安全。

【美术】

色彩、涂画、剪纸、书法。

【体育】

协同、速度、口令、自我保护。

教学资源

【语文】

主题丛书《小河马变大桥》《一片树叶变呀变》《搬房子还是搬树》等。

绘本故事《和我一起玩》《形状游戏》《做游戏》。

【数学】

《数据收集整理》《有余数的除法》《小小设计师》。

【道德与法治】

第二单元“我们好好玩”：《健康游戏我常玩》《传统游戏我会玩》《我们有新玩法》《安全地玩》。

【美术】

A4折小书、剪纸。

必备品格：尊重、负责、诚实、开放包容。

关键能力：思考、协作、交流。

相关课程标准

【语文】

1. 识字和写字

（1）喜欢学习汉字，有主动识字、写字的愿望。

（2）会写常用汉字250个左右，能按笔顺规则使用硬笔书写，注意间架结构，初步感受汉字的形体美。努力养成良好的写字习惯，写字姿势正确，书写规范、端正、整洁。

（3）学习独立识字。能借助汉语拼音认读汉字，学会用部首检字法查字典。

2. 阅读

（1）喜欢阅读，感受阅读的乐趣。养成爱护图书的习惯。

（2）分角色朗读，读出人物语气，将自己的阅读感受通过朗读表达出来。

（3）结合上下文和生活实际理解课文中词句的意思，在阅读中积累词语。借助读物中的图画阅读。

（4）诵读游戏主题的儿歌、儿童诗和浅近的古诗，展开想象，获得初步的情感体验，感受语言的优美。

（5）阅读关于游戏主题的童话、寓言等故事，向往美好的情境，喜欢游戏，多玩健康安全的游戏。对感兴趣的游戏有自己的感受和想法，并乐于与人交流。

3. 写作

（1）对写话有兴趣，留心游戏的规则和玩法，能用几句通顺、连贯的话写一写玩游戏的感受。

（2）在写话中乐于运用阅读和生活中学到的词语。

（3）根据表达的需要，学习使用逗号、句号、问号、感叹号。

4. 口语交际

（1）与别人交流有礼貌，讲规则，认真倾听，不打断别人讲话。

（2）能理解别人说话的内容，并说出自己的想法。

（3）能较完整地描述一种游戏，能简要介绍游戏的规则和注意事项，能说出感受。

【数学】

（1）经历简单的数据收集和整理，描述和分析的过程，了解简单的收集数据的方法，会呈现数据整理的结果。

（2）通过对数据的简单分析，感受数据蕴含着信息，体会运用数学进行表达与交流的作用。

【道德与法治】

（1）使用玩具、设备进行活动时，遵守规则，注意安全。

（2）不到危险的地方去玩，避免意外伤害。

（3）在游戏中，做到不伤己、不伤人、守规则、健身心。

【科学】

（1）物体的运动可以用位置、快慢和方向来描述。

（2）从提出问题、作出假设、制订计划、搜集证据、处理信息、得出结论、表达交流、反思评价这几个要素描述科学探究的方法，体验科学探究的过程。

【体育】

（1）认识到在从温和到激烈体育活动过程中身体发生的变化。

（2）认识到可以在家里做活动，帮助身体运动和成长。

（3）认识到活动可以增加心跳和呼吸频率，使心脏更加强壮。

（4）描述和展示两个或多个强度激烈的活动。

（5）掌握安全和合作游戏的基本知识和技能，不需要教师提示。

（6）合作玩乐，与同学一起学会安全设备的使用。

（7）了解活动的安全规则，学会对空间的安全使用。

（8）认识到教室里有规则。

基本理解	引导问题	主题任务群
（1）人们通过游戏学习做事并从事创造。 （2）人们在游戏过程中建立规则，增进交往。 （3）沉迷游戏有损身心健康。	（1）你了解的游戏都有哪些？我们可以利用游戏干什么？ （2）游戏可以怎么分类？分类的依据是什么？ （3）我们为什么要进行游戏？ （4）游戏怎么玩安全？ （5）如何让传统游戏变得更加好玩或者更容易玩？ （6）除了变换新玩法，还可以制订什么新规则，创造什么新玩法？	任务一：游戏面面观。 任务二：游戏万花筒。 任务三：游戏诊断会。 任务四：游戏人玩家。

续表

学生将知道	学生将能做
1. 语文 （1）提高正确流利朗读文本的能力，并学习有感情朗读。 （2）继续学习默读，边读边思考。 （3）结合上下文和生活实际了解课文中词句的意思，在阅读中积累词语。 （4）在阅读中体会句号、问号、感叹号所表达的不同语气，并能读出相应语气。 （5）学生在阅读中学习规范书面语言，理解积累词句，丰富语言，尝试运用。 （6）诵读儿歌、儿童诗和浅近的古诗，展开想象，获得初步的情感体验，感受语言的优美。 （7）能通过阅读丰富对探究主题的认识，实现学习意义的联系与建构。 （8）初步养成认真读书、边读书边思考的习惯。 2. 数学 （1）能根据具体事物、照片或直观图辨认从不同角度观察到的简单物体。 （2）结合具体情境，初步体会乘法的意义，认识乘法，会读、写乘法算式。 （3）在经历乘法的形成过程中，培养动脑、动手、动口等多种感官能力和合作意识。 （4）通过乘法的初步认识，感受到数学与生活的密切联系。 3. 道德与法治 （1）能认真听别人讲话，努力了解讲话的主要内容。 （2）能较完整地讲述小故事，能简要讲述自己感兴趣的见闻。 （3）认真听别人讲话，不随便插话和打断别人的讲话。 （4）能理解别人说话的内容，并能说出自己的想法。 （5）有表达的自信心，积极参加讨论，敢于发表自己的意见。	1. 语文 （1）能够在众人面前条理清晰地介绍游戏名称和规则。 （2）能通过多种途径了解关于游戏的信息，能用图片和文字描述信息。 2. 数学 （1）能够依据游戏的时代、国家、性质、用途等将游戏进行分类，并简单说明理由。 （2）能够通过多种途径搜集资料，并辨别出自己所需要的资料。 （3）能用语言、图画描述和记录内容。 （4）能在学习过程中提出要研究的问题，找出解决方法。 （5）能用图片和文字进行描述并表达自己真实的想法。 3. 道德与法治 能够评论自己或者他人的计划和产品，并提出改进的意见。 4. 体育 （1）描述和展示两个或多个强度激烈的活动。 （2）掌握安全和合作游戏的基本知识和技能，不需要教师提示。 （3）合作玩乐，与同学一起学会安全设备的使用。 （4）了解活动的安全规则，学会对空间的安全使用。

第二阶段：评价——如何收集证据以确定学生达到既定学习结果的程度？

表现性任务

本单元总结性评价（即学习的庆祝活动）：

学校即将举办游戏嘉年华，学生们将成为游戏的设计者，亲自上阵，为来参加游戏嘉年华的玩家设计一款好玩又有趣的游戏并教会他们如何玩，尽可能地为他们创造完美的游戏体验。

其他评估证据

探究单、作品、游戏推介卡。

第三阶段：实施——哪些学习经验将表现出学生达到既定的学习结果？

主题任务群

任务一：游戏面面观

（1）体验游戏：教师提前准备好几个小游戏，让孩子们玩一玩，感受游戏的乐趣。

（2）搜集游戏：你都知道哪些有趣的游戏呢？上网查查资料，或者问问身边的大人，搜集一些游戏项目吧！

（3）游戏分类：我们应该如何给游戏分类呢？你有哪些分类的依据呢？

（4）活动总结：激发学生对传统游戏的兴趣，引导学生理解游戏随着时代的发展而变化，但是游戏的功能是不变的。

任务二：游戏万花筒

（1）游戏体验嘉年华第一站：引导学生讨论有哪些适合集体玩的游戏，如丢手绢、拔河等，制定游戏公约，并带领同学们进行游戏。在游戏过程中，老师记录学生们的表现，游戏结束后，师生围坐分享游戏过程中的感受和收获。

（2）游戏体验嘉年华第二站：带领同学们思考有哪些游戏适合自己一个人玩，如夹豆子、数独、踢毽子、拼图等，制定游戏公约，并带领学生体验游戏。在游戏过程中，老师记录学生们的表现，游戏结束后，师生围坐分享游戏过程中的感受和收获。

（3）带领学生反思，我们为什么要进行游戏，比较一个人玩与和他人一起玩游戏的区别。在教师的帮助下，学生体验到“人们通过游戏学习、做事并从事创造”。

任务三：游戏诊断会

（1）观看视频《骑车玩要不炫技，安全第一更开心》，引导同学们意识到游戏的过程中也可能发生危险。

（2）展示图片，带领同学们思考并交流，在哪些地方玩要容易发生危险？不注意游戏的安全可能发生哪些安全事故？

（3）开展“我是安全警示员”活动，引导同学们思考如何帮助他人注意游戏安全。

（4）制作“我们的安全警示牌”海报，设计、制作安全警示牌，放在可能会发生危险的地方，让大家玩的时候更加安全。

任务四：游戏大玩家

（1）同学们回忆前几个活动中玩过的游戏，通过小组讨论，交流表达哪些游戏不容易玩或者玩不好，为什么。通过思维导图归纳总结每个游戏的优缺点，并在班里交流讨论。

（2）根据游戏的优缺点，小组合作探究，对游戏提出修改建议，并完成改进该游戏的计划书。

（3）同学们试玩改造后的新游戏，并做出评价。教师引导学生思考，除了创新玩法，还可以怎样制订一些新的游戏规则，使游戏更好玩。

（4）学校举办游戏嘉年华，学生作为游戏设计者，为玩家设计界一款好玩又有趣的游戏，并教会他们如何玩，创造完美的游戏体验。

课时设计

任务一：游戏面面观

U（理解：学生将理解什么。）	Q（问题：学生将探究什么。）
人们通过游戏学习、做事并从事创造。	（1）你了解的游戏都有哪些？我们利用游戏干什么？ （2）我们应该如何给游戏分类呢？你有哪些分类依据？
K（知识：学生将知道什么。）	D（技能：学生将会做什么。）
（1）知道各种游戏的名称、玩法。 （2）知道各类游戏的形成、玩法及作用。 （3）知道游戏各种种类，以及划分种类的依据。	（1）能够在众人面前条理清晰地介绍游戏名称和规则。 （2）能通过多种途径了解关于游戏的信息，能用图片和文字描述信息。 （3）能够依据游戏的时代、国家、性质、用途、区域等对游戏进行分类，并简单说明理由。 （4）能够通过多种途径搜集资料，并辨别出自己所需要的资料。

教学与学习过程

1. 进入探究

（1）趣味导入：教师提前准备好几个小游戏，让孩子们玩一玩，感受游戏的乐趣。

①看谁记得多：出示图片或数字，比比谁记得信息最多。

②你划我猜：出示一个词语，一人表演，一人猜。

③萝卜蹲。

（2）课后搜集游戏种类，上网查阅资料，或者问问身边的大人，你还能做哪些补充？

（3）试着给今天同学们介绍的游戏进行分类，从这些分类中你得到了什么启发？我们应该如何给游戏分类呢？你有哪些分类的依据呢？

2. 搜集、梳理信息

了解各个国家流行的游戏：选择不同国家的游戏，用T型图画一幅国内外游戏的对比图片（同款游戏进行对比），并教别人如何玩。

【工具】

思维导图、四宫格 、T型图。

【资源】

道德与法治：第二单元《我们好好玩——健康游戏我常玩》《我们好好玩——传统游戏我会玩》。

数学：一单元《数据收集整理》。

绘本：《小熊和最好的爸爸做游戏》《和我一起玩》。

3. 深入探究

（1）根据上一节课的分类，选取自己最感兴趣的游戏种类深入研究，并整理信息，向他人介绍。

（2）调查传统游戏：设计问题清单，采访祖父母、父母，了解他们喜欢的游戏。运用四宫格展示不同年代的玩具，包括以前的玩具、现在的玩具以及未来可能产生的玩具。

（3）展示户外游戏：请同学们创作操场游戏图片，展示户外玩具，然后把每个孩子完成的作品贴在一张更大的纸张上。

（4）分享交流

①出示口语表达量规。

②过程中注意引导比较电子游戏与户外游戏的区别。

4. 反思与行动

简单谈谈自己的看法：激发学生对传统游戏、户外游戏的兴趣，引导学生理解“游戏随着时代的发展而变化，但是游戏的功能是不变的”。

任务二：游戏万花筒

U（理解：学生将理解什么。）	Q（问题：学生将探究什么。）
（1）人们通过游戏学习、做事并从事创造。 （2）人们在游戏过程中建立规则，增进交往。 （3）沉迷游戏有损身心健康。	（1）我们为什么要进行游戏、玩耍？ （2）我们如何自己一个人玩，如何和他人一起玩？

续表

K（知识：学生将知道什么。）	D（技能：学生将会做什么。）
（1）有哪些游戏可以玩。 （2）游戏的规则以及玩法。 （3）知道磁铁的特性。	（1）能利用各种信息来源体验游戏。 （2）能用语言、图画描述和记录内容。 （3）能在学习过程中提出要研究的问题，找出解决方法。 （4）能用图片和文字进行描述并表达自己真实的想法。 （5）能用简单的工具和材料制作产品。

教学与学习过程

1. 集体游戏

（1）谈话导入：你喜欢自己一个人玩？还是跟朋友一起玩？玩什么？为什么？请同学回答，根据学生回答的内容，可以随机玩几个学生推荐的、条件允许的游戏。

（2）在玩游戏的过程中，大家有没有思考过如下的问题：

①在玩游戏的过程中发生了冲突怎么办？

②在玩游戏的时候如何避免冲突？

③在玩游戏的时候如何和别人合作？

（3）接下来的几天，我们要进行“游戏体验嘉年华”，在这几天里，你会进行各种有趣的游戏，但是，我们要带着这些问题进行游戏体验。你还有什么想问的问题吗？将问题写下来，张贴到问题大白纸上旁边位置。

（4）今天是我们游戏体验嘉年华的第一站：集体游戏体验。我们要一起玩丢手绢、拔河、上呈下达三个游戏。

游戏前，在教室内公布游戏规则，师生共同讨论如何安全、有序地游戏，接着开始游戏。将游戏公约关键词书写下来，作为约定带到游戏场地。

（5）到操场进行游戏，包括：丢手绢、拔河、上呈下达。每个游戏完毕，师生围坐在一起分享游戏过程中的感受和收获。（教师准备大白纸，将收获写在白纸上）

（6）回到教室，教师总结大白纸上的收获，并带领同学们反思：过程中你是否遵守公约？你想对自己说点什么？发放作业单，完成第一次游戏体验单，体现团体游戏的乐趣。

2. 个人游戏

（1）今天是我们游戏体验嘉年华的第二站，与昨天的集体游戏不同，今天我们需要体验的游戏有一个共同点，就是自己一个人玩也可以。它们分别是夹豆子、数独、踢毽子、拼图。

（2）制定公约：师生讨论如何安全、有序地游戏，形成公约，并写在白板上。

（3）体验游戏：学生在教室四个游戏区域开始流动游戏。教师拍照记录过程，包括学生违反规则所带来的混乱。

（4）梳理总结：今天的游戏与昨天的有什么不同？过程中你是否遵守公约？你想对自己说点什么？发放作业单，完成第二次游戏体验单。

（5）提前打印在活动中产生的字卡，学生识读字卡，通过字卡复习之前活动内容。

3. 分享收获

让学生反思最近几天的游戏体验，并讨论交流。紧扣问题“我们为什么要进行游戏、玩耍？我们如何自己一个人玩，如何和他人一起玩？”教师引导出基本理解——“人们通过游戏学习、做事并从事创造。”“人们在游戏过程中建立规则，增进交往。”

4. 反思新的问题

（1）教师在学生发言过程中引导出新的问题：“我们利用玩具和游戏干什么？它们如何有助于我们的学习？”请学生回答、讨论。

（2）学生发言，教师板书梳理。注意随机引导学生进行识字，将产生的字词或者老师补充的字词写到黑板上，留作字卡。

5. 落实行动

（1）讨论：我们以后应该玩哪一类的游戏，如何玩游戏才能更好地促进我们的学习和工作。

（2）根据学生发言，老师整理出合理玩游戏的方法。并写在大白纸上进行张贴，呼吁所有同学们合理地选择游戏。

任务三：游戏诊断会

U（理解：学生将理解什么。）	Q（问题：学生将探究什么。）
（1）游戏时，做到不伤己、不伤人、守规则、健身心。 （2）沉迷游戏对学习和生活有负面影响。	（1）如何安全地玩？ （2）儿童应不应该玩电子游戏？
K（知识：学生将知道什么。）	D（技能：学生将会做什么。）
（1）安全地玩很重要。 （2）沉迷游戏有损身心健康。	（1）能用图片和文字描述计划。 （2）能够评论自己或者他人的计划和产品，并提出改进的意见。

教学与学习过程

1. 进入探究

（1）播放视频《骑车玩耍不炫技，安全第一更开心》。

（2）提问：通过上节课的学习，我们知道了很多游戏的玩法和分类。但是也有的小朋友像视频当中的小猴子一样，没有意识到一些可能会发生的危险，怎么办呢？

2. 搜集信息

活动一：这里玩安全吗？

呈现建筑工地、河边等图片，带领同学们讨论在这些地方玩可能有危险吗？如果有，危险在哪里？在现实生活，常有因不注意游戏安全而发生的事故。下面请上我们班的安全新闻播报员，听听他们要播报哪些安全新闻。（说说危险玩具、危险玩法、危险游戏地点等。）

3. 深入探究

活动二：我是安全警示员。

如果有了安全意识，刚才播报的不安全事件就不会发生了。现在我们化身为安全警示员，怎么能够帮助他人提高安全意识呢？

小组讨论，发言人发言。

4. 反思与行动

活动三：完成“我们的安全警示牌”海报。

设计、制作安全警示牌，放在可能会有危险的地方，让大家玩的时候得更安全。

交流讨论：

①警示牌的功能。

②警示牌的语言表达方式。

③警示牌的安置位置。

【评价、资源与差异化教学】

道德与法治：第二单元“我们好好玩”《安全地玩》。

任务四：游戏大玩家

U（理解：学生将理解什么。）	Q（问题：学生将探究什么。）
人们通过游戏学习、做事并从事创造。	（1）如何让传统游戏变得更加好玩或者更容易玩？ （2）除了变换新玩法，还可以制订什么新规则，创造什么玩法？
K（知识：学生将知道什么。）	D（技能：学生将会做什么。）
同一种游戏有各种各样不同的玩法。	（1）能在学习过程中提出要研究的问题，找出解决的方法。 （2）能用图片和文字描述计划。 （3）能够评论自己或者他人的计划和产品，并提出改进的意见。

教学与学习过程

1. 进入探究

同学们，在以上几个活动中我们知道了什么游戏是健康的，也知道了很多传统游戏的玩法，我们本次活动继续来学习关于游戏的一些新的玩法。现在，请你回忆一下我们之前玩过的各种游戏，想一想、说一说你觉得哪个游戏不容易玩或者不好玩，为什么？

学生分享，教师准备一张大白纸，并用板书进行记录。

（1）组内分享并梳理：选择同一款游戏的学生组成小组，在组内依次分享自己的观点，最后形成一份完整的思维导图，充分展现该款游戏的优点和缺点。

老师出示组内讨论的具体要求：

①在小组讨论的过程中能够梳理问题、主动发表意见，交流时能做到等别人说完后再发言。

②发言的同学能把自己的观点说清楚，能注意说话的速度，让别人听清楚讲的内容；能认真听，了解别人讲的主要内容。

③后一位同学在前一位同学发言的基础上补充自己的想法，不重复发言。

④其他同学认真倾听，提出建议。

（2）班内分享：小组借助思维导图，合作介绍游戏的优点和缺点，其他同学认真倾听并提出建议。

2. 搜集信息

各小组根据建议，分头讨论、修改、合作提出一份改进该款游戏的计划书。

【评价、资源与差异化教学】

语文：《青蛙卖泥塘》《手影戏》。

道德与法治：《我们有新玩法》。

视频资源：《花样跳绳》。

3. 深入探究

活动一：游戏新玩法

每个小组依次介绍本小组改造过的新游戏，并邀请同学们一起体验新游戏。参加游戏的同学通过游戏评价单对小组改造后的游戏做出评价。

（1）组内分享

①选择同一款游戏的学生组成一组，学生在组内依次分享自己的观点。

②小组讨论具体要求：发言的同学能把自己的观点说清楚能注意说话的速度，让别人听清楚讲的内容；其他同学能认真倾听，了解别人讲话的主要内容；后一位同学在前一位同学发言的基础上补充自己的想法，不重复发言。

（2）班内分享

①出示口语表达量规，每个小组上台分享讨论的结果。

②过程中注意引导其他小组的同学认真倾听、提出建议。

活动二：游戏我创造

（1）引发思考：除了创新玩法，我们还要开动小脑筋，制订一些新游戏的公平合理的游戏规则。

（2）和朋友交流分享新游戏。

活动三：游戏推介会

学校即将举办首届游戏嘉年华，你们将成为游戏的设计者亲自上阵，为来参加游戏嘉年华的玩家设计一款好玩又有趣的游戏并教会他们如何玩，尽可能地为他们创造完美的游戏体验。

4. 反思与行动

同学们，通过今天的学习，你是否觉得自己变身“游戏小达人”了？老游戏，新玩法，变个规则，花样多。其实，除了变换新玩法，我们还可以变废为宝，玩出更多的乐趣呢！希望同学们在以后的学习生活中多动脑，勤动手，在健康的游戏中，启迪智慧，陶冶情操，玩出精彩。

主题十二　“故事”主题课程设计

一、简要说明

故事是学生与未知世界进行交流的重要媒介，对学生的人格发展和心理成长有着重要的意义。依据新版义务教育课程方案和课程标准，本课程主要设计了四个主题任务群：故事大揭秘、我来讲故事、创编故事我能行、和合故事剧场。在故事主题活动中，学生进行探究活动，将阅读、写作、表演相结合，全面提升自身的核心素养。

二、单元思维导图

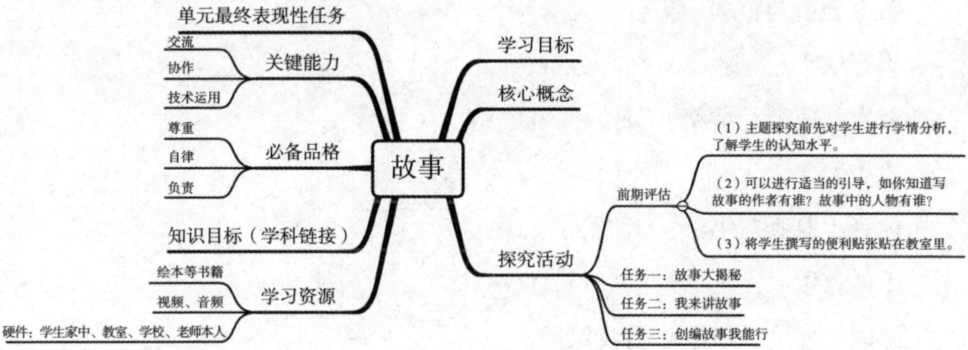

三、单元计划表

第一阶段：目标——学生将获得什么样的学习结果？

聚合概念：形式、功能、文化、观点。

探究问题：

（1）故事是什么？一个完整的故事包括哪些结构与要素？故事有哪些种类？

（2）故事如何影响情感的表达？

（3）人物角色和情节如何表达观点？

（4）故事可以怎样呈现？呈现的方式有哪些？

焦点学科领域：语文、数学、音乐、美术、体育。

单元网

学科概念：

【语文】

形声字、联系上下文、汉字书写规律、故事、复述、语言积累、标点运用、想象、创作与创编、完整通顺写话、倾听与表达、小故事大道理。

【数学】

数据分析与整理、集合。

【音乐】

节奏、速度、情绪、节拍、表演。

【美术】

色彩、涂画、书法、素描。

【体育】

协同、速度、口令、自我保护。

教学资源

【语文】

课内故事：《千人糕》《小马过河》《雷锋叔叔，你在哪里》《当世界年纪还小的时候》《毛毛虫》《沙滩上的童话》《羿射九日》《蜘蛛开店》《青蛙卖泥塘》《月亮姑娘做衣裳》等。

童话故事：《白雪公主》《睡美人》《逃家小兔》。

历史故事：《猛犸爷爷》《孟姜女哭长城》《草船借箭》《望梅止渴》。

国外的故事：《米莉和茉莉》专辑。

民族故事：《龙牙颗颗钉满天》《九兄弟斗土司》《屈原的故事》。

【数学】

《数据的分析与整理》。

【道德与法治】

《挑战第一次》《学做“快乐鸟”》《做个“开心果”》。

【科学】

《我们自己》。

【美术】

折纸、剪纸。

【音乐】

《小红帽》。

必备品格：尊重、自律、负责。

关键能力：交流、协作、技术运用。

相关课程标准

【语文】

1. 识字和写字

（1）喜欢学习汉字，有主动识字、写字的愿望。

（2）会写常用汉字150个左右，能按基本的笔顺规则使用硬笔写字，注意间架结构，初步感受汉字的形体美。努力养成良好的写字习惯，写字姿势正确，书写规范、端正、整洁。

（3）能用多种方法猜测词语意思，并说出了解词语意思的方法。能拓展积累词语。

（4）用多种方法猜字的读音和意思，并查字典验证；学习含有“好像……似的”“像……一样”的比喻句。

2. 阅读

（1）喜欢阅读，感受阅读的乐趣。学习用普通话正确、流利、有感情地朗读课文。

（2）阅读自己喜欢的童话书，想象故事中的画面，学习讲述书中的故事。

（3）结合上下文和生活实际了解课文中词句的意思，在阅读中积累词语。认识课文中出现的常用标点符号，在阅读中体会句号、问号、感叹号所表达的不同语气。

（4）能正确、流利地朗读课文，读出恰当的语气。分角色朗读时，能读出人物语气，将自己的阅读感受通过朗读表达出来。

（5）借助读物中的图画阅读。展开想象，并进行简单复述。能根据课文内容，说出自己的简单看法。

（6）尝试阅读整本书，用自己喜欢的方式向他人介绍读过的书，养成爱护图书的习惯。

3. 写作

（1）对写话有兴趣，留心周围事物，写自己想说的话，写想象中的事物。在写话中乐于运用阅读和生活中学到的词语。能根据提示，用几句通顺、连贯的话写一写自己身边的故事或者创编故事。

（2）大胆提出生活和学习中遇到的问题，通过阅读、观察、请教、讨论等方式，积极思考、探究，乐于分享自己解决问题的办法，并说出一两个理由。

（3）根据表达的需要，熟练正确使用逗号、句号、问号、感叹号。

4. 口语交际

（1）能认真听他人讲话，努力了解讲话的主要内容。听故事、看影视作品，能复述大意和自己感兴趣的情节。

（2）与他人交谈，态度自然大方，有礼貌。积极参加讨论，敢于发表自己的意见。

【数学】

（1）采用多种方式对数据进行记录，如正字法、画竖线等，并把故事分类的数据整理在表格中。

（2）借助维恩图让学生了解集合这一概念。

【道德与法治】

（1）讲述生活中真实发生的故事，如第一次挑战，快乐的、开心的事情等。

（2）可以自信、大胆地创编故事，初步感受坚持带来的收获，在创作过程中教师、家长、同学要及时给予评价。

【科学】

学习课程《我们自己》，教师可以从孩子的成长进行切入，让孩子记录自己的成长。

【美术】

（1）探索各种艺术制作的方法。

（2）描述艺术创作的步骤。

（3）利用视觉、触觉和听觉发现艺术创作的灵感。

（4）通过童谣、故事或诗歌、创意主题的启发，进行艺术创作。

（5）根据真实和想象的灵感，进行艺术创作。

基本理解	引导问题	主题任务群
（1）故事通过人物角色和情节等表达观点、传递感情。 （2）故事承载不同历史时期、不同民族、不同地域的文化。	（1）故事是什么？一个完整的故事包括哪些结构与要素？故事有哪些种类？ （2）故事如何影响情感的表达？ （3）人物角色和情节如何表达观点？ （4）故事可以怎样呈现？呈现的方式有哪些？	任务一：故事大揭秘 任务二：我来讲故事 任务三：创编故事我能行 任务四：和合故事剧场

学生将知道	学生将能做
1. 语文 （1）知道故事的结构、六要素。 （2）明确故事的种类。 （3）通过交流分享明确讲故事时的技巧和策略。 （4）知道如何才能把故事讲清楚、讲精彩。 （5）知道故事中有哪些主要人物，故事情节是什么。 （6）明确创编故事的方式有：看图创编、根据关键词句创编、续写、改编等。 （7）熟悉创编故事的策略和技巧。	1. 语文 （1）能够根据故事六要素讲述故事。 （2）能在了解故事内容基础上，根据关键词、提示语、图示等按照故事的起因、经过和结果的顺序讲故事并将故事的主要情节表达清楚。 （3）能用属于自己的方式讲述、表达故事。 （4）在表演中读句子，想画面，能用自己的话说出画面内容。

续表

学生将知道	学生将能做
2. 数学 明确数据的收集与整理的意义。 3. 道德与法治 知道记录生活中的喜闻乐见有助于创编故事。 4. 科学 学会记录自己的成长。 5. 艺术 （1）熟悉肖像画的绘画技巧。 （2）知道故事的呈现方式，如绘本展示、舞台剧等。	2. 数学 能独立完成资料搜集与归类，并对信息进行整理。 3. 道德与法治 （1）能记录自己生活中的第一次挑战，快乐的、不快乐的事情等。 （2）能自信、大胆地创编故事，并感受坚持所带来的收获。 4. 科学 从自己的成长点切入，记录自己的成长。 5. 艺术 （1）通过多种艺术形式呈现故事内容。 （2）运用打击乐或自寻音源探索声音的强弱、音色、长短和高低。

第二阶段：评价——如何收集证据以确定学生达到既定学习结果的程度？

表现性任务

本单元总结性评价（即学习的庆祝活动）：

通过对故事的内容、角色特点、表达与交流的技巧、文化及内涵的探究与分析，学生明确不同时期、不同民族、不同国家的不同题材的故事都蕴含着一定的道理或文化意义。分小组探究合作，利用不同的呈现方式，深刻理解故事所传承的文化。

其他评估证据

探究单、海报、作品。

第三阶段：实施——哪些学习经验将表现出学生达到既定的学习结果？

主题任务群

任务一：故事大揭秘

（1）借助KWL工具对学生进行关于故事了解情况的学情分析，了解学生对故事的认知水平。

（2）搜集故事的种类：学生借助便利贴将自己读过的故事进行梳理、分类，分类标准自定（如按照人物、动物、现代、古代、国家、名族、内容等）。教师搜集补充故事还有哪些种类，用思维导图进行梳理。

（3）群文阅读《大象的耳朵》《青蛙卖泥塘》《蜘蛛开店》，去攀登“故事情节山”吧！

（4）“故事人物猜猜看”从你读过的、听过的故事，看过的动画片、电影中选择一个你最喜欢的人物角色，把它的故事和特点、外貌，写到便利贴上并分享，大家一起猜一猜是谁。

我们发现：写故事的作家们喜欢从外貌特征、人物语言、动作、心理活动等方面来塑造人物。便利贴小反思：故事的情节和角色有什么用处。

（5）好书推荐会：通过阅读并编写推荐手册，向大家介绍一本好书，注意要说出作者如何塑造角色、编排情节从而吸引了你。

任务二：我来讲故事

（1）讲故事比赛：结合故事如何影响情感的表达这一探究问题来开展。

①全班制定讲故事比赛的公约。

②再次阅读、复习讲故事策略。

③抽签进行故事分享。

④其他学生担任评委，当场打分，分组点评，提出意见。

（2）全班评出“好故事”，并进行推荐。

任务三：创编故事我能行

（1）出示提前准备好的图片让学生自行准备并进行口语表达，现场讲故事，其他同学补充点评。

（2）梳理出看图写故事的策略，如关注图片上的事物，把细节写清楚等。

（3）借助关键词讲故事。

（4）故事改编。

（5）借助量规完成对本活动的评价，涉及自评和师评。

（6）将本活动中生成的3张策略海报在班级内进行张贴。

任务四：和合故事剧场

（1）任务前置：举例说明故事呈现的不同方式。

（2）搜集故事的呈现方式：绘本小书、情景剧表演、视频故事、音频故事、绘本剧、舞台剧表演、哑剧等。

（3）布置任务：选取一个最成功、最精彩的故事，用自己喜欢的呈现方式进行分享。

（4）和合故事剧场成果汇报。

课时设计

任务一：故事大揭秘

U（理解：学生将理解什么。）	Q（问题：学生将探究什么。）
故事通过角色和情节的设置吸引读者。	基本问题：怎么才能称得上一个好故事？作家如何做到呢？ 分问题： （1）《青蛙卖泥塘》故事中有谁？发生在哪里？发生在什么时候？讲述了一件什么事？人物角色的特点是什么？情节发生了哪些变化？ （2）《大象的耳朵》《蜘蛛开店》《小毛虫》中人物角色的特点是什么？情节发生了哪些变化？ （3）《蜘蛛开店》中，不同角色的不同观点是如何推动情节发展的？这个故事是否吸引了你？请你从人物、情节上分析。 （4）怎样读书最有效？

续表

K（知识：学生将知道什么。）	D（技能：学生将会做什么。）
（1）故事中的人物都有自己的特点。 （2）故事情节是不断变化的。 （3）故事由6个要素组成。	（1）能够分析故事中的人物特点和情节的发展变化。 （2）能初步把握文章的主要内容，体会文章表达的思想感情，能对课文中不理解的地方提出疑问，初步感受作品中生动的形象和优美的语言，关心作品中人的命运和喜怒哀乐，与他人交流自己的阅读感受。 （3）在生活、活动或学习中乐于与人交流，能清楚地表达自己的想法。

教学与学习过程

1. 进入探究

谈话导入：你读过的故事中最喜欢的是哪个故事？教师生成词卡。

（1）借助KWL工具对学生进行关于故事了解情况的学情分析，了解学生对故事的认知水平。

（2）学生借助便利贴撰写“K”（已知），教师可进行相应的引导（如故事的作者是谁？故事中的人物有谁？故事发生的时间、地点等）。

（3）将学生完成的便利贴张贴在展示墙上，方便在后续的探究学习中不断补充、完善KWL表。

2. 搜集、梳理信息

（1）搜集故事的种类

学生借助便利贴将自己读过的故事进行梳理、分类，分类标准自定（如按照人物或动物、现代或古代、国家、民族、内容等）。搜集补充故事还有哪些种类，借助思维导图进行梳理。

【工具】

饼状图。

（2）通过对数学二年级下册《数据的收集与整理》一课的学习，学生采用多种方式对数据进行记录，如画竖、“正”字等，把数据整理在表格中让学生在真实情境下探究学习。

3. 深入探究

（1）故事大冒险：跟随孩子的脚步，去探究角色和情节的作用——为什么故事有各种各样的人物和情节？

（2）共同探究：借助魔法手指，集体阅读课文《青蛙卖泥塘》，梳理故事《青蛙卖泥塘》中的人物、故事背景、问题、事件、结果。思考故事讲述了一个怎么样的小青蛙？故事中的情节发生了什么变化？

（3）上台分享：故事中不同的角色的不同观点是如何推动情节发展的。

（4）伙伴探究：群文阅读《大象的耳朵》《小毛虫》《蜘蛛开店》。学生抽签，分组阅读《大象的耳朵》《蜘蛛开店》《小毛虫》三篇文章，分别感受每篇文章对应的角色特点，情节变化。找出故事发生的背景、问题和解决方案，梳理故事的情节。

（5）通过观察，选出完成最好的小组。

【工具】

魔法手指思维图、拼图阅读、口语表达量规。

【资源】

《青蛙卖泥塘》《蜘蛛开店》《大象的耳朵》《小毛虫》。

4. 反思与行动

（1）任务："故事人物猜猜看"。从你读过的、听过的故事，看过的动画片、电影中选择一个你最喜欢的人物角色，把它的故事和特点、外貌，写到便利贴上并分享，大家一起猜一猜是谁。

（2）我们猜出了哪些角色？我们发现，写故事的作家们喜欢从外貌特征、人物语言、动作、心理活动等方面来塑造人物。

（3）便利贴小反思：故事的情节和角色有什么用处。

5. 评估

（1）大家一起讨论：一个好的阅读者应该怎么做？先在小组内讨论，总结后分享。

（2）好书推荐会：通过阅读并编写推荐手册，向大家介绍一本好书，注意要说出作者如何塑造角色、编排情节从而吸引了你。

【工具】

TPS。

任务二：我来讲故事

U（理解：学生将理解什么。）	Q（问题：学生将探究什么。）
故事主要通过人物角色和情节变化来表达观点、传递感情。	故事如何影响情感的表达？
K（知识：学生将知道什么。）	D（技能：学生将会做什么。）
（1）掌握讲故事应具备的技巧和策略。 （2）知道怎样讲故事才能把故事讲清楚、讲明白、讲精彩。	（1）能独立且连贯地讲述故事。 （2）能够依据故事六要素完整讲述故事。 （3）能用自己的方式来交流表达故事。

教学与学习过程

1. 进入探究

谈话导入：

一万个读者眼中就有一万个哈姆雷特，在故事主题中，我们将会探究不同类型的故事，相信你也有很多不一样的故事想要分享给小伙伴，今天，我们将举行一场盛大的故事分享会。

设计说明：学生尝试将自己真实生活中的“第一次挑战”、开心的或不开心的以及带给别人快乐的事情，创编成小故事与大家交流、分享。

【资源】

道德与法治：

第一单元：《挑战第一次》《学做“快乐鸟”》《做个“开心果”》。

2. 搜集信息

借助故事模板进行信息梳理，做好故事分享前的准备。

（1）出示“我来讲故事”模板，讲解模板的使用方法。

（2）说明小组合作梳理讲故事时的注意事项。小组发言员分享小组收获，全班梳理故事分享策略。

（3）确定自己将要分享的故事，可以是读过的故事，也可以创编、原创等。

（4）给予学生充足的准备时间，学生尝试组织语言，根据“我来讲故事”分享模板梳理讲故事的思路。

3. 深入探究

（1）通过讲故事比赛，探究故事如何影响情感的表达。

①制定故事分享会的班级公约。

②再次阅读、复习讲故事策略。

③公平签抽出分享者。

④分组点评、提出建议。

（2）作品要求：

①每人对应一个主题进行讲解，录制参赛视频，紧扣主题，立意积极，内容充实，结构清晰，准确严谨，易于理解，感染力强，声音洪亮，自信大方。

②视频要求：参赛视频分辨率不低于1080×720（横屏），时长原则上不超过4分钟，画面要求清晰连贯；作品形式不拘一格，配音、配乐、配图自选，但须契合作品主题。

③参赛作品须为原创，严禁抄袭、剽窃他人作品，一经发现立即取消参评资格，如涉及侵权等法律问题，由参赛者自行承担相关责任。参赛作品不添加水印标识，不插入商业广告。

④学校可以无限次使用入选作品进行宣传、播放，学校尊重和保留作者的署名权。

（3）优秀作品展示：优秀作品将会在学校和合楼前大屏幕播放。

4. 反思与行动

（1）举行故事推荐会，制定好书推荐卡，在班级文化墙进行展示并张贴。

（2）借助便利贴，自由选择想读的故事，并把读后感贴在推荐记录卡旁边。

（3）完成语文第二单元课程目标：

①借助多种方法认识词语，猜测词语意思，并说出了解词语意思的方法。

②拓展积累好词好句。

③能正确、流利地朗读课文，关注人物的角色特点，根据故事情节，读出恰当的语气，分角色朗读《小马过河》。

④借助插图复述《千人糕》《小马过河》。

（4）融合《口语交际三——图书馆借阅公约》拓展阅读：

①正确、流利地朗读课文《青蛙卖泥塘》，能读好问句，能分角色表演。

②借助提示词讲述故事《小毛虫》，能结合生活，说出对“人家是人家，我是我”的理解；能根据课文内容，展开想象。

③在阅读区阅读时，能主动发表关于图书角管理方法的意见。

任务三：创编故事我能行

U（理解：学生将理解什么。）	Q（问题：学生将探究什么。）
故事通过人物角色和情节来表达观点、传递感情。	（1）怎样通过创编故事来表达你的观点，传递感情？ （2）怎样才能创编一个吸引人的精彩故事？
K（知识：学生将知道什么。）	D（技能：学生将会做什么。）
（1）知道创编故事的方式有看图创编、根据关键词句创编、续写、改编等。 （2）知道创编故事的策略和技巧。	在了解故事内容的基础上，能根据关键词、提示语、图示等按照故事6要素讲故事，将主要情节表达清楚、完整。

教学与学习过程

1. 进入探究

童语童心写故事：

谈话导入：你知道哪些故事的作者？这些作家给我们带来了许多有趣精彩的故事，并且丰富了我们的知识，给予我们无穷的乐趣，你们是否也想成为这样的故事作者呢？

开展“童语童心写故事”活动，学习语文二年级下册《语文园地四》写话，看图发挥想象借助关键词语，按时间顺序创编故事。

2. 搜集、梳理信息

（1）出示课前准备好的图片让学生观察交流并进行口语表达，抓住关键词语，现场创编故事，其他同学可适当补充点评，添加情节。

（2）分享并梳理看图写故事的策略，如关注图片上的事物、提示语，借助泡泡图，努力将细节写清楚等。

3. 深入探究

借助关键词、提示语创编故事：

（1）问题导入：生活中，故事往往都蕴含着一个道理，或者反映了一种生活现象。那么你最想表达的是一个道理呢，还是一种生活现象，又或者最想歌颂一种美德、品质、精神？

（2）学生根据前置问题筛选并梳理出自己最喜欢的三个关键词。如最想表达的美德是诚实守信，希望故事里出现小狐狸、老虎、山羊，那么关键词就是诚实守信、小狐狸、老虎。如最想表达的道理是付出一定会有收获，故事发生的地点是草原，故事中会出现老牛，那么关键词就是付出、草原、老牛。

（3）引导学生抓住自己梳理的关键词进行故事创编并展开丰富的想象力。

（4）小作家故事会——故事分享会。

（5）其他学生作为小评委点评补充。

（6）班级内交流梳理借助关键词讲故事的策略和方法，生成海报，张贴在文化墙上进行分享。

【工具】

词卡、海报、小组合作。

【资源】

语文：《小毛毛虫》《沙滩上的童话》《当世界年纪还小的时候》《羿射九日》《语文园地四》《口语交际》。

道德与法治：第四单元。

4. 反思与行动

借助评价量规完成对本活动的评价，包含自评和师评，并将本活动中生成的故事策略梳理成海报在班级文化墙上进行张贴。

5. 评估

教师提供几组不同的关键词或者故事开头，让学生随机选取并创作故事。

任务四：和合故事剧场

U（理解：学生将理解什么。）	Q（问题：学生将探究什么。）
（1）故事承载不同历史时期、不同民族、不同地域的文化。 （2）故事通过人物角色和情节来表达观点、传递感情。 （3）不同的角色对同一事物会有不同的看法。	怎样呈现故事呢？呈现故事的方式有哪些？
K（知识：学生将知道什么。）	D（技能：学生将会做什么。）
（1）掌握故事的呈现方式，如情景剧、绘本剧、舞台剧等。 （2）了解不同故事展示方式。	（1）通过网上搜集、学会询问他人等方式，了解故事展示的具体方法。如：制作5页小书。 （2）能积极参加小组合作，同学间会合作分工交流。

教学与学习过程

1. 进入探究

谈话导入：同学们，你们都是以什么方式或途径接触到这么多有趣、有哲理的故事呢？教师举例并借助多媒体呈现几种故事的呈现方式。

2. 搜集信息、梳理信息

搜集汇总故事的呈现方式：情景剧、视频故事、音频故事、绘本剧、绘本故事、舞台剧、哑剧等。

（1）学生分享自己平时接触故事的途径，并借助KWL思维工具进行梳理，最好举出相应的例子。

（2）小组合作，继续探究梳理故事的呈现方式，并举出例子，全班进行交流分享。

（3）根据各组分享的内容，再次梳理补充本组《故事呈现方式表》，并完善小组KWL表格。

3. 深入探究

（1）布置任务：请从你之前创编的故事中选取一个你认为最成功、最精彩的故事，用自己喜欢的呈现方式进行呈现。

（2）小组分工，通过简单的梳理，确定最喜欢的呈现方式，将小组内最好的创编故事进行呈现。

（3）各小组根据自己选择的呈现方式，小组分工，探究如何将创编的故事呈现。如探究的主题是什么？绘本故事如何制作？如何折叠5页绘本小书？视频应如何录制？如何进行配音？舞台剧如何展示？小组成员如何分工？

（4）小组记录员将准备的过程梳理到海报上，并完成相应的作品，如5页绘本小书、情景剧、视频等。

4. 反思与行动

开展“和合故事剧场”，进行成果汇报。

（1）汇报成果提示：借助海报，依据汇报的步骤、要求，汇报小组制作的过程。

（2）分小组展示汇报，小组之间互评。

（3）借助便利贴收集《和合故事剧场成果汇报意见征集条》，根据老师和同学给出的意见进行修改、完善。

（4）口语表达要求：说话的语气要生动自然，不要太生硬。避免使用命令型的语气。

5. 评估

通过对故事的内容、角色特点，表达与交流的技巧、文化及内涵的探究与分析，学生明确不同时期、不同民族、不同国家的不同题材的故事都蕴含着一定的道理或文化意义。通过分小组探究合作，感受不同的呈现方式，深刻理解故事传承文化。

>>>> 第三章

小学低段跨学科主题实践课程实施支架

第一节　实践指南

一、“和乐嘉年华”主题实践

转眼间假期又来临了，这个假期你有什么打算呢？漫长的假期正是开阔眼界、提高个人修养、增长自身才干的大好时机，让我们度过一个快乐的而又有意义的暑假吧！

任务一：学科素养我最棒

1. 实践探究

（1）我是节俭小能手。

记录自己整个暑假期间零用钱的使用状况，自行制作记录表并写出自己的感受（纸张大小A4），最后了解市面上其他还没学过的人民币面值。

（2）制作乘法口诀卡片。

用硬纸卡制作15厘米×5厘米规格的乘法口诀卡片，用褐色水彩笔书写。制作完成后找个袋子装好，保存好。在家可以多次练习乘法口诀的背诵和使用。

（3）数学亲子阅读。

自行选择一本数学绘本，阅读并在周记本上写下自己的收获。

（4）数学游戏我在行。

学有余力的同学可以自主选择一种数学益智玩具，学玩结合以达到熟练程度，目的是远离电子游戏，锻炼学生的逻辑思维。可以从网上搜索数学游戏玩具、各式各样的游戏道具，让孩子选择自己感兴趣的。

2. 字如其人

俗话说“字如其人”，尤其是对于一些字体不美观的同学，一定要利用这个时期练练字，打好语文基础！

内容：二年级上册生字。

要求：练字纸或田格纸，每周5次，每次写三行，一行只练习一个字，在右下角写上日期。

3. 畅游书海

书籍是全世界的营养品。生活中没有书籍，就好像没有阳光；智慧里没有书籍，就好像鸟儿没有翅膀。假期请与书为友，体会书籍带给我们的清香和快乐。

推荐书目：《没头脑和不高兴》、语文主题丛书及校报推荐书目。

要求：

（1）在书本上留下你最美的读书痕迹，譬如：用波浪线画出你认为最有意思的句子，并尝试写下你的理解或读书收获。

（2）用你喜欢的片段录制一部“最佳朗读”视频作品上传班级群。

（3）完成阅读好时光，准备参加评比。

4. 记录美好

（1）快乐的暑假：暑假里发生了哪些快乐的事，快给我们讲讲！

（2）我是家务小能手：暑假期间你都学会了什么？

（3）有趣的旅行：你都去哪里玩了？跟我们分享你有趣的旅行！

（4）阅读自选数学绘本，写几句收获。

（5）坚持每周一篇周记，题目内容自拟，用专门的周记本记录，注意周记的格式。

临沂第四十中学2020级暑假成长自律表

模块	项目	第1天	第2天	第3天	第4天	第5天	第6天	第7天	第8天	第9天	第10天	第11天	第12天	第13天	第14天	第15天	第16天	第17天	第18天	第19天	第20天	第21天	第22天	第23天	第24天
语文素养	阅读																								
	练字																								
数学素养	口算																								
	数学游戏																								
劳动素养	家务劳动																								
	坚持运动																								
生活习惯	按时起床																								
	按时睡觉																								

任务二："四个一"一起做

1. 健康的身——坚持每天锻炼一小时

运动是一切生命的源泉。我们在假期中也要坚持每天锻炼一小时，增强体质，健康快乐每一天。可以锻炼的体育技能有：跳绳、踢毽子、仰卧起坐、广播体操、韵律操等。

2. 红色的魂——了解一个红色故事

通过阅读一本红色经典书籍或者是看一个红色经典影片，或者是到一个红色景区游览参观、学唱红色歌曲等活动方式学习了解中国共产党的伟大历程，将自己了解到的党的历史和优秀共产党员的先进事迹绘制成一份手抄报。

3. 感恩的心——学做一件家务事

暑假期间可以帮爸爸妈妈洗衣服、做菜、拖地、整理房间等，学做力所能及的家务，培养主人翁精神和责任感。

4. 灵动的眼——坚持一个爱眼护眼好习惯

眼睛是心灵的窗口，我们要保护好眼睛，学会科学用眼。坚持做眼保健操和亮眼操，保持正确的读书写字姿势，合理饮食、睡眠充足，少看手机、电视等，多做有意义的户外活动。

二、"和合之夏，和你有约"主题实践

暑假快乐！结束了一学期的快乐学习之旅，迈着成长的脚步，你们即将走入小学三年级。在这个炎热的夏季，让我们一起相约在一起，用手书写"清凉"，绘画"夏意"，触摸夏日的温度，寻找夏夜的秘密……那就让我们翻开这本《和合之夏，与你有约》，玩转我们的项目化学习吧！期待你精彩的展示噢！

任务一：与夏有约诗词篇

夏天是属于诗人的季节，一切美好悄然掀开帷幕，让我们走近诗人，走进夏天。

小池
（宋）杨万里
泉眼无声惜细流，
树阴照水爱晴柔。
小荷才露尖尖角，
早有蜻蜓立上头。

西江月·夜行黄沙道中
（宋）辛弃疾
明月别枝惊鹊，清风半夜鸣蝉。
稻花香里说丰年，听取蛙声一片。
七八个星天外，两三点雨山前。
旧时茅店社林边，路转溪桥忽见。

纳凉
（宋）秦观
携杖来追柳外凉，
画桥南畔倚胡床。
月明船笛参差起，
风定池莲自在香。

六月二十七日望湖楼醉书
（宋）苏轼
黑云翻墨未遮山，
白雨跳珠乱入船。
卷地风来忽吹散，
望湖楼下水如天。

夏夜追凉
（宋）杨万里
夜热依然午热同，
开门小立月明中。
竹深树密虫鸣处，
时有微凉不是风。

初夏绝句
（宋）陆游
纷纷红紫已成尘，
布谷声中夏令新。
夹路桑麻行不尽，
始知身是太平人。

任务二：与夏有约阅读篇

阅读提示：在阅读的过程中，总会有一些让你耳目一新或者印象深刻的词语，它们就是闪耀词，或者遇到不同的人物，每个人物会有不同的特点，请将你积累的人物特点和词语，快快记录下来吧！

任务三：与夏有约书法篇

评价标准：每日坚持打卡、姿势正确、书写认真。

任务四　与夏有约数你最棒

1. 实践出真知

去超市看一看你喜欢的物品的质量、长度分别是多少，再用手掂一掂、量一量、摸一摸，感受一下轻重和长短。要用上不同的单位：克、千克、毫米、厘米、分米、米。

用“克”作单位				用“千克”作单位			
物品名称	净含量	长度	宽度	物品名称	净含量	长度	宽度

2. 我调查我整理

观察今年暑假的天气情况，记录每一天的天气状况（选择一个月），制作一张天气统计图和统计表。让学生学会如何在现实生活中搜集、整理数据。

调查（　　）月份的天气情况，晴天用“●”，阴天用“▲”，雨天用“■”，多云用“♥”来表示。

统计图：（　　）月份的天气情况						
1	2	3	4	5	6	7
8	9	10	11	12	13	14
15	16	17	18	19	20	21
22	23	24	25	26	27	28

续表

统计图：（　　）月份的天气情况						
29	30	31				

统计表：（　　）月份的天气情况					
天气	晴天	阴天	雨天	多云	合计
天数					

3. 体验一分钟

一分钟能做些什么？

（1）从一开始数，能数到几？

（2）人的脉搏，一分钟可以跳几下？

（3）一分钟可以做几道口算题？

（4）一分钟可以写几个字？

（5）一分钟可以走多远？

（6）在超市，抢购物品，你可以拿几样物品？

4. 数学游戏我在行

自制4组1—9的数字卡片，混合在一起，任意抽取4张卡片，用加、减、乘、除（可加括号），把卡片上的数算成24。每张卡片必须用一次且只能用一次。例如，如果抽到的卡片为1、3、7、8，可以用8×（7–1–3）来计算。

任务五：与夏有约多元成长

1. 体质锻炼

（1）选择一项或多项自己喜欢的运动项目，进行有计划的锻炼并长期坚持，喜爱并能熟练掌握一项球类运动。比如：篮球、足球、排球、乒乓球、羽毛球、网球等，还可以进行跳绳、仰卧起坐、体前屈、耐久跑等多项体育锻炼。

（2）和家长一起制定一份“家庭电子产品使用公约”，控制时长，健康上网。

（3）养成每天坚持体育锻炼的习惯，锻炼时间、内容、强度可以根据自己的具体情况自我调控。

2. 美育养成

（1）看一看：观赏日出日落、满天星辰，培养对大自然的热爱，感受大自然的美，也可以画出眼中美景。

（2）听一听：多听舒缓的音乐，感受韵律美。

（3）做一做：可以动手制作一些创意小美工。

（4）唱一唱：把在学校学到的歌曲回家唱给家人听。

（5）跳一跳：学一段舞蹈，展一展身姿。

3. 劳动实践

暑假里争当“劳动小能手”，学会一些劳动技能，做家庭的小主人。可以用相机记录精彩瞬间，发送到班级群与同学分享。

（1）至少学习一项家务技能，每天坚持家务劳动，用镜头记录下劳动瞬间。坚持每天自己洗内衣裤、袜子等小件衣物。

（2）可以进行种植采摘劳动或做清除楼道小广告、打扫楼道卫生等社区公益劳动，用镜头记录下劳动瞬间。

（3）用身边的废旧物动手做装饰品或进行创造发明，变废为宝，分享实践成果，争当校园实践小达人。

影片推荐：《我和我的祖国》《我和我的家乡》。

三、“妙语展风采，故事润童心”主题实践

任务一：展学科素养风采

1. 勤学苦练，做“小小书法家”

内容：二年级下册生字。

要求：16开练字纸或田格纸，每周5次，每次写三行，一行只练习一个字，在右下角写上日期。

2. 与书为友，做“小小书迷”

（1）每天晨读半小时，放声诵读。

（2）每天课外阅读一小时。

推荐书目：

二年级下册快乐读书吧：《七色花》《神笔马良》《愿望的实现》《一起长大的玩具》《大头儿子和小头爸爸》，以及语文主题丛书。

阅读要求：

（1）在书本上留下你最美的读书痕迹，譬如：用波浪线画出你认为最有意思的句子，并尝试写下你的理解或读书收获。

（2）用你喜欢的片段录制一部“最佳朗读”视频，作品上传班级群。

（3）完成阅读好时光，准备参加评比。

3. 记录瞬间，做“生活中的有心人”

（1）祝福春节

新年到来，同学们开开心心去拜年，在拜年的时候我们都会说哪些祝福语呢？请细心的你仔细搜集，并记录下来。

（2）我是扫房小能手

“二十四，扫房子”是我国春节期间的传统习俗，这一天又称“扫尘日”，目的是将过去一年不好的运气和贫穷扫出门，它寄托着人们对新的一年破旧立新的祝愿。

4. 我会听也会算

（1）每天坚持做10道口算题。

（2）用乘法解决生活中的问题。

5. 实践探究

（1）亲子阅读数学绘本，记录数学问题并解决。

（2）“剪纸映新春”和“图形DIY”。

任务二：故事大王养成记

美好的故事启迪心灵，睿智的故事传承智慧，风趣的故事愉悦身心，深奥的故事激荡思维。故事是激发我们想象力的最好教材，同时也能浇灌最基本却非常重要的价值观，让我们始终保持一颗纯洁而充满希望的心。让我们一起读故事、悟故事、写故事、讲故事吧！

阅读书单及阅读计划	

“一事一得”之故事读后感

姓名：________　　班级：__________　　_____年____月____日

读完最喜欢的故事，你有哪些思考或者收获呢？快来画一画，写一写吧。

四、“一年一岁一团圆”主题实践

任务：学科素养养成记

1. 坚持每天练字

内容：一年级上册生字。

2. 快乐识字

利用学到的识字方法主动在生活、阅读中识字，记得把它们做成词卡哦！

3. 畅游书海

推荐书目：《小猪稀里呼噜》《我和小姐姐克拉拉》《洋葱头历险记》，语文主题丛书。

4. 家的传承

孩子是种子，家庭是土壤，家风、家训、家规共同营造了孩子的生长环境，每一辈人沉淀下来的优秀品质和优良传统都将成为孩子眼中的光芒！

（1）挑战经典诵读《弟子规》，感受经典的力量。

（2）探秘姓氏的起源，整理姓氏起源小故事。

（3）听爷爷奶奶讲故事，走进旧时光。可以让爷爷奶奶口述，爸爸妈妈转记录。

（4）和爸爸妈妈一起整理提炼我家的家训、家规。

（5）亲子共读：以书为伴，共度美好时光，每天读书30分钟。

5. 和合少年过大年

红彤彤的窗花，喜洋洋的对联；热腾腾的团圆饭，乐融融的全家福……所有元素都将在这个寒假铺洒开来。

（1）春节知多少：查找资料，了解春节的来历、演变过程以及习俗。

（2）春节映像：走进最美的诗词和喜气的春联中，感受年味。

（3）饺子大作战：和家人一起动手包饺子，了解包饺子的习俗、象征意义、形状讲究和煮饺子的技巧。

（4）我是理财小能手：探秘压岁钱的由来，并学习合理使用压岁钱，启蒙理财意识。

（5）元宵节知多少：查找资料，了解元宵节的来历、演变过程以及相关习俗。

（6）花灯大比拼：和家人一起动手制作花灯，材料不限，应具有一定的艺术性、观赏性和创新性，开学后进行作品评比。

6. 学亲子阅读

自行选择一本数学绘本，亲子共读。

7. 体育

坚持运动，自选喜欢的项目，如跳绳、拍球、小律动、健身操。

8. 劳动

主动帮父母做家务，参与春节大扫除。

五、“转乾坤超想象”主题实践

金牛摆尾逍遥去，金虎昂首吉庆来，万物明朗，生活可爱。这个寒假，学生们与“故事”同行，一起记录成长的无穷奥秘。

KWL——“故事”大揭秘

Know：关于“故事”，你知道什么？（你读过哪些故事？故事有哪些种类？）	Want to know：关于“故事”，你想知道什么？（怎样才是一个完整的故事？）	Learn：你学到了什么？（梳理你的收获）

故事情节山——“马良”

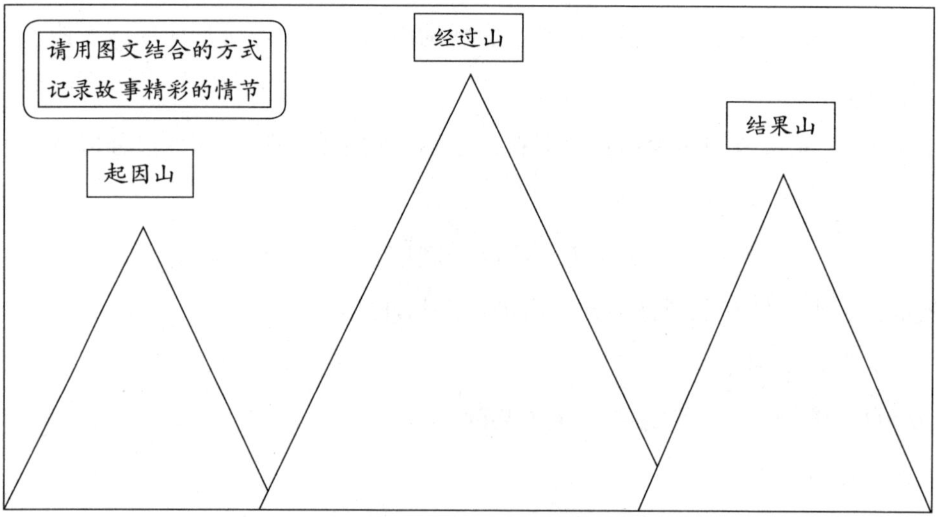

玩转数学——时间的故事

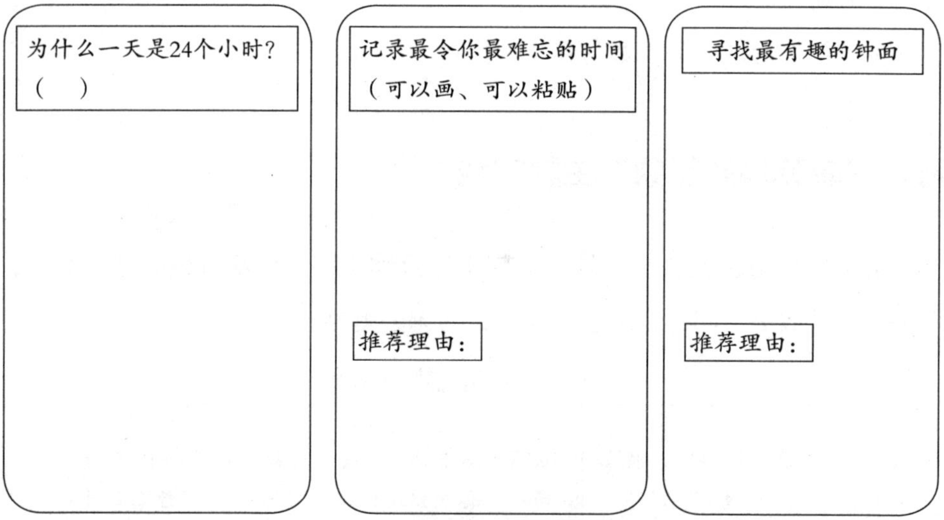

故年随夜尽，初春逐晓生。翘首期盼的寒假如约而至，学生们即将迎来轻松愉快的寒假生活。

为了让大家度过一个充实、快乐、有意义的假期，学校给大家设计了丰富多彩的实践菜单，为学生的成长提供更丰盛的“营养”、更大的舞台，以全新的方式展现学生的风采。相信学生们一定会在探究中不断收获与成长！

学科素养展风采——实践菜单

（1）每天坚持练字。

（2）每天诵读20分钟。

（3）每天坚持读书30分钟。

（4）每天坚持口算50道。

（5）每天坚持列竖式5道。

（6）每天读一个数学故事。

第二节　课堂实录

一、《循环的水》课堂实录

1. 活动设计理念

（1）活动目标。

U（理解：学生将理解什么。）	Q（问题：学生将探究什么。）
自然界中的水不会消失，由于外力和能量的原因，水会发生变化，从而产生水循环。	水是从哪里来的？自然界中的水是如何循环的？
K（知识：学生将知道什么。）	D（技能：学生将会做什么。）
自然界中，不仅是水遵循了物质守恒定律，任何物质都是这样的。	（1）学生由观察身边的自然现象到研究自然界中的水循环，以更富有迁移性的思维方式展开对“循环”的理解。 （2）能够研究水的各种形态，进行“我与自然”体系的建构。

（2）思维工具。

本节课我使用到的工具有班级公约、小组角色、评价量规以及循环图。

小组合作：

①独立学习和合作学习相结合。在设计任务时，先自主阅读绘本再小组

合作制作水循环海报，既培养了独立思考能力，又培养了小组合作学习的能力。

②小组合作时引入小组角色，有发言员、记录员、纪律管理员、时间提醒员，小组角色能够激起学生的个人责任感，使任务高效完成。

③在小组合作时，采用GRR“责任逐渐转移模型”的设计思路，“我做你看，我做你帮，你做我帮，你做我看”，目的是将学习的责任逐渐转移到学生身上，培养学生学习的自主性。

循环图：

思维可视化，运用循环图将本来看不见的思维通过图像方式呈现出来，使所学的内容变得清晰可见、简单易懂。

2. 探究过程

（1）班级公约的制定

教师（以下简称“师”）：同学们，在上课之前老师跟大家一起来制定一下我们的班级公约，制定好了，有哪位同学能够给大家读一读。

师：请坐，这位同学发言非常的洪亮。那大家能不能做到本节课的班级公约呢？嗯，老师看出了大家的信心。那我们开始上课。

（2）谜语引出课题

师：今天的课题藏在谜语中，请听老师的谜语：在小溪里散步，在江河里奔跑，在池塘里睡觉，在海洋里跳舞，打一自然物。

生：水。

师：看来这位同学真是一位善于猜谜语的孩子。我们今天的课题确实与水有关，请同学们齐读课题。

（3）进入探究

师：同学们，你们看，这是什么？（教师出示透明装满水的杯子。）

学：水。

师：嗯，那把水放进冰箱里会变成什么？

生：冰。

师：那同学们再请看，老师这里有两条毛巾，请你摸一摸它们有什么区别？

生：一条是湿的，一条是干的。

师：你们说，湿毛巾怎么才能变干呢？

生：放在太阳底下晒一晒。

师：湿毛巾变干了，湿毛巾上的水上哪去了呢？

生：变成了水蒸气。

师评价：看来大家的小脑袋瓜真聪明呀！

（4）搜集、梳理信息

活动一：梳理水的各种形态

师：刚才听同学们说了一些水的变化，水一会变成了冰，一会变成了水蒸气，其实，水在大自然界中还有别的形式，谁还能说出其他的形式？

生：水、雨、水蒸气……

师：非常好，看来同学们的知识积累量非常多。

师：像冰、雪、霜、冰雹这种固体我们称为水的固态，像雨、水雾、云、露水这种液体我们称之为水的液态，像水蒸气这种气体我们称为水的气态。

师：固态、液态、气态构成了水的三态，听明白了吗？我们一起来复习一下，谁来当小老师领读一下。

师：水有这么多形态，那我们来欣赏一下各种形态的图片。

师：图片好看吗？那老师可要考考大家了，请你选择合适的词语来描述一下图片中的风景，谁想尝试？（倾盆大雨、云雾缭绕、冰天雪地、和风细雨……）

师：能在课堂上听见你正确的发言，令我欣慰。

（5）深入探究

师：好，我们探讨了水的三态，那三态之间到底是怎么变化的呢？现在请小组合作完成我们的水循环海报，在完成之前先看我们要求，谁来给大家读一读？

活动二：自主阅读《小水滴旅行记》，制作水循环海报。

要求：

①先自主阅读绘本，圈出关键词句。

②小组合作完成水循环海报，合作时，小声讨论。

③时间：8分钟。

师：好，时间到，完成的小组请用坐姿告诉老师你们已经完成了。好了，看来大部分的小组都已经完成了，到了我们的展示环节了，展示之前请看我们的评价量规。谁能给大家读一读？

评价量规	
书写	书写认真，卷面整洁
内容	清晰表达出水循环过程，无错别字
表达	声音洪亮，表达完整

师：有哪个小组想上来分享一下吗？请以老师的句式进行介绍。（这是我们小组制作的水循环海报，首先……，其次……，再次……，最后……。）

你们可真厉害呀，通过阅读绘本就得出了自然界的水循环。其实，水会随着温度的变化而改变它原来的样子，水在很热的时候会变成水蒸气，水蒸气遇冷就又以雪、雨、冰雹的形式降落到地面，最后化成水流入海洋中。从最开始的水经过一系列的变化又变回水，这就是水循环。

（6）反思与行动

①这节课你学到了什么？

②其实，不光光在自然界中存在着水循环，在土壤中、植物体内、人体内都存在着水循环，请同学们选择自己最感兴趣的水循环查阅资料，下节课我们继续分享水循环。

二、《家的守护者》课堂实录

1. 活动设计理念

（1）活动目标

U（理解：学生将理解什么。）	Q（问题：学生将探究什么。）
每个家庭成员都有自己的角色、责任。	（1）家人的一天是怎样度过的？ （2）每个家庭成员为家做了什么？我还能为家做什么？
K（知识：学生将知道什么。）	D（技能：学生将会做什么。）
（1）了解每个家庭成员的角色和责任。 （2）学习分类与比较。 （3）结合绘本的学习，掌握分享交流时的句式。	（1）学生观察、记录我和父母一天的生活，完成“家庭向日葵”任务单，并能够提出自己的问题。 （2）我做家庭的守护者，为家庭做力所能及的事情。

（2）思维工具

本节课使用到的工具有KWL前测工具、班级公约、“家庭向日葵”探究单、评价量规和流程图。

2. 探究过程

（1）搜集信息

前测问题：

①孩子们，你们的家里都有谁？家人的一天是怎样度过的？每个家庭成员为家做了什么？

学生回答：工作、打扫卫生、洗衣服、做饭……

②关于家人的一天，你还想了解什么？

学生回答：爸爸累不累？妈妈上班都做哪些工作？……

③教师用KWL表格记录梳理。

（2）进入探究

①重现公约。

师生共同梳理班级公约，适当进行补充。

②师：想要更清楚地了解家人的一天，从了解自己开始，让我们一起探究“校园的一天”。

想一想我们在校园里都做了什么事情？是什么时间做的？自己想一想，先在小组内交流，再全班交流。

③教师出示学校作息时间表，引导学生说一说自己的发现，并尝试提出数学问题。

生：怎样通过钟表认时间？

④教师指导学生通过看一看、拨一拨、玩一玩钟表学具，观察、探究钟面。

学生交流发现，“秘密”藏在指针上。

⑤教师指导学生认识时针、分针、数字、大格……

⑥借助PPT出示情景图片和时间，教师引导学生观察、认识整时。

学生通过探究总结整时的认读方法：当分针指向12，时针指向数字几就是几时；当分针指向6，时针指向数字几就是几时半。

⑦数学小游戏——你拨我说：记录校园故事，用流程图梳理“校园的一天”。

⑧周末小任务：

以任务单的形式记录和父母的一天，具体到每个整时时段。了解父母在这一天中都为家做了什么？

⑨交流展示：用流利的语言介绍家人的一天。

（3）深入探究

①利用“家庭向日葵”梳理记录，爸爸妈妈为家做的事和我为家做的事。

②与同学分享交流自己的任务单：

师：和小伙伴说一说家人的爱藏在哪里？

学生：为家人做饭，送我上学，赚钱养家……

师：看到爸爸妈妈为我们的家付出了这么多，你有什么感受？

学生：妈妈辛苦了。我爱爸爸。妈妈真了不起。我也想做我家的守护者……

师：我们可以怎样守护我们的家？怎样让家人感受到我们的爱？

（4）反思与行动

感恩父母为家庭的付出，感恩父母对自己的照顾和关爱，开展“今日我当家”活动

①以流程图的形式记录自己做菜的过程，可以用绘画或者照片等形式记录。

②通过为父母制作一道菜，记录自己的感受。完成任务单。

③与同学分享自己为父母做的菜以及周末体验的感受，相机识字。

④阅读绘本《朱家故事》，看见妈妈对家庭的付出。

（5）评估：“今日我当家”活动展示

评选最佳任务单。

①画廊观察：张贴所有小朋友的任务单。

②出示评价量规。

③每个小朋友将手中的两张小贴画贴在自己最认可的任务单上。

④小贴画最多的任务单当选。

>>>> 第四章

小学低段跨学科主题实践课程评价策略

第一节　过程性评价

和合少年琅琊行
——“家乡”主题范例

一、指导思想

为贯彻落实“双减”工作的有关精神，以立德树人为根本任务，切实规范学校教育教学管理，深化课程改革，优化课程评估路径，对学生实施多元评价，充分发挥评价的增值功能，让评价成为学生发展的“航向标”，成为教师情怀的“温度计”，成为学校文化的“压舱石”。

在“双减”的大背景下，无纸笔考试、减少考试次数、淡化考试结果运用的考试新政策面世后，面对义务教育一二年级取消纸笔考试、小学只进行期末考试等考试管理新政策，跨学科课程组的老师们精心探索，深耕实践，重构我们传统的教学模式及评价模式，变“纸笔考试”为情境化游考。

什么叫游考？“游考”是指以设计好的“模块”，以学生喜欢的游戏方式，进行面对面测试的一种学业测评。情境化快乐游考，是让学生在充满趣味的情境中，完成指向课程核心素养的挑战性学习任务。本次游考根据低年级学生的心理特点，结合家乡主题的多样性，设计了“和合少年琅琊行”主题课程，将家乡主题课程与各学科教材内容深度融合，设计序列化闯关任务，让学生在真实的场景中趣味游考，考察学生的综合素养。

二、活动目标

本次游考旨在让学生通过体验精心布置的主题式、儿童化的考试场景，经历情境化、体验式的游考方式，孩子们自我知晓对语文、数学基础知识的掌握程度，动用眼、耳、口等感官，提高语言的运用和实践能力，体验“面试”的热身赛，并且能自主完成游考的八个项目，敢于展示自身的才艺，增加舞台经验，在玩的过程中学习，提高学习热情。

三、活动流程

第一关：和健艺体——鼓动临沂

鼓动临沂，玩转律动，打鼓和律动可以培养良好的节奏感，掌握好节奏是学习音乐的基础。在欢快的音乐中，释放郁闷等不良情绪，使孩子保持良好的身心状态；在热情的节奏里，孩子的自信心增强，个性得到展示，提高了音乐素养。和合少年们许同一个愿望，演绎同一首歌。

1. 考核内容

小鼓《在临沂》，律动《水调歌头》。

2. 评价量规

节奏正确明快，鼓点连贯流畅；精神振奋，活泼大方；动作熟练，整齐一致。

3. 场景准备

（1）10个班级划分到各个场景。

（2）拉杆音响2个，话筒2个。

第二关：和畅朗读——琅琊朗读者

朗读，就是表达自己！通过朗读文本，读山川湖海，读心路历程，读人生四季，读念念不忘的回响……所谓阅尽千帆，也许是把所见所闻，所读所想，都化为了内心风景，建构起一方见天地人心的多彩世界。争做琅琊朗读者，为临沂发声，畅想家乡主旋律。

1. 考核内容

七大主题的相关古诗、现代诗、语文主题丛书以及课文片段。

2. 评价量规

正确流利，会停顿读出重音；借助肢体语言辅助表达；自信大方。

3. 场景准备

（1）准备1300份古诗目录挂签，430份现代诗目录挂签和430份经典课文目录和主题丛书目录挂签，32张朗读考察目录挂签，以及提示牌、打孔机、风铃、装饰挂幅等工具。

（2）准备一个场景指示牌。

（3）协调8位爱心家长或教师到场，现场评价、盖星星章。

第三关：和美书写——书法传承人

书法是学生学习中非常重要的一环，课程团队根据课程标准中提出的“养成正确的写字姿势和良好的写字习惯，书写规范、端正、整洁”的要求，同时为了使学生重视写字练习，培养学生“规范写字、写漂亮字”的良好习惯，特在游考之中进行考核。

1. 考核内容

选取部分重点词语（四字词语）和古诗填空。

2. 评价量规

卷面整洁，字体工整；没有错别字，字体大小适中；字体美观匀称。

3. 场景准备

（1）王羲之巨幅画像、王羲之书法作品集海报。

（2）写好规范字标语、坐姿矫正器。

（3）准备42套桌椅和430份书写内容（多准备一些铅笔、橡皮备用）。

（4）准备一个场地指示牌。

（5）协调两位老师到场，便于现场评价、盖星星章。

（6）需要一位现场引导老师（可与多个游考项目共用）。

第四关：和趣识字——词语大闯关

在探究家乡主题活动时，孩子们在不知不觉中走进了奇妙的汉字世界。为展示汉字的神奇智慧和魅力，检查学生的学习情况，组织此次趣味汉字闯关活动。

1. 考核内容

（1）识字对对碰（实物识字）。

所有小朋友分组进行，从已准备的字卡中抽取两张，准确地读出并放置在相应的实物前，准确无误即为闯关成功，一位学生完成后由考官教师将字卡收回到字卡箱内。

（2）图文拼多多。

①随机抽取一张图片并读出图片中的景点名称，在所给的词卡内选择与之相应的词语，尝试将景点与词语连成一句话。语句逻辑合理、结构清晰即为成功。

②随机抽取一张图片并读出图片中的景点名称，可以选择图片内的任何一种景物，仿说比喻句。比喻恰当，句子通顺即为闯关成功。

以上两项活动需要整理部分景点图片，并在图片上标注景点名称。筛选部分描述景色的词语，做成词卡。

（3）词语大世界。

由考官教师将字卡进行闪动展示，每个学生挑战5张，在2分钟内能够准确无误读出者即为闯关成功。

2. 评价量规

读音正确声音洪亮；语句完整通顺；自信大方。

3. 场景准备

（1）家乡主题字卡（从家乡词库及语文前三单元中抽取，打印两组字卡）。

（2）家乡物产（糁、沂蒙煎饼、苍山大蒜、莒南板栗、八宝豆豉、蒙阴蜜桃、莒南花生、沂水大樱桃、山楂）。

（3）和合谷中的实物（南瓜、辣椒、茄子、大葱、丝瓜、秋葵）。

（4）家乡风景类照片（打印两组，循环使用）。

（5）准备两个字卡箱。

第五关：和悦阅读——阅读与表达

培根说："读书给人以乐趣，给人以光彩，给人以才干。"从入学开始，在每个主题中孩子们都读了很多绘本，语文教材《快乐读书吧》中也推荐了很多阅读书目，孩子们在阅读中收获着，成长着。阅读是一个输入的过程，表达是一个输出的过程。

1. 考核内容

（1）《快乐读书吧》相关内容。

（2）语文主题丛书中相关篇目。

（3）以问题为导向交流表达，提炼关键信息。

2. 评价量规

能根据问题把内容说清楚；有自己的观点；自信大方，语言表达流畅。

3. 场景准备

（1）两套题库，每套题库20道预设题。

（2）六套桌椅。

（3）主题丛书六册。

第六关：和思训练——实物测量

新的数学教育理念认为：数学教学应该从学生的生活经验和已有的知识背景出发，给学生提供充分的数学活动和数学交流的机会，帮助他们在自主探索的过程中真正理解和掌握基本的数学知识和技能、基本的数学思想和方法，同时获得广泛的数学活动经验。

跨学科主题学习注重让学生在真实的情境中学数学、用数学，人人学有价值的数学。鉴于此，在此次游考中我们着重在游戏中考察孩子对于二年级上册第 一单元有关测量的知识点掌握情况。

1. 考核内容

自带尺子测量物体的长度，可以测量闯关点提供的物体长度，也可以测量游考场地内任何感兴趣物体的长度。

2. 评价量规

估计合理；工具合适，方法正确；测量结果准确。

3. 场景准备

直尺、卷尺、米尺等测量工具，长桌子，各种可测量的实物等。

第七关：和雅言行——习惯测评

1. 考核内容

语言	行为
（1）见到老师要主动问好。 （2）当别人帮助了自己时，要微笑着说谢谢。 （3）向别人请教问题，语气要诚恳。 （4）在公共场合不大声喧哗。 （5）当同学答错问题时，不起哄，不嘲笑。 （6）自觉使用“请”“您好”“谢谢”“对不起”“再见”等文明用语。	（1）有序排队，靠右行走，不推不挤不打闹。 （2）双手接物。 （3）整理场地，做到一收二推三整理。 （4）垃圾入桶，并能主动捡垃圾，保持会场清洁。 （5）站立的时候要挺胸抬头。 （6）坐的时候要头正身直肩平足安。 （7）写字的时候保持一尺一寸一拳头。

2. 考核标准

考官教师和隐秘考官教师根据学生表现灵活发放徽章，由此进入徽章保卫战，如出现违规行为，予以警告，超过3次将取消徽章。

3. 场景准备

（1）贯穿于各个大场景，每个关卡的评估员皆为观察员，负责发放徽章，点亮和合少年。每班挑选5名同学成为隐秘观察员。

（2）准备430个文明语言徽章，430个文明行为徽章（贴纸）。

（3）大屏幕随机滚动播放现场发现的最美形象。

第八关：和智盲盒——印象临沂

在家乡主题中，我们走进了家乡临沂，看到了最美的风景，采摘了丰富的果实，品尝了美味的特产，了解了伟大的沂蒙人，更穿越时空隧道，走过了临沂百年足迹。孩子们通过一张张探究单记录了家乡主题的探究成果，相信在每一次的探究中，孩子们对家乡会有新的认识，新的体会。在这里，我们将展示孩子们的探究单，这不仅是一张探究成果，更是孩子成长路上最珍贵的记忆。

1. 考核内容

请以“家乡的__________”为题进行创作，可以从家乡主题任务中选一个印象深刻的场景，借助思维工具来表现，然后在田字格里用一段话进行语言表达。

2. 评价量规

作品主题明确，内容充实；画面布局美观、干净、整洁；书写认真、规范，用完整的话表达清楚。

3. 场景准备

（1）家乡主题探究单展示，用网格展示架对学生作品进行展示。

（2）制作展板：和智盲盒——探究单展示。

四、主题总结

学生们在快乐探究中走过了校园、植物、动物、节日、交通、家庭和家乡等主题。在跨学科主题学习中，探究是学生主要的学习方式，每个同学都有自己的角色。学生带着问题孵化小鸡、小鸭子，栽种蘑菇、豆芽，并且认识了很多课本上没有的字词，去年一年就认识了两千多字词。学生们在一张张探究单上说话表达，数学、语文、科学学科知识融为一体。学生们在一次次展演中学会合作与分享，学习道德与法治、体育、音乐、美术、小鼓和律动等课程。

“家乡”是每个人心灵深处温暖而古老的记忆。这里的山水、物产、故事经常闪现在人们眼前，这里的亲情和乡音总是萦绕在大家耳边。在家乡主题探究中，家乡的一草一木、一事一人都是学习资源，学生们在真实的生活中寻找问题和答案。在刚刚结束的家乡主题中，学生们收获颇丰。

（一）和健艺体——鼓动临沂

小鼓和律动属于跨学科主题学习中的艺术素养。曲目的选择与课程主题相配套，课前或课中学生都会随时练习。现在展示的是小鼓《在临沂》和律动《布谷鸟》。小鼓敲得惊天动地，律动舞得其乐融融。

（二）和畅朗读——琅琊读书者

在琅琊朗读者专区，学生可以尽情朗读和发声。在这里，学生可以是大海，可以是雄鹰，还可以是诗人李白！只要敢于说话，善于表达，孩子们就是最棒的朗读者，考官们都惊讶于孩子们的表现呢！

（三）和美书写——书法传承人

当学写汉字时，学生就认识了临沂的大书法家王羲之。学生正确的写字姿势和良好的写字习惯，像不像未来的书法之星呢？练一手好字，传一代文明，让大家一起写好规范字，做一名合格的书法传承人。

（四）和趣识字——词语大闯关

每一个主题活动中，学生都会积累许许多多的词卡。你看，南瓜在和他们招手，蒙山等着他们攀爬！在每一个主题的实物和情境活动中，学生们认识了许多字词，而且学会将它们连起来变成一句完整的话，学生们会说的句子越来越丰富流畅！

（五）和悦阅读——阅读与表达

阅读和表达对于学生来说非常重要。从一年级到现在，在每个主题活动下，老师和学生一起读有趣的绘本故事，不仅能识字，更能锻炼大家思考问题的能力。在家乡主题活动中，学生们阅读了《小鲤鱼跳龙门》《“歪脑袋”木头桩》《孤独的小螃蟹》等故事，在书里交了许多新朋友。我今天又认识了一位新朋友，我也完整的讲述了一个故事，学生们在和悦阅读的海洋里尽情畅游！

（六）和思数学——测量

在课堂中，在老师的带领下学生们在生活中学数学。老师拿来刚摘的花生，进行数字的认识；在班级开设快乐超市，使用学具代币购买物品；在校园里利用手中的尺子，测量一切可以量出长度的实物。你看，桌子上摆放的物品都可以是我们的测量道具呢！

（七）和智盲盒——主题探究单

每次主题活动，学生们都会用手中的画笔描绘出自己的探究成果，有时在探究前使用，它会检测学生对知识的掌握，还会让学生们对活动充满期待；有时在探究中使用，它会帮助学生深入思考，利用各种工具进行探究；有时在探究后使用，它能梳理大家的收获与成果。充分表达自己的想法，把想说的话用文字和图画的形式表现出来，学生们最喜欢制作探究单啦！看看大家的探究单，是不是又好看又有想法呢！

（八）和雅言行——习惯测评

荀子曰：“人无礼则不立，事无礼则不成，国无礼则不宁。”儿童期是人生的起点，是习惯养成的关键时期，抓住这一时期对孩子进行文明礼仪教育，使学生从小学礼、知礼、懂礼、用礼，将关系到他一生的发展。在这里，我们设立了“小淑女&小绅士”专项评价，以弘扬“谦恭礼让、端庄文雅、知书达礼”的优良传统，深化孩子的养成教育，让男孩争当小绅士彬彬有礼，女孩争当小淑女温文尔雅，营造良好的道德教育氛围。

这次游考，在每个场景、每个关卡及隐藏地点都设置了小小观察员，为学生发放文明习惯徽章，每一个学生都争当知书懂礼的和合娃！

（九）闯关卡

每一项闯关都有专项评价标准，最终学生会根据摘星的多少获得荣誉称号呢！

第二节　表现性评价

和合萌娃百星闯关记
——低段跨学科主题情境化游测方案

和合教育理念下的低段跨学科主题课程的开发与实施，核心是培养学生的“理解力”。它揭开国家课程校本化的新篇章，以生活视角重构课堂，用设计思维改变教学，打破学科壁垒，将语文、数学、科学、道德与法治、综合实践等学科进行统整融合，从学生出发，以主题的方式，在学生真实生活与现有经验的基础上开展主题探究学习。聚合概念、逆向设计、真实情境、深度探究是低段跨学科主题的四大特征。

促进课程改革真实落地的是教育评价的改革，低段跨学科主题课程的优势在于真实性评价，在展开“过程+成果”的评价中倾向于把握儿童的真正学力，根据多种多样的评价资料，实施真实性评价。在这里评价是开始，而不是结束。

在“双减”的大背景下，无纸笔考试、减少考试次数、淡化考试结果运用的考试新政策面世后，面对义务教育一二年取消纸笔考试、小学只进行期末考试等考试管理新政策，我校低段跨学科主题组的老师们精心探索，深耕实践，旨在重构我们传统的教学模式及评价模式，变“纸笔考试”为情境化游测。

本次游测的主题是“和合萌娃百星闯关记”。本次游测是一个精心设计的真实性任务评价，在主题情境之下，以学生喜欢的游戏方式，进行面对面的学业测评。让学生在充满趣味的情境中，完成指向课程核心素养的挑战性学习任务。我们整合语文、数学、道德与法治、音乐、体育等学科知识进行评价，设置了既有挑战性，难度又适中的挑战任务，借鉴了游戏系统的挑战通关模式，涵盖了核心素养养成的各个方面。

一、一年级情境化游测方案

“和合萌娃百星闯关”活动又开始啦！和美书写、和趣识字、和韵诗词、和思数学、和富劳动、和知盲盒、和健艺体，我们一起来挑战吧！

项目	分项评测	内容来源	星级	地点	准备工作
和美书写	句段临摹	课本积累	5	和美楼报告厅	各班根据所学情况准备，自行准备词库，进行现场抽测。 年级组统一准备古诗、现代诗库。 准备数学道具和口算题库。 准备被子。
	看拼音写词语		10		
和趣识字	主题字库	字库：课本内400+ 主题240及以上	10		
	主题词库	词库：课本+主题 450及以上	10		
和韵诗词	古诗抽诵	课本6首 主题15首	10		
	现代诗朗诵	主题诗6首	5		
和思数学	速算达人	进位加 退位减 加减混合	10		
	按规律摆放物品	数学找规律	5		
	七巧板	数学七巧 （常规加自创）	5		
和富劳动	叠被子	日常生活	5		
	整理桌洞	整理与收纳			
和智盲盒	流程图	主题情境	15		
和健艺体	艺术素养	小鼓、律动	10		

1. 和美书写评测标准：（15星）

（1）句段临摹：

①正确、美观临摹所给句段。（2星）

②字体优美，间架结构合理。（1星）

③坐姿端正，一尺一寸一拳头。（1星）

④握笔姿势正确。（1星）

（2）看拼音写词语：

对一个词语得1星，满分10星。

2. 和趣识字评测标准：（20星）

项目	内容	准备
考核形式	各班根据所学情况准备，自行准备词库，进行现场抽测。	各班主任提供各班词库。 打印抽测用的字、词库。
考核范围	字库：课本内400+主题240及以上； 词库：课本+主题450及以上。	
考核量	抽测识字20个，词20个。	
考核标准	每一项满分10星，错两个扣1星。	

3. 和韵诗词评测标准：（15星）

和韵诗词评测分两个环节：主题古诗背诵和主题现代诗朗诵。

（1）主题古诗背诵环节每个同学随机抽背2首主题诗，共计10颗星。

古诗背诵测评标准：

①熟练流利背诵。（3星）

②自信大方，精神饱满，面带微笑，声音自然响亮。（1星）

③举止有礼貌，使用礼貌用语。（1星）

（2）主题现代诗朗诵环节每个同学随机抽诵1首主题诗，共计5颗星。

现代诗测评标准：

①熟练流利诵读。（2星）

②较有感情诵读。（1星）

③自信大方，精神饱满，面带微笑，声音自然响亮。（1星）

④举止有礼貌，使用礼貌用语。（1星）

4. 和思数学评测标准：（20星）

（1）速算达人

项目	内容
考核形式	笔测
考核范围	100以内的加减法（进位加、退位减和混合运算）
考核量	10道口算题
考核标准	错1个扣1星

（2）找规律评测标准：（5星）

①能摆放出有规律的图案。（2星）

②能正确描述所摆放的规律。（1星）

③自信大方，精神饱满，面带微笑，声音自然响亮。（1星）

④举止有礼貌，使用礼貌用语。（1星）

（3）七巧板评测标准：（5星）

①能按照要求拼出三角形。（2星）

②能用语言正确表达。（1星）

③自信大方，精神饱满，面带微笑，声音自然响亮。（1星）

④举止有礼貌，使用礼貌用语。（1星）

5. 和富劳动评测标准：（5星）

（1）叠被子评测标准：

在规定时间内将被子叠成长方体或正方体。

（2）物品摆放评测标准：

①物品是否进行分类（作业本类、课本教材类、资料练习类）。

②物品摆放是否整齐有序（左右是否分区，物品上下码放是否整齐）。

③高频使用物放在方便取用处，低频使用物品放在下面或里面。

6. 和智盲盒评测标准：（15星）

①作品主题明确，内容充实。

②画面布局美观，干净整洁。

③线条流畅，色彩丰富，形象生动具有美感。

④按顺序表达出事物的完整流程。

7. 和健艺体评测标准：（10星）

①节奏准确，鼓点一致。

②面带微笑，自信大方。

③享受音乐，沉浸音乐。

二、一年级情境化游测总结

我校跨学科主题课程，是指向核心素养的课程，是培养全面发展的人的课程，是真正改变孩子学习方式、行走状态、成长命运的课程！课程的最大特点是实现“真实情境下的活动探究”。围绕“我与自然、我与社会、我与自己”三大维度，以“知识、技能、理解”为核心要素，以儿童生活逻辑为载体，以跨学科概念统领单元设计，建构无学科界限、以主题探究为框架的主题学习活动。

“双减”背景下，《山东省教育厅关于加强义务教育学校考试和作业管理的通知》提出多途径、多形式、多角度创设测评方式，且《义务教育课程方案和课程标准（2022年版）》强调小学一二年级课程活动化、游戏化、生活化，强调艺术课程的重要性、多样性、创新性。

“和合萌娃百星闯关记”在2022年6月29日正式拉开帷幕啦！以游戏式、体验式、探究式为主要形式，以考查学生学科核心素养为主要目标，以减负不减质、全面促发展为初衷，设置多层关卡，闯关过程精彩纷呈！

2022年6月27日，东西校低年级组召开游测考官培训会，在新课标的大背景下，低年级组顺应新课改的要求，在项目组团队的通力合作下，进一步明确游测流程、考官调配和考核标准，积极组织情境化游测，力争“游”出水平，“测”出素养。

（一）“语”你同行，“语”味无穷

和智盲盒主要是创设一种主题情境。在“植物”主题中，学生借助已掌握的思维工具对信息进行梳理，并以图文并茂的形式，借助“流程图”这一思维工具，呈现种子从播种到发芽的全过程。这种由想象到操作，由勾画到书写，由实践到认识的考察方式既练习了语言表达能力，又锻炼了逻辑思维能力。

“用笔在心，心正则笔正。”和美书法关卡对低年级的学生提出了明确要求，要能够掌握汉字的基本笔画，按照笔顺规则来书写，保证书写正确、干净，养成良好的写字姿势。

语文核心素养强调：文化自信、语言运用、思维能力、审美创造。和趣识字环节既展现了学生丰富的识字量又锻炼了自信大方的表达、沟通能力，从字到词语的梯度考察了课本和主题活动中的字词。依托本学期跨学科主题学习中的“节日”“植物”“交通”三大主题探究活动，结合班级学情，各班级均生成大量字库及词库，在闯关时，考官随机抽取字库、词库中的部分字词，学生们用清晰洪亮的声音正确朗读出来，在真实的情境中落实、提升语文素养。

“腹有诗书气自华”，在和韵诗词项目中，学生们进行了课内外古诗的背诵和现代诗朗诵，选择的课外古诗和现代诗与每个主题有着紧密的联系，通过诵读经典感受诗中的情感。

（二）“数”不胜数，“数”你最棒

按规律摆放物品环节，考察了学生的观察能力，学生们通过摆放不同颜色的扣子寻找规律，再进行口答，能用清晰洪亮的声音描述出自己摆放图形的规律，才能进入下一关口算关。在口算关，学生要在规定的时间内说出正确的计算结果方可通关。

七巧板可以启发学生的智慧，提升学生的创造能力，还能回顾三大主题活动的情景，起到事半功倍的效果。在这个活动中要利用七巧板拼出各种图形，具体分为两个环节：第一个环节，孩子们自选难度，按所给图形，用七巧板进行图形拼组；第二个环节，自我创作环节，学生用七巧板自由拼出三个主题中相关的图案即可，飞机、小汽车、花朵、红灯笼等各种图案在学生们的手中活灵活现。这种新颖的测评方式，让学生们紧张又兴奋地体验了“无纸笔、情景化”的游测，切实体会到了“玩中学、学中思、思中用”。

（三）和而不同，“劳”有所得

劳动教育的起点是课程，落脚点是育人，来实现以劳树德，以劳增智，以劳强体，以劳育美，以劳创新。在游测中，劳动评价是确保劳动教育有效推进的关键性因素。以劳动教育目标、内容为依据，将过程性评价和结果性评价结合起来，在评价中真正地发挥育人的导向。

陶行知先生曾说：“生活即教育。”喜迎党的第二十次全国代表大会，为深入贯彻落实《关于全面加强新时代大中小学劳动教育的意见》的精神，在劳动教育中，对跨学科主题学习也制定了相应评价标准，根据学生们的实际表现，进行过程中评价，做到多元化、情景化、多项式评价。

好习惯是一个由简单到复杂逐步构成的过程，好习惯的养成要持之以恒。在整理桌洞环节，学生们参与热情很高，他们动作迅速，把书本、文具等按大小分类的原则放好，将桌洞整理得整整齐齐、干干净净。课桌和桌洞干净整洁，书籍和学习用具摆放有序、一目了然，用完的物品及时还原，只有长期不懈地坚持下去，才能最终内化为学生自觉的行为，进而培养终身受益的品行。

（四）多才多艺，融为“艺”体

体育是人格教育的重要途径，能帮助学生增强体质、健全人格、锻炼意志。体育游测以“一分钟跳绳”和体操《天天向上》为主要内容，借助这些全身运动，增强学生身体的灵敏性、协调性、平衡功能，还能够锻炼学生手眼协调能力。活动一开始，各班的同学们就早早有序地排好了队伍，一个接一个跳起来。现场热闹非凡，活动如火如荼地进行着。孩子们在运动中学习，在学习中健康成长。

音乐以歌唱和非洲鼓表演为游测形式，全面考查学生的音乐艺术美感和情感内涵表达能力，动感的乐符跳跃、欢腾，优美的旋律激荡人心，学生们尽情展示，绽放最棒的自己。看着他们时而演唱时而律动的胸有成竹的样子，一个个似乎都是舞台上星光熠熠的小明星，那种自信，那种勇气，让老师们都为之自豪。

用新颖独特、富有趣味的闯关模式对一年级学生一学期的学习进行多维度的评价，让学习与快乐同行，让知识与趣味相伴。本次测评活动把本学期所学的语文、数学、道德与法治、科学、综合实践、音乐、体育、美术等学科知识穿插在“和美书写”“和趣识字”“和韵诗词”“和思数学”“和富劳动”“和智盲盒”“和健艺体”七个关卡中，在探究中更深入地理解学习内容，在真实情境中获得知识，在动手操作中获得技能。既考查了孩子们的学习成果，又能让孩子体验到学习的乐趣！

这种评价方式，也更全面、更客观地展示出学生在一学期内的进步与成长，减轻了学生的学习负担和精神压力，更有益于学生的身心发展，真正做到减负不减质，减负不减责。

教育恒于心智，生命美在内外。在游测畅游的过程中，学生们真切体会到了“玩中学、学中思、思中用”。他们用自信、智慧、认真跨越了一个又一个关口，收获着辛苦付出带来的喜悦。可爱的脸庞，自信的笑容，昂扬的精神，他们在快乐的游戏中，展现了自我，增强了自信。

“教师是太阳底下最光辉的职业”，跨学科主题课程的教师们用行动诠释责任，以责任彰显担当！让我们悉心倾听花开的声音，耐心等待花朵的成长，尽心期待花儿更加娇艳！愿和合萌娃们如新荷出水，如绿竹含箨，在美美与共的主题课程中大放异彩，样样红！

三、二年级情境化游测方案

“和合萌娃百星闯关”又开始啦！和美书写、和趣识字、和韵诗词、和思数学、和富劳动、和智盲盒、和健艺体，等你们一起来挑战！

项目	分项评测	内容来源	星级	准备细则	地点
和美书写	句段临摹	知识积累	5	20套题库 抽签工具	
	看拼音写词语		5		
和趣识字	主题字库	字库：课本450+主题240及以上	10	各班打印版字库	
	主题词库	词库：课本+主题500及以上	10	各班打印版词库	
和韵诗词	古诗抽诵	课本8首 主题15首	5	考官版古诗+现代诗目录 学生版古诗+现代诗目录	
	现代诗朗诵	主题诗6首	5		
和思数学	神机妙算我会算	10道口算题 1道脱式题 1道竖式题	15	口算题200道 竖式题20道 脱式题20道	和美楼报告厅
	时空穿梭我会拨	拨珠 数数	5	数字题20道 计数器10套	
	智慧盲盒我会猜	摸物体估质量	5	估量实物20件	
	勇往直前我会解	根据题目信息解决问题	5	解决问题题库20套	
和富劳动	A4纸变小书	手工制作	5	足量的A4纸 10双有鞋带的鞋	
	系鞋带	日常生活			
和智盲盒	思维与表达	主题情境 真实情境	20	探究单	
和健艺体	艺术素养	小鼓、律动	5	小鼓、律动题库	

1. 和美书写评测标准：（10星）

（1）句段临摹评测标准：

①正确、美观临摹所给句段。（1星）

②字体优美、间架结构合理。（2星）

③坐姿端正，一尺一寸一拳头。（1星）

④握笔姿势正确。（1星）

（2）看拼音写词语评测标准：

对一个词语得1星，满星5星。

2. 和趣识字评测标准：（20星）

项目	内容	准备
考核形式	各班根据所学情况准备，自行准备词库，进行现场抽测。	
考核范围	字库：课本内450+主题240及以上。 词库：课本+主题500及以上。	各班主任提供各班词库。
考核量	抽测识字20个，词20个。	打印抽测的字、词库。
考核标准	每一项满分10星。 错一个不扣星，错2个扣1星。	

3. 和韵诗词评测标准：（10星）

和韵诗词评测分两个环节：主题古诗背诵和主题现代诗朗诵。

（1）主题古诗背诵环节每位同学随机抽背2首主题诗，共计10颗星。

测评标准：

①熟练流利背诵。（2星）

②自信大方，精神饱满，面带微笑，声音自然响亮。（2星）

③举止有礼貌，使用礼貌用语。（1星）

（2）主题现代诗朗诵环节每个同学随机抽诵1首主题诗，共计5颗星。

测评标准：

①熟练流利诵读。（2星）

②较有感情诵读。（1星）

③自信大方，精神饱满，面带微笑，声音自然响亮。（1星）

④举止有礼貌，使用礼貌用语。（1星）

4. 和思数学评测标准：（30星）

（1）神机妙算我会算评测标准：（15星）

①口算：10道口算题共5星，错一个扣0.5星，以此类推。

②脱式计算：书写美观1星，格式正确1星，计算正确3星，共5星。

③竖式计算：书写美观1星，格式正确1星，计算正确3星，共5星。

（2）时空穿梭我会拨评测标准：（5星）

①在计数器上正确拨出数字，并说出数的组成。（2星）

②能在该数后面连续数出5个数。（1星）

③自信大方，精神饱满，面带微笑，声音自然响亮。（1星）

④举止有礼貌，使用礼貌用语。（1星）

（3）智趣盲盒我会猜评测标准：（5星）

①能用合适的质量单位估测出物体质量。（2星）

②自信大方，精神饱满，面带微笑，声音自然响亮。（2星）

③举止有礼貌，使用礼貌用语。（1星）

（4）勇往直前我会解评测标准：（5星）

①能够正确读出题目信息。（1星）

②能够根据题目信息列出算式（也可以不算得数）。（2星）

③自信大方，精神饱满，面带微笑，声音自然响亮。（1星）

④举止有礼貌，使用礼貌用语。（1星）

5. 和富劳动评测标准：（5星）

①顺利完成劳动测评。（3星）

②劳动作品整洁、精致。（2星）

6. 和智盲盒评测标准：（20星）

①作品主题明确，内容充实。（5星）

②卷面布局美观，干净整洁。（3星）

③线条流畅，色彩丰富，形象生动具有美感。（2星）

④合理质疑，提出你的发现。（10星）

7. 和健艺体评测标准：（5星）

①节奏准确，鼓点一致。（2星）

②面带微笑，自信大方。（1星）

③享受音乐，沉浸音乐。（2星）

四、二年级情境化游测总结

教育部印发的《关于加强义务教育学校考试管理的通知》明确小学一、二年级不进行纸笔考试，同时为落实“双减”政策，全面推进“五育”并举，转变以考试分数为唯一标准评价学生的质量观，培养小学生的创新精神和实践能力，2022年6月29日，我校二年级跨学科主题学习课程组的老师们精心探索，深耕实践，旨在重构我们传统的教学模式及评价模式，变“纸笔考试”为情境化游测，共同为和合萌娃们打造一场集趣味性、游戏化于一体的情境化游测，“游”入情境，“测”出素养。

本次游测整合语文、数学、道德与法治、音乐、体育、劳动等学科知识进行评价，借鉴了游戏系统的挑战通关模式，涵盖了核心素养的各个方面。本次活动设置了既有挑战性，难度又适中的“和美书写”“和趣识字”“和韵诗词”“和思数学”“和富劳动”“和智盲盒”和“和健艺体”等挑战任务，让学生在充满趣味的情境中，完成指向学生核心素养的挑战性学习任务。

活动开始前，二年级全体教师结合孩子的年龄特征及课程标准，遵循趣味性、自主性、目标性、可操作性等原则，制订了本次游测的具体实施方案。教师们分工合作，各司其职，为学生们闯关成功做好相关准备。

游测期间，二年级的同学们化身学海中的小精灵，尽情展现最优秀的自己，为一学期力学笃行的自己交上满意的答卷。

（一）语文素养

语文学科设“和美书写”“和趣识字”“和韵诗词”“和智盲盒”四项内容，考察孩子们的识字能力，通过诵读古诗、看图说话，让孩子们感受到了国学经典的魅力，积累了语言文字，初步培养了口头表达能力等语文核心素养。在和美书写这一关，学生要了解每个字的整体架构，独立完成书写任务。在轻松愉快的氛围之中形成对书写的基本认知，也激发了学生对传统文化的兴趣和热情。汉字是最古老而最具有生命力的文字。尊重汉字的本义，从造字原理的角度引导孩子识字，让孩子们体悟汉字是由基本字和结构部件按照上下、上中下、左右、左中右等模式组成的。通过对字的深度讲解，让孩子们了解汉字的组成规律，再根据字根来构建场景字。

新语文课程标准要求二年级学生有主动识字、写字的愿望，认识常用汉字1600个左右，其中800个左右会写。我们通过“手可摘星辰”的活动巩固主题中习得的汉字，学生还能通过多样的识字方法认识更多的生字，目前为止学生们已经认识汉字3000左右。

新语文课程标准在阅读和鉴赏方面，要求一、二年级的学生背诵诗文50首。由于我们开展主题教学，主题中会给孩子们推荐额外的古诗和现代诗，目前为止学生已经会背诵古诗不少于100首。

活动现场孩子们也被快乐点燃，排着整齐有序的队伍，认真参与、积极思考，脸上绽放着灿烂的笑容，认真、积极的样子真美。

（二）数学素养

新数学课程标准要求为综合实践赋予具体的内容。让学生在具体情境中，回顾自己在学习阶段经历的与数学学习相关的活动，唤起数学学习感性认识和学习经验，激发进一步学习数学的兴趣，尝试运用与数学学习相关的词语，逐步养成学习数学的良好习惯 。

数学学科设置了“神机妙算我会算”“时空穿梭我会拨”“智慧盲盒我会猜”“勇往直前我会解”等考核内容，精心设计题目，类型多样灵活，同时紧扣课本、贴近生活，把数学问题情境化。让学生在玩中学、玩中测，摆脱“一张试卷定高低”的局面，降低学生考试压力，促进学生素养的全面提升整合考核过程，把知识与生活有效链接，思考与运用相结合，变无形的思维为有声的语言，鼓励学生要想得清楚，更要讲得明白。

这些任务要求孩子用自己的智慧解决生活中的问题，在活动中，学生随机抽取测评试题，口头作答，通过学生们的临时发挥、口答情况进行星级评价。学生的学科知识、反应能力等方面在闯关中得到了很好的展示，逻辑思维能力和表达能力也得到了很好的锻炼，达到了快乐学习的效果。

（三）劳动素养

劳动课程标准提出，应以丰富开放的劳动项目为载体，有目的、有计划地组织学生参加日常生活劳动、生产劳动和服务性劳动，让学生动手实践、出力流汗，接受锻炼、磨炼意志，培养学生正确的劳动价值观和良好的劳动品质。

本环节通过“系鞋带”和“折A4小书”活动对学生进行了劳动能力的考察，孩子们在动手实践中不仅锻炼了自理能力，还体会到了劳动的价值与乐趣。

（四）和智盲盒

学生在活动中认真观图，巧妙构思，插上想象的翅膀，在语言的海洋里畅游，碰撞出智慧的火花，激发出口语表达的兴趣，建构学生语言运用的能力。

敢提问是一种态度，会提问是一种能力！学会提问，问题才能被解决，有效地提问才能击中问题的核心。和智盲盒以八大概念为支架，引导学生正确合理地提问，触发学生的深度思考。

（五）和健艺体

在艺术方面，新课程标准主要变化之一是要“优化课程设置，改革艺术课程设置，一至七年级以音乐和美术为主线，融入舞蹈、戏剧、影视等内容”，我们根据学生的认知和情感需求，合理安排二年级艺术素养课程。

生命因运动而精彩，本次游测不仅表现了学生上、下肢的力量和动作的协调性以及音乐的节奏感，还激发了学生对艺术的热情，促进学生顽强意志的养成。

乐学促善思，会学能巧用。此次游测，是学校深入推进“双减”工作，改革评价方式的重要举措，让学生在乐于参与、勇于挑战的活动中展现了综合素养。当成绩不再是试卷上冷冰冰的分数和排名时，学生的优点和特长也会得到保护，他们的思维也必将更加灵活、开阔。此次游测让他们体验学习的乐趣，真正做到减负增效！

别样的游测，独具的精彩。此次无纸化测评以口头表达和动手实践代替了常规笔试，将紧张的考场变成了欢乐的“游乐场”，在寓教于乐的活动中见证孩子一个学期以来的成长与进步，同时也引导教师转变教育理念，开阔思维，为今后的教学汇聚创造性的思路和方向。

>>>> 第五章

小学低段跨学科主题实践课程亮点集锦

第一节　主题探究专题

——长路漫浩浩，所思在远道

新课标指出，核心素养是学生通过课程学习逐步形成的正确价值观、必备品格和关键能力，是课程育人价值的集中体现。核心素养尤指学生在解决复杂的现实问题情境中，所表现出来的素养。

跨学科主题课程以主题为统领，以任务为驱动，以探究活动为载体，让学生在真实的情境中自主探究、自主建构，达成对学科本质的理解。与学生生活实际密切结合，符合学生的认知规律，参考各学科课程标准，并根据四季变换等时间因素、学生学习生活的地方等地点因素，我们精心设计了校园、动物、家庭、节日、植物、交通、家乡、服装、水、食物、游戏、故事12个探究主题。

一、校园主题

从幼儿园步入小学，孩子们的生活空间也随之发生了巨大的变化——孩子们将要面对陌生的空间、理性的“社会生活”。因此，一年级的第一个探究主题是“我与社会——校园”，本主题通过“我的新教室”进入对校园的探究，进而进行“逛校园”“逛功能室”“校园小导游”等探究，在一系列的体验、梳理、绘画、分工合作中，逐步达成对校园的基本理解。

二、动物主题

动物主题探究活动设计了5个主要的学习任务，分别是：动物成长记、尾巴秘密知多少、动物保护色、发现食物链、我为动物代言。5个探究活动有一定的逻辑关系，每个任务都沿着探究循环思路设计，总探究时长大约为5周，以探究为主要学习方式展开。

三、家庭主题

家庭主题探究活动主要设计了4个主要的学习任务，分别是：我说我家、家中的他、家庭树、家的守护者。家庭主题时长大约为4周，以探究为主要学习方式展开。学生在家庭主题中，将知道家是每个人成长和生活的重要地方，家庭成员关系不同而称谓不同，每个家庭成员都有自己的角色和责任。

四、节日主题

节日主题探究活动的主要内容来自于我与社会，它聚焦于节日与人、节日与生活的关系，设计了节日大盘点、端午粽、节日对比、节日“食”“物”DIY、和合节日庙会5个探究任务。在前测中，利用CSI图进入探究，学生交流与展示已有的节日知识。通过节日大盘点、端午粽、节日对比等活动梳理关于节日的信息，通过节日“食”“物”DIY以及和合节日庙会等活动深入理解节日的功能、意义以及我们的责任。学生在节日主题探究活动中将达成“节日是庆祝或纪念的方式，节日促使人们凝聚交流，人们有责任传承中国传统节日文化”三条基本理解。

五、植物主题

根据我与自然，设计出植物主题和5个主要的学习任务，分别是：植物大调查、种植物（你的成长我知道）、我和植物握个手、植物生存大揭秘、我为植物代言。

在植物主题中，学生们充分利用校内五大劳动实践基地的资源，自主探究、合作学习。课程融入学科资源，达成学生的基本理解：植物有各自的特征及生长环境，植物有自己的生长过程，保护植物有利于生态环境的平衡，环境的变化对植物具有生态作用。

六、交通主题

交通主题探究活动和学生的生活非常贴近，属于“人与社会”的范畴，它聚焦于交通与人类、交通与生活的关系，让师生共同发现其中的奥秘，并反思自己的责任，进而指导我们的生活。在交通主题探究活动中，设置了我是交通小达人、交通工具发展史、未来交通工具设计师3个任务。通过了解交通知识、交通运输方式，认识交通工具，了解交通工具的演变，最后进行未来交通工具设计，达成基本理解。

七、家乡主题

“家乡”是每个人心灵深处温暖而古老的记忆，那里的山水、那里的物产经常闪现在我们眼前，那里的亲情和乡音总是萦绕在我们耳边。对于二年级的小朋友，家乡又意味着什么呢？把话题打开，让学生成为学习的主人，让家乡的一草一木、一事一人成为学习的资源，在真实的生活中寻找问题和答案。

“家乡”主题探究活动大约需要7周探究时间。借助“家乡”这个情景，设计了5个探究任务，分别是“家乡的风景——印象临沂”“家乡物产养育我”“家乡的名人”“百年临沂”“我为家乡代言”。这5个活动既相互独立、又彼此关联，既具有综合性、跨学科性，也注重学生学科技能和思维的形成。

八、服装主题

在服装主题探究活动中，老师将和孩子一起从最贴身的织物开始，打开了解服装世界的大门，让学生成为学习的主人，在真实的生活中寻找问题和答案。

本主题设计了5个探究活动，分别是：我是服装小达人、走进服装厂、挑选布料、着色、沂蒙服装设计大赛。借助“服装”这个真实情境，师生依托探究活动，通过考察探究、社会活动、设计制作、职业体验4种主要的活动方式，达成学科和跨学科目标，促进学生学科核心素养及综合素质的提升。

九、水主题

水是自然界中一种常见物质，对生物的生命延续有着至关重要的作用。水没有具体的形态，会因外部原因发生变化；同时，人体、植物都依赖水。水主题活动设计了科学面面观、多变的水、循环的水、小小研究员4个任务，以水作为例子，使用科学方法，研究物质形态等问题，有利于学生进行“我与自然”体系的建构。

十、食物主题

世间万物，唯有美食与爱，不可辜负。人生百味，敢于尝试挑战，方有意义。食物是学生们喜闻乐见的一个主题，通过设计主食的故事、食物营养知多少2个大任务，学生将知道，食物的形成需要经历一定的过程，食物的种类多种多样，富含多种营养成分，人们对食物的选择影响身体的健康。学生通过亲手制作美食来认识食物，知道食物对我们的作用，感受食物来之不易。

十一、游戏主题

游戏是儿童的天性，是儿童生命的重要表现形式，更是儿童认识周围世界的重要形式。根据人与社会的紧密联系和新课程标准所提出的加强幼小衔接的要求，强调小学一二年级课程活动化、游戏化、生活化的学习设计，游戏主题探究活动设计了游戏面面观、游戏万花筒、游戏诊断会和游戏大玩家4个任务，学生在分享游戏、体验游戏、诊断游戏、创新游戏的过程中，释放童心，点亮童年，落实核心素养的要求，达成本质理解。

十二、故事主题

故事是学生与未知世界进行交流的重要媒介，对学生的人格发展和心理成长有着重要的意义。学校设计了4个主题任务群：故事大揭秘、我来讲故事、创编故事我能行、和合故事剧场。在故事主题活动中，学生进行探究活动，将阅读、写作、表演相结合，全面提升孩子的核心素养。

12大主题引领了学生探究真实的生活问题，从玩中学，从做中学。同时在主题探究中，学生基于生活建构起来的素养更是高于生活的。

第二节　识字写字专题

——笔墨凝书香，经典永流传

“学理如筑塔，学文如聚沙。”学语文重在积累，重在习得。生活处处皆语文，汉字时刻都相伴。

识字写字是阅读与写作的基础。为了激发学生的识字兴趣，拓宽识字途径，培养孩子们在生活中自主识字的能力，二年级课程组在主题探究中注重学生识字能力的积累，并生成每个班级的词库、字库，这些汉字就是大树翠绿的树叶，孩子们不断积累的知识就是养料，让识字大树更加枝繁叶茂。

一、趣味识字，乐在其中

探究主题依托课程培养学生素养，达成学科目标。学生在每个主题中学习归类识字、识词，把词卡认读引入早读，夯实学科基础；通过分享记录、主题代言，在活动中识字，在活动中积累。

二、横竖撇捺，书写人生

汉字是最古老而最具有生命力的文字。我们本着对汉字本义的尊重，从造字原理的角度引导孩子识字，告诉孩子们汉字是由基本字和结构部件按照上下、上中下、左右、左中右等模式组成的。通过对字的深度讲解，让孩子们了解汉字的组成规律，再根据字根来构建场景字。

在识字的花园里，孩子们是勤劳的小蜜蜂，不断地采集知识的甜蜜，让花园姹紫嫣红。

三、一字一世界，字中大乾坤

汉字是民族文化的化石，是历史的载体，是前人智慧的结晶，是有着鲜活生命的“你”“我”“他”。在我们的方块字中潜藏着丰富的审美和诗意，有着深厚的文化意蕴，有着独特的文化魅力，有着深厚的爱国情结。汉字之美，美在形体，一个字就是一幅画；汉字之美，美在风骨，一个字就是一段故事；汉字之美，美在精髓，一个字就是一种智慧！

通过主题探究畅游“字”在乐园，孩子们不仅对识字、写字产生了浓厚的兴趣，掌握不同的识字方法，还促进了思维成长，提高了识字能力。

汉字，是记录汉语的符号，是中华文化的重要载体，更是中华古圣伟大的发明。它蕴含着泱泱大国五千年的厚重历史，古往圣贤的智慧结晶，更承载了光辉灿烂的中华文化。

畅游“字”在乐园，学好中国字，做好中国人！

第三节　和悦读写专题

——和读写之美，悦内心之满

《义务教育语文课程标准（2022年版）》强调语文核心素养的四个能力：文化自信、语言运用、思维能力、审美情趣。新课标对阅读提出了更具体的要求，不能把阅读当作“任务”，而是要变成“习惯”，不能“光读整本书”，要掌握阅读方法与经验。语文新课程方案、课程标准指出，义务教育阶段要激发学生读书兴趣，要求学生多读书，读好书，读整本书，养成良好的读书习惯，积累整本书阅读的经验。

我校深刻认识到语文教学应致力于引导学生从“为写而写”走向“为读而写”，从“依技而写”走向“依理而写”，从“有为读写”走向“无为读写”，必须坚持读写结合、读写互促、整体提升的大方向，针对阅读、写作的教学，我们进行了和悦阅读、写作学习任务群的设计。

在这里，我们遵循儿童心理发展，重塑课堂形式、读写方法与策略；在这里，儿童完成被动学习者到主动“工作者”的身份转换，每一位儿童都会以“读者”和“作家”的身份进行工作，老师会跟“读者”或“作家”们一起学习阅读、写作的方法和策略；在这里，所有文体（记叙文、说明文、议论文、人物传记）同步展开、同时推进，有助于学生形成大语文观。

和悦读写工作坊在GRR“责任递进转移理念”的引领下，注重学习工具的理解、巩固与提升。既保证了学生独立思考的空间，又培养了学生的合作能力与责任感。

一年级刚开始，孩子识字不多，拼音学习也在进行中。根据这种情况，课程组教师充分利用绘本资源，结合活动主题，引导孩子们阅读绘本故事，感知故事内容，感悟生活情趣，激发阅读兴趣。拼音学习告一段落后，孩子自主阅读能力又登上了新的台阶，我们改变了阅读习惯培养的方法策略，指导孩子自主阅读，鼓励家长亲子共读。阅读是最浪漫的教养，陪伴是最长情的告白。在家长和教师共同陪伴下，我们由“手把手”教，到“用手扶”指导，再到“放手”让孩子自主阅读。孩子们在阅读的过程中，对语言材料进行采集和积累。在写作的过程中，孩子们将已经积累的语言材料进行实际运用和输出。各种文体同步展开、同时推进，通过逻辑缜密的具体方法突破各阶段儿童对文体理解的难点，既能服务传统课堂读写，又能实现与当下课标相比，在深度与广度上要求更高的课程目标。

阅读是吸收，写作是表达，两者相辅相成。在读写教学中，阅读与写作相融合，全面提升孩子的核心素养。

第四节　探究单专题

——启梦想之智，探素养之采

我校为落实国家“双减”政策，坚持幼儿园与小学教育的科学双向衔接，依据孩子身心发展规律开展跨学科主题学习，打破学科壁垒，从三大关系中寻找观念，以观念统领学科结构支持下的事实性主题，使用学习标准进行逆向设计，让孩子们在真实情境下进行深度探究。

跨学科主题学习主要以游戏化、生活化、综合化等方式实施，提供真实的情境与经验素材，强化儿童的探究性、体验式学习。孩子是学习的主角，师生一起投身火热的现实生活，让世界成为教材。

探究单是跨学科主题学习的一大亮点，是一种评价手段。鉴于低年级孩子识字量小、经验少的学情，通过精心设计，表达形式以图为主、图文结合，更能激发孩子的想象力与创造力，让孩子在真实性的情境中表达真实的情感。

教师根据活动目标，借助泡泡图、CSI、Y图、维恩图等多种工具来设计表现性任务，使探究单既有很强的趣味性，又贴近现实生活。孩子们在真实情境中获得的知识，往往记得更久、更牢！

我手绘我心，孩子们天马行空，发挥想象，尽情徜徉，在探究单里寻找新天地。一幅幅活灵活现的探究单悄然呈现，画里有真实情境的回顾，有对主题内容的梳理，还有对学科素养的巩固，流露出孩子们初识校园的欣喜，对动物探索的好奇，对家庭成员的温情……画中有景，景中寓情。

探究单为跨学科主题学习增添了一抹别样的色彩，它让目标更明确、评价更鲜活、过程更生动、影响更深远，让孩子有更多的可能性！

第五节　和思问题专题

——学常起于思，思长源于疑

学习需从学生的认知基础和兴趣出发，提出问题。在真实问题所产生的内驱力中，学生需经历一个真正的探究过程，并通过支架的搭建、资源的整合，主动发现或生长出新的知识经验。而好的驱动性问题，一方面能吸引学习者的注意力，使其主动进入探索中，为学习者提供一个广阔的多向度的探索空间，引发高阶思维，另一方面能提供问题化的组织结构，为信息和内容提供有意义的目的，激发学习者学习的内在动力，也能提纲挈领地指出持续思考、自我探究的方向。

一个好的驱动性问题往往与本质问题密切相关。我校课程以八大概念为脚手架，引导学生进行思考，极大地激发了学生追问和深度思维的能力，而问题和子任务的对应，使学生的成果达成路径更加清晰。

好的驱动性问题以兴趣为主线，以活动为载体，以培养学生的能力为目的，应以启迪学生的思维，培养学生的学习兴趣，形成探究学习、合作学习、终身学习的习惯为第一目标。并使学生能在完成“问题”的过程中，增强分析问题、解决问题的能力，培养学生独立探索及合作精神，开发学生的潜能。

英国哲学家培根说：“知识是一种快乐，而好奇则是知识的萌芽。”孩子的世界总是有十万个为什么，他们对生活充满着无穷的好奇，问题墙就是将这些无厘头和超乎想象的好奇进行到底！

每个主题之前，教师要进行KWL前测，了解学生的学情和对相关主题认知的起点，孩子们以“它是什么样子的？”“它为什么是这样子的？”“它是怎样改变的？”等8个基本问题为提问的支架驱动思考，将自己的疑惑写在便利贴上，再由教师对问题进行分类，梳理成“问题串”，然后以这些问题串为出发点来明确活动的目标与要求。这在潜移默化中就培养了孩子们的问题意识，提高了他们思维参与的深度，让他们在问题的驱动下拾级而上，更深入地理解问题。

K	W	L
（1）服装有颜色、样式之分。 （2）衣服能保暖、遮羞、美观。	（1）怎么做衣服？ （2）做衣服需要哪些材料和工具？	

在这个过程中，教师注重把握核心问题，鼓励学生围绕核心问题，通过不断地追问、探究，引导学生由表及里，质疑问难，经历有意义的、实质性的学习，学生也在不断地思考、分析中形成递进式思维，思维从外在表面的认识，逐步走向理性的深刻分析，从而在探究知识的过程中，积淀一些思考方法，提升思维品质，培养解决问题的能力。

“问题墙”（见图5-1）在孩子思维方面的学习中发挥了重要作用，在校园、动物、家庭主题中，孩子们提出“警务室是做什么的？航模室里的飞机模型有多少种？”“世界上什么动物跑得最快？什么动物脚最多？”“我怎么称呼爸爸的兄弟姐妹？”等问题。孩子们根据问题，运用所掌握的KWL、CSI、Y图等工具，纷纷找来答案聚拢在一起，使信息一下子变得丰富起来，孩子们可以从彼此的答案中互相学习，获得更多的知识。

图5-1 问题墙

学生在不断地发现问题、提出问题和解决问题的过程中形成递进式思维，提升思维品质，激发探究欲望，从而让这个美妙的世界永远充满好奇！而这，正是课程所给予的！

每个孩子的潜能和创造力是不一样的，学校尊重每一个孩子的成果，让每一个孩子都有机会表达自己对世界的看法。

第六节 和美成长档案专题

——和美伴成长，历久亦弥新

随着课程改革的不断深入，评价被当作教学过程的一个重要组成部分，贯穿教学活动的每一个环节。在“双减”政策大背景下，跨学科主题课程组为学生建立成长档案，实现评价方式从“等级评价”到“个性展示”的转变，系统的档案能够为我们描绘出一个动态、完整、立体的学生发展的图景。学生成长档案是学生学习的记录，主要包括学生的作品以及对这些作品的反思与改进。这些材料由学生与教师一起收集，集中反映学生向预期目标进步的过程。对学生来说，成长档案可以记录学生的成长和个性特点，是学生内心自我的表达。

每个学生们都有自己专属的成长档案盒（见图5–2），同步记录学生学习成长过程中的点点滴滴，而这些档案的内容也在不断丰富。这份不断更新的

“学生成长档案”会一直伴随学生的成长，形成学生成长报告，成为学生生命中一份宝贵的财富，也为学校德育管理提供依据。若干年后，当他们再翻看成长档案时，可以看到自己的成长历程。

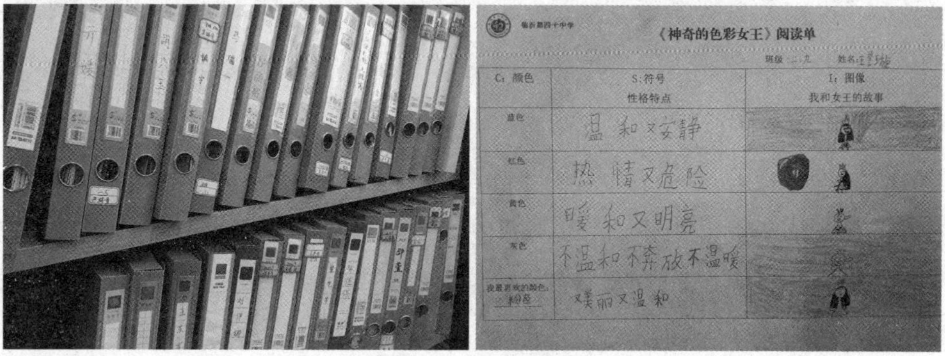

图5-2　成长档案盒

第七节　文化墙专题

——方寸蕴乾坤，精彩文化墙

文化墙作为跨学科主题学习最重要的部分，不仅给人以视觉上的享受，更发挥着潜在的教育作用。

它可以是主题活动中孩子收集的材料或操作的作品，也可以是浓缩了整个主题活动的教育内容，还可以以版块的形式呈现不同的内容。每面文化墙不仅是课程内容、教学活动的反映，更是孩子学习过程的体现。

一、学科素养墙

所有的主题活动都有一定的逻辑关系，每个活动沿着探究循环思路设计，以探究为主要学习方式展开。学习活动设计实施基于学生已有经验，面对真实情境及问题，探究解决方法。过程中会结合探究活动的需要融入大量的基于学科的学习资源，这些资源既是探究的“工具”，也是学科标准的“学材”。融入学科要素，促进儿童发展，实现学习活动的目标。

长期不变的文化主题墙（见图5–3），会限制孩子们丰富的想象力，减少孩子动手操作及与周围环境相互作用的机会。文化墙记录着孩子们活动的足迹和经验的建构过程，因此，主题墙的创设是一个动态的过程，墙面的布置应该随着主题活动的展开而逐步产生、发展和完善。

跨学科主题学习坚持幼儿园与小学教育的科学双向衔接，遵循孩子身心发展规律，让孩子培养良好的行为习惯，建立规则意识，通过让孩子人人发言，知道哪些行为是班级所接受和赞赏的，哪些行为是班级不允许的，每个孩子都参与讨论、发表意见，大家共同制定班级公约，于是我们的班级公约应运而生。

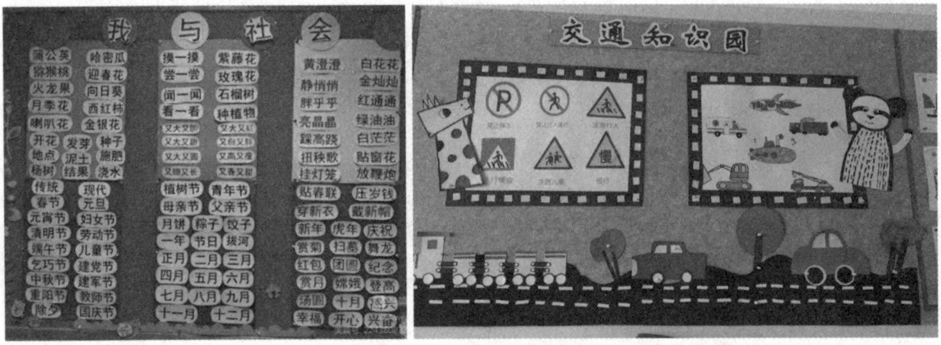

图5-3　学科素养墙

二、学生风采墙

班级文化墙（见图5–4）凝聚了一个班级学生和老师的共同的智慧和心血，展示了学生们独树一帜的创造力，也让老师们能够更加了解学生的个性。同时，一些与学习相关的文化墙还为学生们营造了良好的学习氛围。

一面墙，体现了孩子的兴趣需要；一面墙，蕴藏着跨学科主题学习独特的文化内涵。主题墙是重要的教育资源，是孩子们展示自我的平台，让孩子成为环境的主人！在与孩子们相伴的路上，我们热情洋溢，锐意进取，用每一份真心换孩子们的灿烂笑容！

一根彩虹铅笔，转出彩虹色的梦，书写七彩的未来。每一次活动中，孩子们开心地用图画来描述着自己看到的、想到的、感受到的，他们兴奋地介绍着自己的作品，像一朵朵跳跃的花蕾沿着花藤的方向绽放。一幅幅美丽的作品，编织着属于孩子们的梦，讲述着属于孩子们的故事。

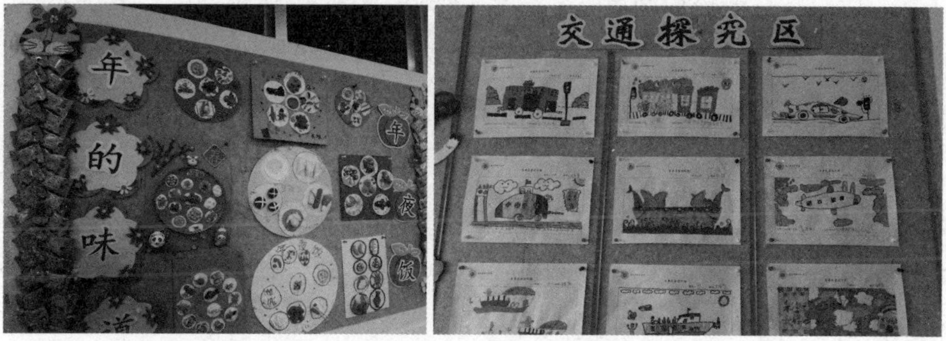

图5-4　学生风采墙

第八节　幼小衔接专题

——幼小漫衔接，快乐共成长

我校坚持幼儿园与小学教育的科学双向衔接，课程设置以儿童为本，关注儿童发展的连续性，尊重儿童的原有经验和发展差异，从孩子的视角出发，帮助孩子做好幼小衔接的全面准备。为了顺利完成两个教育阶段的过渡，因爱相约、双向奔赴的课程团队每天都要抽出时间开展“幼小共研，双向衔接”教学研讨活动，通过集中研讨、专业培训、多位互动等形式，建立有效协同合作机制，达成思想共识，形成教育合力。

跨学科主题学习完美体现了将孩子天性与课程自然融合的特点，在活动中成长，在活动中收获。一年级上学期我们本着和而不同、和美与共的理念，开展了三大主题活动。

一、校园主题

“校园”主题活动的设计，注重了幼儿园和小学的衔接，尊重了学生的年龄特点和学习发展规律，改变原来的教学形式，让孩子们走出教室，走进校园、深入了解校园。从“我的新教室、逛校园、逛功能室、校园小导游”这四个方面展开了对校园的丰富探究，在真实的情境中完成了——体育锻炼（队列进行、广播体操学习）、语文（观察、说话、认识词语、学会拼音、画作等）、数学（认识方位、位置、数数、认识图形）、科学（秋天的变化、摸一摸、闻一闻）、美术（观察校园、画校园）5科的学习。

插上好奇的翅膀，遨游知识的海洋；在游戏中学真知，在快乐中比智慧。闯关内容是在校园主题中认识的字卡、拼音及数学的相关知识，孩子们找字卡、读字卡、摘字卡，校园里洋溢着孩子们和家长们的欢声笑语，整个校园热闹非凡。

二、动物主题

跨学科主题学习继“校园”主题活动后又开展了符合学生身心发展特点、聚焦学生学习兴趣点的“动物”主题的探究活动。在动物展演时，伴随着动感的音乐，一年级的萌娃们和家长走上红毯，他们自信地秀服装、秀头饰、摆造型，动作灵活，犹如一个个动物小精灵；他们天真烂漫，活泼可爱，面对新环境不紧张，不焦虑，展示着自己精心准备的动物服装；他们脸上洋溢着快乐、自信的笑容，手拿闯关攻略，分别进行了“古诗城堡”“小数学，大智慧”“食物链”“拼音大转盘”“我为动物代言”“轻叩艺术之门”等环节的英勇闯关。

三、家主题

跨学科主题学习一年级的第三个主题是“家庭”，围绕三个基本理解：“家是每个人生长和生活的重要场所。家庭成员关系不同称谓不同，每个家庭成员都有自己的责任。家庭成员之间互相影响，形成不同的家风。”设计了4个主题活动，引导学生通过调查、梳理与合作探究，由物到人，由他人及自我，从形式、功能、责任和联系4个概念上领悟家的意义，感受我与社会。

从幼儿园进入小学，是幼儿成长中的一个重要转折，是儿童在人生的旅途中努力前行的一个里程碑。从幼儿园到小学，不是翻山越岭，不是跳跃大沟深壑，也不是进入天壤之别的生活，而是童年生活的一种自然延伸和过渡。每次主题活动的开展，都能帮助家长更新、端正、树立正确的幼小衔接观念，真正做到了“零起点”从“零距离”开始。

花开有时，衔接有度。孩子们如待放的花蕾，在爱的滋养中不断成长。我们在跨学科主题学习中，以“匠人”精神在幼小衔接工作中寻方法、探途径、提合力，帮助孩子共同蜕变，以更好的状态迎接未来！

第九节　和合课堂范式专题

——探究多循环，童趣亦绽放

在 “双减”的大背景下，教育迎来了空前的挑战，而减负的主战场在课堂，提升课堂质量，是当下教育的主旋律。

为落实核心素养，我校课堂旨在创设民主自由的学习环境，激发和培养学生的问题意识，借助八大概念、游戏化教学等激发学生的好奇心和求知欲，大概念统领的跨学科方式，驱动小学的课堂探究循环（见图5-5），逐步提升学生在社会中行动、探究、反思和创新的能力。课堂框架打破了学科边界，避免了分科教学过于高估学科价值、教学内容重复等缺点，把重点放在培养人的核心素养上。

如果走进课堂，你会发现，学生在课堂上享有高度的自由，那种自由可能远远超出大家对传统课堂的想象。在课堂上，学校以探究循环为支架，鼓励学生参与，倾听学生的观点，帮助学生梳理思考的路径，调整课堂节奏，并引导学生生成新问题，对感兴趣的内容进行进一步的探究并将所学运用到生活中，确保课堂目标达成的同时也能给学生运用、迁移的空间。学生们通过进入探究、搜集梳理信息、深入探究、反思与行动的探究循环流程深度参与课堂。

图5-5　探究循环

跨学科主题学习实现了教学内容的解放，使课本内容与学生的生活和体验紧密结合，形成生动活泼的绿色生态课堂，使学生成为课堂的真正主人，激发学生的参与热情，激发学生的创造活力。

课堂中以“问题”为主线，突出任务驱动，采用“问题—任务—归纳”的模式组织教学，让学生基于情境开展任务探索、实践体验，让学生在创设的真实情境中体会语言的交际功能，在运用中形成适应未来发展的正确价值观、必备品格和关键能力；教师通过课堂活动，关注学生个性化发展，着力发展学生核心素养。以任务为驱动，采取分组学习的形式，让学生讨论，让学生讲解，让学生展示、交流，让学生探究各种问题，提高了课堂教学的效率和效果，真正落实了学生的主体地位。

思维工具的巧妙设计与使用，实现了思维的可视化，老师们运用泡泡图、流程图、KWL（见图5-6）、Y图等思维工具，把看不见的思考过程以图像方式呈现出来，使所学的内容变得清晰可见、简单易懂。每次实践活动结束后，学生需要完成Y图说话，Y图分为看、听、感受，即回答三个问题：你看到了什么？你听到了什么？你感受到了什么？以问题驱动思考，充分调动学生多种感官的参与，不仅让学习生活切切实实和学生产生关联，建立联系，而且使孩子的语言表达和思维能力得到了训练，注重语言的实践性和应用性。

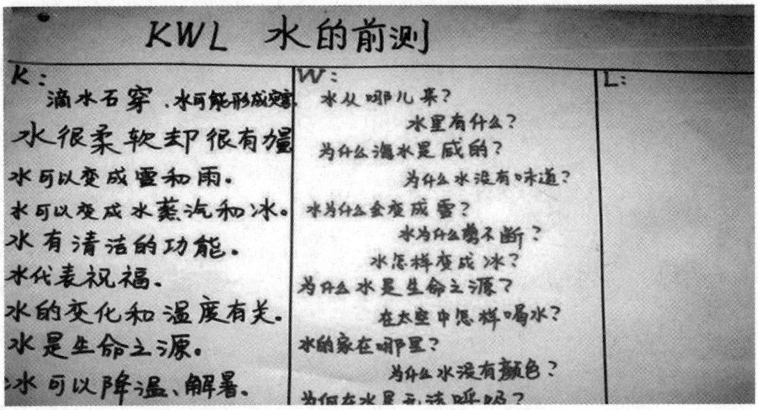

图5-6　KWL前测

小组合作中有分工、有角色，在GRR“责任递进转移理念”的引领下（见图5-7），既保证了独立思考的空间，又培养了学生的合作能力与责任感。通过小组角色能照顾到学生的不同差异性，调动学生的兴趣和积极性，使每一个学生都参与其中，既有自己的分工，又能共同协作，互相促进，高效完成个人不能完成的任务。同时，这种合作学习，能激发大家的集体荣誉感、进取心、责任心，也能锻炼学生的表达能力和合作能力，使个体学习变成小组共同学习，使被动学习变成学生主动学习。

图5-7　小组分工合作

第十节　和谐教研专题

——光阴抚心间，研语香流年

时光清浅，岁月如歌。

撷一束光阴，抚过心间。

唯有研语的芳华，沉香流年。

“但问耕耘，莫问收获”是每一位课程老师的座右铭，也是他们最真实的写照。学校在低年级跨学科主题课程的教研中，努力构建共同体的路径和范式，聚焦概念和问题，以探究循环的方式螺旋递进式定期定向教研，每学期教师成长集训营、每月东西校联研、线上专家云教研、周周主题大教研、日日微教研等多种形式灵活切换，人人参与以及任务驱动式责任化、项目化，打造出了“人人都是教研主角，人人都是动力组”的教研文化，各美其美，美美与共。

同年级成长共同体通过开放课堂、每日教研等方式，共同讨论课程实践的问题与困惑。跨年级成长共同体成立让二年级教师结对一年级教师，走进结对班级，通过周负责制、承担一年级教研任务、亮点展示制、现场会等形式，打破年级界限，点对点指导，制定个性化互助方案，稳步推进。

课堂是实施课程的主阵地。“目标导向，评价先行，逆向设计，以终为始”是跨学科主题学习设计课程和实施课程的出发点和落脚点，在主题探究课上，学生借助探究循环完成问题的探究；思维工具的使用，让孩子思维外显，并在课堂中形成科学的评价，真正让学生成为课堂的主人。

我们设置了课前四问：是否了解了学生的需求和现有知识以及生活经验储备？是否创设了能激发学生发现问题、提出问题的真实情境并能引导学生积极提问题？是否搭建了让小组、让学生个人登台展示的平台？是否设计了让小组、学生互相点评的环节？

我们还不断提醒自己注意课上四让：把问题让给学生，把话语权和展示的机会让给学生，把讲台让给学生，把试错的机会让给学生。

最后我们会反思课后是否做到六悟：本节课的素养目标达成度如何？课堂上学生的问题意识如何？学生提出问了哪些有思维深度和价值的问题？课堂上有哪些预设之外的生成，我处理是否得当？课堂的整合点在哪里？教学评价是否一致？

课前四问，课上四让，课后六悟，让学生在真实体验中进行深度学习，达成基本理解，形成核心素养。

我们开展联合教研，促进思维碰撞。跨学科主题学习课程组每月会举行东西校区大联研，每次教研借助工具“问题墙”收集教师们的疑惑，通过问题确立教研主题。

我们坚持每日教研，不断梳理反思。持一本好书，如乘一叶扁舟弄潮于知识的浪巅，纵然惊、险、奇、难，然而纵横于天地之间，集天地之灵气，日月之精华，方铸成一把金闪闪的钥匙，开启智慧之门。在每日教研的读书环节，老师们分享他们精彩的读书感悟。

坐而论道不如起而行之，最好的成长在课程里，在课堂上，在实践中。为了提升团队的课堂教学水平和班级管理能力，于细微之处现真知灼“践”，通过发现和展示和融教师身上的闪光点和有效的实践经验，及时总结和推广先进经验，给全体教师创造更多的交流展示平台，探索班级管理工作的新思路、新做法，树立品牌意识，提升教学质量，特举行跨年级成长共同体主题活动。

教研是一场灵魂的唤醒，更是一场诗意的修行。一群人，一条心，一股绳，带领孩子们走向星辰与大海。没有任何困难能阻挡学校走向潮水的方向。前路无止境，吾辈唯有自强不息，才配得上那份沉甸甸的希望。我们一直在路上，我们相信前方终将繁花似锦，分外迷人。

》》》 第六章

小学低段跨学科主题实践课程多元收获

第一节　和合教育视野下的学生核心素养校本化表达

新时代，我国基础教育发展的旨趣在于落实立德树人根本任务，义务教育课程方案和新课程标准，是教育顶层设计对“培养什么样的人、怎样培养人”的回应。它强化课程育人功能，加强课程综合，优化跨学科融合的课程系统，最终指向学生核心素养的培育。

一、新时代要求发展学生核心素养

新课程方案和课程标准聚焦核心素养，依据学生终身发展和社会发展需要，明确育人主线，加强正确的价值观引导，重视必备品格和关键能力的培养，真正实现“育人为本、素养为纲”的设计理念。同时为中国教育发展学生核心素养指明了方向，为千差万别的学校在教育实践层面找到适合本校的落实途径，提供了指南。山东省临沂第四十中学在和合文化的统领下，不断探寻“五育融合”的实践路径，教育生态呈现出万物和鸣，熠熠生辉的向荣局面。学校整体开发建构跨学科主题实践课程，将学生丰富的实践经历与情感体验作为教育载体，为新时代学生核心素养发展提供了独具特色的实践样本。

二、跨学科主题实践课程精准对接核心素养培养

跨学科主题实践课程重构学习框架，按照“我与自然、我与社会、我与自己”三大维度，以大单元主题设计，依据学生发展的不同阶段，设置问题群，把多个学科的相关内容进行整合，一并融入新的单元主题教学中。它注重学生理解力的发展，为兴趣而学、为理解而学、为生活而学，是一种以解

决真实问题为核心的深度学习方式，建构起打破学科界限、以主题探究为框架的大单元学习新样态。

学校整体构建小学低、中、高和初中段的多种主题课程模块，切实发展学生核心素养。比如以劳动教育为主要载体的“劳动+”系列主题课程，每周一节必修课和特色劳动选修课双线并轨，依托校内六大特色实践基地和校外四大实践场所，开发实施“沂蒙和菜”“神奇五谷”“蝴蝶花坊”“香花香草”“玩转本草”“鱼菜共生”等课程。通过跨学科实践，以“教学做合一”为原则，整合日常生活劳动、生产劳动和服务性劳动，强化学生体验，通过“654”模式，培养学生劳动意识，提高劳动技能，形成劳动精神。

“动物”主题探究，通过KWL思维工具了解学生已知经验，立足元认知，激趣探索。“蛋宝宝奇妙旅行”这一任务中，学生对鸡蛋进行自主探究、孵化，知道了很多奥秘：不是每一枚鸡蛋都能孵化出鸡宝宝，小鸡需要21天才能出生，每天蛋宝宝都在发生着神奇的变化。学生的学是在真实情境中发生的，并通过各学科之间的相互融合，以探究单、绘本创作、自然笔记、表演等方式真切表达着自己的发现和感受，反思行为，获得解决问题的方法，养成不一样的思维范式，最终形成正确的、独特的观点。学生的自主学习力、实践创新力、合作探究力、艺术表达力等综合素养不断提高。

课程中制定表现性评价质量标准，以推动、诊断、检测核心素养的落地。在真实情境下设计可评估的复杂任务，让学生选择合适的方式进行理解和迁移，运用所学知识，最终解决实际问题。“和合少年琅琊行”这一主题评价置身于“特色沂蒙”大情境中，各环节相互关联，以闯关的形式，增加趣味性和挑战性，将无形的素养于细微之处呈现，在无痕中评估学生的综合素养。

三、学生核心素养发展的成效

实践证明，学校指向核心素养培养的课程改革取得了初步成效——课堂文化变了，教师在新课标理念下，进一步转变了教学方式和育人理念，从学科教学走向学科育人，从关注知识点的传授转向关注核心素养的养成，激发学生的求知欲望，提高学生思维的主动性。学生基于自身问题需求、成长需求，挖掘现实生活中真实的、能引起疑问或触动好奇的问题情境，学会协同性思考、批判型思考和创造性思考，素养全面提升。

新课程方案是国家引领的一场教育革命，对推进教育高质量发展具有标志性和里程碑意义。作为教育工作者当始终怀有“长风破浪会有时”的豪气，投入到改革的洪流中，去实践、行动和奋斗，完成“人”的培育，实现教育强国的梦想。

第二节　雨润心田，花开满园

在飘飘洒洒的秋雨中，在阵阵欢声笑语里，在如花的笑靥间，我们迎来了一群活泼可爱的一年级新生，这一张张崭新的面孔、一个个生动的脸庞，即将在这里踏入新的知识殿堂，开启人生新的篇章。

一、双门翘首迎萌娃，怀揣梦想启征程

生命的成长需要仪式，一张张稚嫩温暖的笑脸留下了成长的印迹。牵着爸爸妈妈的手，带着家人的祝福与期盼，怀揣着对未来的憧憬，我们一年级小萌娃们和家长们一起手牵手，走进承载希望和智慧的校园。

在校园寻宝过程中，好奇的眼神，稚嫩却有礼貌的问候，灿烂的笑脸，顿时让校园的每一个角落熠熠闪光，生发出生命生长的能量。在老师们热情的引领下，完成寻宝任务的家长和孩子们依次有序在和美楼指示牌前打卡签到，开启了人生新的画卷。

二、一枝独放不是春，师生牵手向未来

为了迎接这群可爱的孩子们，老师们提前做好了准备工作：打扫教室、布置板报、研究教法……整洁的教室在用心布置下充满了温馨和童趣，这是送给孩子们的第一份礼物！我提前用课程软件给孩子做好了一份份“惊喜”，期待孩子们的到来。

在新班级的家长会上，我对新的家长和班级成员表示热烈欢迎，细心叮嘱孩子上学时需要准备的物品及需要注意的问题，说明家校沟通联系的方式和方法，真诚邀请家长参与家校共育，共同为孩子们打造这片成长的沃土。

三、跨学科学习细开展，秋风化雨润心田

良好的开端是成功的一半。我们为孩子们精心准备了生动的“人生第一课”。从安全教育、课堂常规、疫情防控、学习习惯、行为习惯等方面，进行一系列的指导，让孩子们完成从小朋友到小学生的角色转变，帮助他们扣好人生第一粒扣子，促进他们健康成长。

为了深入课堂，准确对接学生的认知发展，让孩子的课堂学习真正落地生花。第一次活动我们围绕校园主题带领孩子们对学校进行了深入探究。教室里，我热情洋溢、深入浅出地向孩子介绍学校和老师，让孩子们尽快适应小学生活，完成从小朋友到小学生的角色转变，让孩子们在这一个月内熟悉校园环境，为即将开始的小学生活做好准备。

首次活动从孩子们已有的经验出发，在充分理解和尊重幼儿原有经验和差异的基础上，引导孩子们发现校园中的功能区域，认识校园里的职工和同学们分别扮演的角色的职责，并通过探究功能室等活动让孩子深入了解自己即将生活的这所学校，孩子们在生动的实践中完成了自身对于校园的理解。

四、心潮澎湃谱新篇，谆谆教诲记心间

稚嫩的胸怀，溢满对小学的无限期待。利用课间时间，老师带孩子们在校园里到处逛逛，粉刷一新的教学楼、直用饮水机、独具特色的文化长廊……这一切都深深吸引着孩子们的眼球，爱已播种，帆已起航，在老师的带领下，同学们逐渐熟悉了校园的各个角落。

校园主题的活动让孩子们在实践体验中掌握了新的知识，词卡制作、内容的梳理让孩子的学习更加生动有趣。我们在带领孩子认识校园、传授知识的同时注重对孩子探究能力的培养，充分发挥每个孩子的潜能的同时有针对性地为每个儿童提供个别化指导，丰富的场景创设和拓展活动及正面的肯定和鼓励，支持儿童不断获得积极的入学体验，越学越喜欢学，越探究越激发探究愿望，促使他们按照自己的速度和方式逐步适应小学生活。

载着满满的收获，排着整齐的队伍，孩子们结束了每一天的学习。认识校园、了解校园、热爱校园，一天的学校生活让孩子们的思想、行为都有了很大的变化，老师的谆谆教诲孩子们铭记于心，他们一个个腰板挺直，精神抖擞，瞬间长大了！

人生如一场马拉松，教育不可能一蹴而就。为落实好幼小衔接每一步，更好地为我们教师和孩子们的成长赋能，我们将与时俱进，勇当先锋，以跨学科主题课程为路径，不断探索主题活动的新方法，以爱护航，不懈努力，快乐而坚定地行走在与孩子一起成长的路上！

第三节　让完整学习在真实情境中发生

叶澜老师曾经说过：“一个教师写一辈子教案，不一定成为名师；如果一个教师能写三年反思，就有可能成为名师。”一事一议一经验，让我们可以更直观地探索实践背后的意义与价值。与孩子们在跨学科主题学习的道路上已经走过一年半的时间了，这期间有许多的教育小故事值得我去挖掘，总

结其背后的理论价值。敢于试错，就是我学到的重要一课。

害怕错误吗？怕！不论是孩子还是老师，我们都在极力避免出现错误。可当我们遇见“豆芽成长记”的时候，我们发现，敢于试错会让我们更加乐于探究。

校园植物大调查让我们对学校的植物有了初步的认识，并能用自己的语言描述植物的主要特点，学会了用手摸一摸，用眼看一看，用鼻子闻一闻等观察方法。而孩子们对于豆芽是如何“种”出来的特别感兴趣，为此我们开启了“豆芽成长记”的活动。

一、豆芽成长的条件

在种豆芽前，我们对种豆芽需要什么环境和条件进行了一个活动前测，孩子们争先恐后地列举了以下几个条件：水、阳光 、松土、施肥、氧气、温度。

当所有的条件提出后，我们并没有急着筛选哪些需要或不需要，也没有明确哪些是对的哪些是错的，而是将孩子们分两组自己动手操作整个种豆芽的过程，一组利用有土栽培，另一组利用无土栽培，共同“种豆芽”。孩子们在整个种植的过程中学会自动筛选有用信息，学会观察记录，敢于在“试错”的过程中发现答案。

二、豆芽成长的直播过程

小小的，圆圆的，黄黄的，中间有一点点黑黑的。这是我们第一次观察到的种子的形态。

然后我们开始分组种豆芽，一组利用无土栽培种豆芽，另一组利用土壤来种豆芽。两组同学对豆芽每天的生长情况进行了以下记录。

第一天：无土栽培：用温水浸泡一天，第二天开始单独放盆里，用湿毛巾盖住，放在通风没有阳光直射的地方。有土栽培：将种子轻轻地埋在土里，浇好水，放在通风有阳光的地方，等待种子发芽。

第二天：无土栽培：我们惊喜地发现，豆子变大了，发芽了，它长出小小的白色的小芽。有土栽培：暂时没有观察到种子的变化。孩子们继续探讨，接下来我们应该如何保护豆芽成长，无土栽培的孩子们接着说，需要每天给它“洗澡”保持毛巾湿润，为此我们安排了同学们轮流照顾它。

第三天：无土栽培：我们发现豆芽的芽变的更长了。有土栽培：种子依旧没有变化。

第四天：无土栽培：豆子发出的白色芽越来越长。有土栽培：种子依然没有变化。

第五天：无土栽培：豆芽脱壳了。有土栽培：种子依然没有变化。

第六天：无土栽培的：豆子已经变成豆芽了，它的芽又细又长。有土栽培：豆子豆瓣分开，长出了小芽。

第七天：无土栽培：我们的豆子已经成功长成豆芽了，豆瓣变得绿绿的，豆子也裂开了口。有土栽培：小芽还在慢慢长大。

到第七天为止，我们的无土栽培豆芽已经成功了。接下来，我们开始每人一棵豆芽，欣赏我们的劳动成果，我们拿起了放大镜观察豆芽的结构和变化，并筛选前测时我们提出的条件。我们发现：施肥，松土并不是“种豆芽”的必须条件，可以排除。由此我们重新梳理信息。当然，我们有土栽培也是成功的，只是时间较长，需要静下心来，等待它的成长，等待它开花并结出新的果实。

三、“豆芽成长”的收获

此次的敢于“试错”让孩子们学会筛选有用信息，明白“试错”也是学习，并懂得了种豆芽需要的条件并成功地种好豆芽，也知道了有土栽培和无土栽培的不同，并观察到植物是如何从一颗种子慢慢成长的整个过程，学会了动手去探究事物，去发现事物的不同。之后学习活动的开展，我们继续使用“试错”的方法，成功地种植了蘑菇，孩子们又一次学会观察、筛选信息、并再一次体验了无土栽培技术。正是因为我们的敢于“试错”、乐于探究，我才能在孩子的身上发现探究的力量，相信孩子们在一次次的真实情境中一定会有不一样的收获。

让孩子们的成长看得见，让孩子们在学习中真正地“被发现”“被看见”，让孩子们在真实生活、真实情境中去探究，去体验，在做中学，让学生成为创生者！

第四节　时光里穿行

时间和耐心能够把桑叶变成美丽的彩锦。一切的成功，都孕育在耐心和寂寞之中。跨学科主题课程二年级组如今经历了春夏秋冬四季的轮回，走过六个主题，让我们串联一下这一路上深深浅浅的脚印……

一、秋安

校园主题，我们在尝试一种全新的教学模式，我们有太多的想法想去尝试，有太多的知识点想整合，有太多的工具想运用……教研反思环节，教师们能够说出自己的收获和反思，我们带领孩子参观校园、探究功能室、绘制上下学路线、做校园小导游……孩子们调动五感，来一场身心沉浸式的漫游，在校园各个角落里探索。现在回看反思活动备课，会发现很多收获，比如设计探究功能室这一活动时，我们通过教研确定基本路线、共用词卡、活动规则等，在课堂上先进行前测：知道了什么？还想知道什么？然后和学生一起带着问题有序参观，在参观过程中复习观察策略。

校园主题的教学让固有的意识从我们的生命里渐渐褪去，新的意识正渐渐醒来，有一种东西从无到有地生长起来，我们和孩子的连接也渐渐紧密……

二、冬困

动物主题孵化鸡蛋宝宝的过程带给老师和孩子们的是一种奇妙的体验。从找合适的种蛋到夜里十点多到教室照蛋，再到听到蛋壳里微弱的叫声，最后到第一只鸡宝宝破壳而出，生命从蛋到鸡，从小到大的过程也让我重新定义“真实情境”这四个字，我们一直在创设情境，以便于将学生与文本的距离拉近，可是很多时候教师描述的或者用图片和视频等形式放映出来的情境，只是一时夺人眼球，不能将学生真正代入，无法做到让学生身临其境。

在“蛋宝宝成长记”活动中，我们用探究单的形式绘制蛋宝宝成长需要的条件以及成长过程，孩子们滔滔不绝、兴趣盎然，因为他们经历过翻蛋、加水、晾蛋、看小鸡啄壳这些过程，他们绘制出的蛋宝宝成长记也栩栩如生、充满童趣。

动物主题中我们确定备课的思路是先确定大概念，围绕大概念提出核心问题，再逆向思考怎样达成核心问题的理解，这些在“动物尾巴”“食物链”等活动备课中均有体现。如“动物尾巴”确定的概念是形式、功能和责任，由此确定的核心问题是：动物的尾巴是什么样子的？动物的尾巴有什么作用？动物和人类的关系是怎样的？本活动教学的重点指向前两个问题，第三个问题是为“我们有责任保护动物”这一活动做铺垫和引导。

课程进行中也有很多困惑，我们的设计对不对？还有哪些工具可以用？融合的知识点如何处理？学科知识如何有效整合……有问题就有思考，有思考就有对策，我们的追问让课程有序进行。

三、春生

节日主题展演一大成功之处是我们关注并实现了过程性评价和终极性评价的结合。各班级抽签决定负责的节日摊位，在设计方案时通过三、四个闯关环节达成对本节日的理解，包括节日习俗和由来、节日的食和物等，每一个环节都有评价，闯过本摊位关卡可得到一个终极性评价，可以兑换相应节日的食品券或者是纪念物品。

各班级上交方案，确定闯关项目后进行整合，分为纳福许愿祈吉祥、携手成长庆佳节、“食”来运转贺丰登、知行合一秀风采四大模块，学生和家长一起带着通关卡进行闯关，共25关，通关15关、18关、20关会有不同的奖励，通关越多，奖品越丰厚。

木欣欣以向荣，泉涓涓而始流，看着孩子们的笑脸和通关卡上的记录，我们知道，传统节日文化已悄然浸润童心。

节日主题展演也为我们打开了一扇窗，当我们关注学生表现性任务，注重评价先行时，活动的项目和任务也就明晰了。

四、夏长

人的成长如同植物生长，要赶时候，赶热天。通过植物主题的开展，我们和孩子们一起种花、种草、种春天，在看到植物蓬勃生长之势时，我们也恍然：种子不同，成长不同，我们能做的是学会等待，等待它们攒足了劲破土而出。我们在这个主题中和学生分享了很多绘本，诸如《我是小花匠》《妈妈买绿豆》《小熊找春天》等，也尝试将绘本阅读的策略进行渗透。

筹备植物主题单元展演时，我们将“我为植物代言”这一活动的表现性任务通过展演中的“植物T台秀”环节展示。学生制作自己要代言的植物道具、服饰或帽子等，通过走秀的形式展示出来，并搭建语言表达支架：“我代言的植物是……，它的特点是……和……。”

植物主题是一个持续探究的过程，主题虽然结束了，但是植物还在长大，班级群里依然会不断上传植物的明显变化，比如吴佳默的黄瓜苗结出了小黄瓜，王淑萱的樱桃萝卜能看到小萝卜露出来了……还有上个学期孵化的鸡宝宝产出了鸡蛋，鸡蛋是否又能孵小鸡，小鸡又能生蛋，这又是一个循环探究的过程。

这些过往的情景，激发着我们内心更多的想法，也敦促着我们保持作为一名教育工作者的自我觉察，我们要努力去看见儿童。这些过往沉淀在时光里，恬然而安静，偶有回想，总令我一时莞尔，一时泪盈。

教育的发生绝大多数情况下不是惊天动地的，唯有置身其中，静静体会，静静陪伴……

第五节　传统节日进校园，文化基因在心间

风柔日暖春犹早，草色青青柳色黄，春风拂动，万物萌发。新学期萌娃们开启了“节日”主题的探究之旅。围绕形式、功能、文化与责任四个聚合概念，萌娃们在“节日大盘点”“节日对比”“节日创编”等活动的探究中达成“节日是庆祝或纪念的方式”“节日促进人们凝聚交流”“人们有责任继承中国传统节日文化”的基本理解。萌娃以时光为轴，探索传统节日的起源、习俗和意义：节日大盘点，用画笔记录下体验中的节日习俗和场景；新年纳余庆，嘉节号长春，年的味道里承载着团圆和幸福吉祥的美好心愿，饺子、粽子、汤圆、月饼等美食串起节日的味觉记忆；鞭炮、春联、艾草等节日物品，勾勒出节日的色与形；拜年、舞狮子、赛龙舟等丰富多彩的节日活动，承载着节日的快乐记忆……

学习环境也是一种重要的课程资源，每个班级精心布置节日班级文化，剪纸、灯笼、绘画、思维导图、彩泥年夜饭、贴画等营造出浓厚的节日氛围。很多班级充分利用家校合作，既激发家长参与班级文化创建的热情，也增进了家校沟通和理解。所以主题活动不仅要让孩子目标清晰，也应该让家长成长为优秀的课程资源和目标清晰的课程参与者。

“端午节，要敬老，粽子艾香满街飘。”融入课文《端午粽》，萌娃透过文字去细品外婆亲手包的色香味俱全的粽子，用泡泡图梳理节日要素，萌娃们对节日的理解从味觉走向立体和多元。在活动中融入阅读训练，扎实提高学生的语文素养。探究单既梳理了节日要素，又加深了对课文的理解。其

实很多课文都可以借助探究单来梳理，使课文逻辑和语文要素更突出。比如现在进行中的植物主题绘本《彩虹色的花》就可以借助鱼骨图来阅读，探究预习单是今后语文教学中值得尝试的一个实用好工具。

在创编节日活动中，孩子们创编的节日多种多样：读书节、造物节、警察节、茶节、火锅节、消防节、零食节、分享节……让我惊喜的是萌娃在创编的节日里不仅许下了属于自己的心愿，也思考着文化的传承，心系着各行各业不同人群的幸福……

时代更迭，岁月流转，透过传统节日，萌娃得以窥见传统文化神奇画卷中的瑰丽一角。一个主题下来，学生所吸收的营养远不止这个主题所承载的概念，一年级萌娃现在所做的一切都是在为成长扎根。年年岁岁节相似，岁岁年年意不同。节日赋予平淡的生活以仪式感，让平凡的日子变得热气腾腾，一个个主题串联起前进路上的点点繁星，促使我们继续朝着那亮光一路前行。

第六节　每个孩子都是一个世界

风和日暖山水醒，春到人间草木生。转眼间，大自然又开启了新的四季的轮回，我与小小学子们已然度过了四百多个日子。在这四百多个日子里，有欢笑，有泪水，有惊喜，有沮丧，有成长，有落寞……然无惧岁月偷走华年，因为有爱相伴。

一、灰色的她

开学伊始，我就注意到了她。粉色的衣衫，粉色的鞋子，甚至书包也是粉色的，真是一个集万千宠爱于一身的小公主啊，我暗暗想道。

开学第一课提问时，大部分孩子都举起了小手，只有她，两眼无神地呆坐在那。于是我提问了她最简单的小问题，她咿咿呀呀地说着，我和副班主任老师都没听懂，其他孩子也没听懂。下课后，她拿出彩笔认真地涂画着。我问她：“你在画什么呀？真好看。”她并不答，只是眯着眼朝我笑笑，继续着自己的大作。我仔细看了看，大面积地着色，看不出画了什么。

校园主题的第一条路线主要集中于文化长廊及假山部分，孩子们听了一遍《卧冰求鲤》的故事后，大部分孩子能简单复述故事的梗概。而她依旧咿咿呀呀，说不出看到了什么，听到了什么。她好像被一个玻璃罩隔绝了似的，不能完整地融入学校生活。意识到这个问题后，我调整了对她的要求。

跨学科主题学习提倡“所见即所得”，鼓励孩子们把思维画出来，看得见也摸得着。“家庭”主题正式开展之前，我们进行了“家”主题前测，孩子们的作品多姿多彩，非常有趣，颜色上有的孩子选择彩色，符号选择爱心、梯形等。令我印象最深刻的是她的作品，家的符号是三角形，爸爸的颜色是深蓝色，哥哥是大红色，妈妈是粉红色，她是浅灰色。于是在画廊观察环节，我问：“你喜欢蓝色吗？”她眼睛亮了一下，点头。“喜欢红色吗？”她眼睛更亮了，继续点头。“喜欢灰色吗？”她低下头，不出声。“不喜欢灰色吗，那为什么把自己涂成灰色？”“老师，我猜她想变成隐形人，所以涂成灰色！”旁边的小男生说道。“那你会把她涂成什么颜色？”“小女生自然是粉红色！”小男生喊道。她扑哧笑出声。“那你喜欢她吗？”“喜欢，因为她从来不找别人的事。”“老师，我也喜欢她，她画画好。”另一个小女生喊道。“老师也很喜欢她，因为她的眼睛会说话。”“那你说爸爸妈妈喜欢她吗？”“喜欢！爸爸妈妈是全世界最爱我们的人了！”她的眼睛更亮了。

在“画画我的家”活动中，男生大多画了建筑、楼房、窗户、大门、台阶，女生大多数画了可口的饭菜，可爱的家人。庄晨曦画了餐桌，桌上的饭菜散发着热气，配上一瓶灵魂老干妈。王恩浩画了黑板、餐桌、电视柜，电视柜上摆放着婚纱照、绿植、存钱罐、沙漏。灰色的她呢？不见啦！瞧，一个粉红色小公主正在爸爸、妈妈、哥哥围成的圈圈里，翩翩起舞呢！

二、未出壳的小鸡仔

“啊！小鸡要破壳啦！”第一个发现的孩子大叫道。“啊！小鸡要破壳啦！”欢呼声此起彼伏。我伸出手指比画，“嘘……再喊小鸡就吓得不出来了，来，分小组按顺序前来观察。”孩子们安静下来，但仍忍不住手舞足蹈。一组的同学们就像小老鼠一样蹑手蹑脚地走上前观察。轮到六组，一声尖叫，“老师，洞变大了，小鸡好棒！”“加油！加油！加油！”一（3）班的孩子们又化身啦啦队，为小鸡呐喊助威。邢老师被孩子们的兴奋感染了，捂嘴笑。我也憋笑憋得难受，再次伸出手指，“嘘……我们再来回顾一下科学家显微镜观察下的小鸡的诞生……”邢老师又给即将出壳的小鸡喷了喷温水。

中午吃完饭，孩子们又围在孵蛋器旁边观察。“老师，小鸡怎么还不出来，我们能不能帮帮它！”亚飞问。“不行不行，力气太大会伤到它！”旁边的孩子反驳道。“对！小鸡必须通过自己的努力出来，这样身体才健康！”

下午放学前，我们班第一个小鸡仔终于出世，成为第一个享受VIP服务的鸡宝宝。孩子们精心制作的鸡舍，不仅有柔软的棉花，还有食槽和彩灯。

最后，我们班10颗蛋，孵出了3只小鸡，其中1只不幸夭折了。探究失败原因，有的不是受精蛋，有的缺氧，还有的因为难产而死。邢老师怕吓到孩子们，偷偷把已成型却未出壳的小鸡仔扔掉了，或许这是为人母的慈悲与细腻吧。我第一反应是把这些残酷的事实给孩子们看一看。因为童年中的生命教育，是生活课程里必不可少的一部分。要把事实的真相委婉地呈现给孩子，而不是一味让他们在被粉饰过的环境里成长。

在孩子的眼里，“生命”是简单而又奇妙的。小鸡从孵化到出生，孩子全程都参与着，时长21天的等待，就这样我们看到了孩子们坚持探索、积极思考的过程。小鸡出生后，孩子们进班级的脚步声和说话的声音都变小了。他们说：“鸡宝宝还太小，说话太大声会吓到它的。”

这次的活动，让孩子真切感受到生命的奇妙，感悟到生命的珍贵。孩子通过直接感知、实际操作、亲身体验去探索和学习，在获得知识的同时也逐渐懂得了热爱、尊重和保护每一个生命。

三、爱心树

年幼的孩子来到树下，大树陪他游戏，大树很快乐；孩子长大成人需要金钱，大树付出了所有的苹果，大树很快乐；男孩人到中年需要建房子，大树献出了所有的枝条，大树很快乐；男孩逐渐老去想要造船驶向远方，大树送出了它最粗壮的树干，大树很快乐；垂暮之年的孩子再次来到树下想要休息，大树奉上了最后也是仅有的树墩，它依然很快乐。

这是家庭主题中的绘本故事，我没有给孩子特定的问题，开放式地欣赏。故事刚播放完，郝思齐惊奇地举起了手：“老师，我怎么感觉这棵大树好像是孩子的妈妈，就像我和妈妈一样。”孟祥芪说：“我感受到了时光的流逝，男孩一直在长大。”胡峻硕说：“我不喜欢小男孩，他太自私了，总是向大树要东西，大树怎么会快乐。”这时胡若君举手说：“我觉得大树是快乐的。它的快乐来源于给予人类帮助，付出使它快乐。”

冰心说：“除了宇宙，最可爱的只有孩子。”孩子们，有时顽皮，常常可爱，总是治愈。希望跨学科主题学习的小小学子能常怀可爱，永远开心。

第七节　让课堂展现孩子的精彩

时代的进步要求人们具有开阔的视野、开放的心态和创新的思维。时代在转变，每个人在这个世界上，都被赋予了不同的角色。曾经的老师是讲授者，学生是倾听者，而现在学生是学习的主人，教师是学生学习活动的组织者、引导者和倾听者。课堂是学生学习、活动、成长的重要场所，是属于他们的课堂，所以我们要让课堂展现孩子的精彩，让课堂焕发生命的活力，为学生创设良好的真实学习情境，让每个学生积极主动地参与各项学习活动。

二年级开学后，我们迎来了第一个主题——家乡主题。作为一名土生土长的临沂人，看到“家乡”这两个字，我首先是想到我长大的地方，虽然地方很小，房子低矮，道路崎岖，设施不全，但那是我最初记忆的根源。所以我觉得家乡主题活动，应该是充满温暖和爱的。但对于刚升入二年级的孩子们，家乡对他们来说，又意味着什么呢？所以在起始课上，我们就要给孩子一个比较明确的界定——什么是家乡？当孩子知道家乡是自己小时候成长的地方时，就明白了家乡就是我们的临沂，而不是爸爸妈妈或者是爷爷奶奶、姥姥姥爷的老家。

由此我们就进入了“家乡”主题的探究中去。对于家乡，孩子们一定有很多自己的想法，也涌现出很多问题。于是需要教师把话题打开，让学生成为学习的主人，让家乡的一草一木、一事一人成为学习的资源，在真实的生活中寻找问题和答案。在第一个活动“家乡的风景”中，我们先通过一些图片、视频渐渐走进我们的家乡——大美临沂，欣赏了魅力临沂的多彩，当学生看到一个个景点时，都争先恐后地说这个我去过，这个我也去过。其中还有一些平时不爱表达的孩子也悄悄说自己去过。在孩子们观看时，我也随时观察和记录孩子们的表现，既然去过，那对于这处景点一定会有丰富的回忆和自己的感受。那么我就引导学生边梳理词卡，边介绍此景点，最后我发现孩子们说的景点，比我预设的还要多。

学生进入问题解决的真实情境中，需要将驱动性问题和自身经历产生联系，激发出主动探索的内动力。我们总想着让学生沉浸到真实情境中，那该怎么做呢？通过读《项目化学习实施的中国建构》，我看到了一些文字：入项（通过一定情境让学生投入项目化学习中）要让学生有更真实、深刻的体验，持续的时间更长，让学生成为学习的主人。所以在活动二“家乡物产养育我之和合丰收节”中，我带领全班所有同学前往和菜园，先观察，观察每一种沂蒙物产，再采摘，并把“战利品”带回家。全体同学都去真实地体验，所以学生在家乡物产活动中就更深入、更沉浸，课堂的生成也更多。空中楼阁是远离学生的，而脚踏实地，利用身边场景，让学生去深刻体验，将会营造让学生“哇！”的真实情境。

对于活动三“临沂的名人”，我们总不能达成一致的理念，在前期的备课与设计中，总觉得有很多卡点，比如文本过难，学生理解程度不够等。所以在实施的过程中，我尽量使资源简单化，将过长文本进行缩减，和学生一起提取关键信息和关键语句，这样有助于他们理解名人故事，也更能感受临沂名人背后的精神与品质。再次反思，我觉得还可以将学生思维透明化，比如看到这个故事后，通过小组合作的形式，利用“四个书签”“5W1H”将文本进行解构，同时也让老师看到学生们的思维水平和思维过程。

穿越时空隧道，我们来到过去的临沂，那时的临沂和现在截然不同，尤其是这些生活在高楼林立的城市中的孩子们，他们对过去更是一概不知。于是我用老照片把孩子带到这个情境中，并通过图片让孩子思考原来的衣、住、行是什么样子，与我们现在的生活又有什么区别。我们依旧使用4人小组的形式，并进行小组成员角色分工：有一名记录员，记录大家讨论的结果；一名计时员，随时看后面的钟表，并提醒大家尽快讨论，形成成果；有一名协调员，及时处理本组争端，并把大家的讨论方向拉回正轨；最后还有一名发言员，带着本组的探究成果来汇报。把整个课堂还给学生，老师只是一个抛出问题、引导思考的角色。最后每组都进行了汇报，其中3个组做了衣，5个组做了住，4个组做了行，互相补充，互相汲取思考成果。我觉得小组分工和小组角色还需要细化及巩固，孩子刚接触，会经常忘记自己的角色，作为老师还需不断提醒，不断增强他们的合作意识。

我认识到千江有水千江月，实践是千变万化的，实施与设计不同，它拉我到地面，让我用不同的眼光去看待这个课程。孩子是多样的，在教育中，人的理解和实践都要经历慢慢成熟和迭代的过程，在实践中，发现他们小小的进步，将新的种子播在学生心中，期待未来可能开出自由的花朵。我们一定会让课堂展现孩子的精彩，让课堂焕发生命的活力！

第八节　时光不语，静待花开

新课改主张学生是学习的主体，我们教师应该适当地稚化自我，多站在孩子的角度思考问题，变成人视角为儿童视角，这样才能真正理解孩子，顺应孩子的天性，从而更好地智化孩子、服务孩子。

加入跨学科主题学习一年多以来，我越发觉得自己是幸运的，能与课程一起成长，幸甚至哉！课程所倡导的让孩子站到课堂中央，交还孩子学习、思考、表达的权利，鼓励他们自己探索、自己发现，正是孩子实现深度学习的必由路径，也正是教学走向深刻的必经之道！

一、我和比喻句在春天的“约会”

春天是神奇的，春风一吹，春雨一洒，就好像神笔马良，挥毫泼墨，万物就苏醒，百花就灿烂，人也舒畅愉悦起来。

“植物”主题探究，为了达成“植物有各自的特征及生长环境”这一理解，老师带着孩子们午餐后进行了校园植物大调查。

令人惊喜的是，孩子们一边逛校园一边感叹：“春回大地，万物复苏！”没想到课本上的句子孩子们真正理解了，也会运用了，这难道不是学习的最高境界吗？更加令人惊叹的是，孩子们在春风的沐浴下，犹如诗人酒后诗兴大发，一个个摇身变成了大作家，和“比喻句”撞了个满怀！

走出餐厅，映入眼帘的是挺直的水杉树，观察叶子，你有什么发现呢？“老师，老师，你看它的叶子好像孔雀的羽毛啊！”“老师，还像芭蕉扇呢！”孩子们从老师惊喜的眼神中找到了自信，个个都瞪着圆溜溜的眼睛仔细观察，生怕落后于别人。

再看下面这种植物呢？“这好像珊瑚啊！”“又像是鹿的角啊！”这种植物枝条长大时会呈螺旋上升，向上盘曲好像盘龙姿态，所以叫龙柏。

走到鸡爪槭树旁边。“这好像霸王龙的脚掌啊！”“确实好像啊！不过我看着好像鸡爪呀！”“你是嘴馋了吧？我看着像星星……”

发现一块蝴蝶花地，“好漂亮的花啊，这是我发现的最美的花，它就像是一只翩翩起舞的蝴蝶！”

紫藤花园到了，“垂下来一片，好像窗帘一样啊！”“像一串串紫葡萄！”“又像是紫罗兰！”

皂荚树的树干中心竟然长了好多刺，“好像一只只刺猬趴在树上啊！”“松树的叶子也像刺猬！还像缝衣服的针呢！”

“银杏树的叶子好像小扇子！”“还挺像贝壳的。”

“这是什么树啊？好像一个人懒洋洋地躺在这里。”“还像是一条蛇。”这是油根子。

“我知道这种树是柳树，好像小姑娘的头发！”

……

孩子们的探究欲望彻底被激发了，老师更多时候只是充当了观众的角色，无须强调认真观察，他们却一个个地像自带放大镜一般，生怕错过了什么。

我想这就是孩子们的思维，这就是孩子们的语言，这就是孩子们的情感吧！真得为这些年幼的孩子们的探究精神和比喻句语言所感动，也庆幸自己没有贸然介入，有机会能听到来自孩子们内心深处的声音。其实现在的孩子多掌握一个知识点或少掌握一个知识点并不重要，但更重要的是让孩子们学会体验探究的过程，培养他们的好奇心和探究精神！

二、纸上得来终觉浅，绝知此事要躬行

伴随着一年级六个主题的结束，我们迎来了二年级的第一个主题“家乡”。通过培训和研讨，我们把这个主题的活动定为了“印象临沂”“家乡物产养育我”“家乡的名人”和“百年临沂”。

其中，在第二个活动时，我的感受特别深刻。本想着恰逢和合谷大丰

收，可以将“家乡物产养育我”改成“丰收节”，让学生在摘菜的真实情境中感受物产的丰富。可是，我思来想去，还是要跟孩子们一起更加深入探究家乡物产。

都说“一方水土养一方人”“靠山吃山、靠水吃水”，对我们成年人来说，对故乡的思念多寄托在家乡独特的物产上，但是低年级学生很难产生相应的情感。毕竟他们年龄小，经历少，认知有限，并不了解家乡到底有哪些物产，在他们眼睛里，谈到家乡，或许只是停留在活动一中提到的山山水水，而很难去达到我们的基本理解第二条“家乡的风景物产与自然、人文息息相关”，更体会不了家乡的物产凝聚着自然的恩赐与家乡人的智慧这一深刻的意义。

于是，我们进行活动前测，制定公约，和孩子们商定好可以采用多种形式进行调查：采访爷爷奶奶、爸爸妈妈，或者上网搜索，或者走向乡村的集市，或者利用周末走进大自然、博物馆真的去找一找……可喜的是，孩子们对此特别感兴趣，在课上的交流分享中，有带实物来的，有带图片来的，有带故事来的，人人都想分享，虽然有的同学语言表达没有那么流畅，声音也没有那么响亮，但是，只要调动起了他们的兴趣和积极性，这何尝不是一种进步呢？

更让我惊喜的是，孩子们的调查结果竟然不仅仅局限在煎饼、糁、辣子鸡、大蒜、八宝豆豉、塘崖贡米、金锣火腿肠等一些食物上，他们还搜集到了柳编、陶瓷、奇石等一些矿产、工艺品，这就无形中拓宽了他们的视野和知识面，我想，这应该也是我们课程的意义所在吧。

煎饼是由什么制作而成呢？这与我们临沂盛产高粱、小麦等谷物有关。为什么煎饼是我们临沂的特产呢？这与我们沂蒙山区的地形地貌有关。是谁发明了煎饼呢？这是沂蒙老区人民智慧的结晶。制作煎饼需要哪些流程呢？……正是在同学们一个一个的问题里，我们丰富了他们对家乡的了解，从而升华情感，因家乡物产的丰富而自豪，因家乡美丽的乡土文化而骄傲，因家乡人的智慧而敬佩！家乡物产养育了我们，滋养了我们，我们的成长离不开家乡！

纸上得来终觉浅，绝知此事要躬行！我也被这样的一堂课感动了，我更加坚信我们的跨学科主题学习方向是正确的，我们的课堂不能仅仅局限在课内，还需要前延和后展，我们的课堂是开放的课堂，我们应该鼓励孩子走进生活，让真切的体验深深刻进孩子们的心灵并化作真实的情感。

每个孩子都是一棵花的种子，只不过每个人的花期不同。有的花，一开始就会很灿烂地绽放，有的花，需要漫长的等待。不要看着别人怒放了，自己的那棵还没动静就着急，相信是花，都有自己的花期。细心地呵护自己的花，慢慢地看着他长大，陪着他沐浴阳光风雨，相信孩子，静等花开！也许你的种子永远不会开花，因为他是参天大树！最后他终将成为他自己！

第九节　好故事唤醒美好生活

孩子和成人为什么都喜欢故事？在我们的印象中，童话应该有一个美好的结局，王子和公主在一起了，恶人得到了惩罚。很美好，对不对？但《卖火柴的小女孩》中，那个善良的、可怜的小女孩，在寒冷的冬夜，缩在墙角，随着那一小束火柴燃尽结束了生命。但是仔细想想，这不就是生活吗？在生活中，总有那么多的不如意，那么多的不完美。但是正因为这些缺憾，生活才显得生动和真实，一些美好的品质才显得更加珍贵。这就是故事的可贵之处，把生活的酸甜苦辣写进故事里，在发现、接受生活的残酷之后，仍能勇敢前行。下面一起总结反思我们的“故事”主题活动。

“故事大揭秘”活动中，围绕“怎样才能称得上一个好故事？作家如何做到的？”这个核心问题，学习用魔法五指阅读法链接语文第八单元，一起分析故事的时间地点、人物特点、情节变化等，让学生掌握故事中人物的特点，情节不断变化以及故事的六要素，把握文章主要内容，体会文章表达的思想感情，初步感受作品中生动的形象和优美的语言，关心作品中人的命运和喜怒哀乐，并与他人交流自己的阅读感受。在此过程中用到的KWL工具、圆桌会议工具、魔法手指阅读、拼图阅读、口语表达量规等思维工具，将学生的思维可视化。反思这个活动，可以将问题墙利用得更充分些，通过学生的问题能更好地了解掌握学生的现有水平，以他们的水平为原点，更好地创设适合他们的任务目标。

在“讲故事”这个主题活动中，通过全班交流分享，知道讲故事的技巧和策略，知道如何讲故事，才能把故事讲得清楚，讲得精彩。学生能够做到：独立且完整地讲述故事，能够按照故事四要素讲故事，用自己的方式表达故事。二年级组全体师生踏实前行，走好每一步，以良好的精神面貌迎接党的二十大胜利召开。在学生们返回来的讲故事视频中，他们能够将故事进行概括，抓住人物角色和情节来表达观点、传递感情，有的同学将我们一起探讨的讲故事的技巧策略发挥到极致，将动作、语气、语调、表情融合在故事中，成为小小故事演说家。

大概念也可以帮助学生将各个知识点联系起来。大概念作为教师教学的得力助手，发挥着概念魔术贴的作用，它有助于知识和技能的整合，并在大脑中得以巩固。在“创编小故事”活动中，以“怎样通过创编故事来表达你的观点，传递感情”和“怎样才能创编一个吸引人的故事”为驱动问题，学生知道创编故事的方式有看图创编、根据关键词句创编、续写、改编等，知道创编故事的策略和技巧。将《小毛虫》借助相关词语讲故事、“语文园地四”根据图画和提示语写故事、《羿射九日》根据表格给的“起因、经过、结果”讲故事等知识进行链接，在真实情境中掌握创编小故事的技巧和方法。

知识和技能是理解的必要元素，但是仅仅有这些条件还不够理解，还需要更多的条件，要具有敏锐的洞察力，有缜密灵活的处理事情的能力，有自我评估、解释和批判的能力。让学生直接思考真实问题，有助于激发和唤醒学生对“故事”的理解。

第十节　我们在课程的星空下数星星

总得有人去

［美］谢尔·希尔弗斯坦

总得有人去擦星星，
它们看起来灰蒙蒙。
总得有人去擦星星，
因为那些八哥、海鸥和老鹰，
都抱怨星星又旧又生锈，
想要个新的我们没有。
所以还是带上水桶和抹布，
总得有人去擦星星。

每每读起这首小诗，我总会想起《希波克拉底誓言》和《南丁格尔誓言》，对于医护人员来说，每次宣誓都是在接受精神的洗礼，铭记自己的初心，追寻医护人生的使命。医生和教师是这个世界上最神圣的职业，一个和生命息息相关，一个和命运紧紧相连。如果教师上岗需要宣誓的话，那就去读《总得有人去》这首小诗吧，谢尔·希尔弗斯坦说：总得有人去擦亮星星。而教师就是那个擦亮星星的人，就像学校和合理念所传达的“和合共生”“美美与共”……在和合星空下，教师教育孩子，不仅仅是传授知识，更在于培养孩子们良好的性格、品质，教孩子做好人、做好事，让他们学会关爱身边的人，逐渐成长为一个有温度的人，一个内心丰盈的人，一个对社会有价值的人，这是教育的终极目标，为了这个目标我们努力奔赴着，我们在路上。我们并非有呼风唤雨的本事，也没有未雨绸缪的先知，我们只是一个爱孩子、希望和孩子一起成长的老师。因为教育就是一群不完美的人，带领一大群不完美的人，努力去追求完美的过程。

不怕前路艰难，勇敢接受所有的挑战，努力做一个擦亮星空的人，让每一个孩子脚踏大地的同时仰望星空。我在平凡的岗位上忙碌着、幸福着，编织属于我和孩子们的小确幸，越来越多，就像天上的繁星，一边编织一边细数，细数属于我们的小幸福，一起在星空下数星星。

终身成长，从我开始面对新的挑战，唯有学习愚公的“愚”精神。只是愚公移走的是看得见的王屋、太行山，而我要移走的是看不见的固化的思维大山，因为最难逾越的“山”来自我们自身，最重要也是最难的是打破思维的惯性，因为惯性让生活看起来更轻松，却让我们的大脑放松了警惕，失去了思考的机会，忽略了外界的瞬息万变。而恰恰是这种“小白”的空杯状态让我在挑战中找到了机会，保持思考力：凡事多问一个为什么，保持好奇心；知其然更要知其所以然，保持求知欲；做不到每日三省吾身，至少也要时时、事事反思，尊重事实，觉察自己，调整策略。其次，打破已有经验的桎梏，就像范梅南教授说的：教育学是一种迷恋他人成长的学问，从迷恋自己到迷恋他人，从迷恋成功到迷恋成长，从迷恋权威到尊重事实。一切都在变化中，从灌输式教学到理解式体验探究，从课堂中的教师走向课堂中的学生，从无序到有序，经历了弥漫的彷徨期，来到了长路漫漫的攀爬期，我们一路在披荆斩棘中走向未来，遇见更好的我们，寻找、细数课程中的小美好。

用心看，看见每一个孩子；用心听，听见孩子们尚未发出的声音。

苏霍姆林斯基说：“在教育集体的同时，必须看到集体中每一个成员及其独特的精神世界，关怀备至地教育每一个学生。”可见，教育要面向全体学生，每个孩子的成长，都需要被看见。

有一次儿子班级参加课例观摩研讨会讲课，他邀请我看他上课。出于私心，我来到了会场之后，视线就集中在他的身上。我发现他一直在努力地举手，小手忽闪忽闪地，举起又放下，好像在等待。看到这我就开始思考：他到底在等待什么呢？看到他的样子，我好像照见了自己，也好像照见了每一个孩子，每一位老师，每一个人——我们每个人都渴望被看见。被看见意味着什么？被看见意味着被肯定，被接纳，被呼应。每个生命体成长的驱动力、生命力，都是渴望被看见，看见是对生命的肯定，渴望被看见背后的真正需求，就是对爱的渴求。

一、想象留白让孩子的脑海繁星点点

开启跨学科主题学习后，每个主题都有大量的古诗，然而机械的记忆是我不想看到的，如何破这个局呢？我们都知道唐诗宋词是中国文化最灿烂的瑰宝，但却和孩子们的世界有一条巨大的鸿沟。如何让孩子们跨越鸿沟，走进古诗词呢？我想起了诗歌的特点诗中有画，画中有诗，那么，以适当的朗读和想象去填平这条鸿沟如何？在诵读古诗的时候，他们可以配乐读，配上动作读，当达到一定的熟练程度后，每首古诗都会有一次“眼帘幕布”的故事想象，闭着眼睛诵读古诗，让画面跟随他们的声音慢慢地在眼前浮现，从最初单一的形象，到后来的越来越丰富的场景，他们在慢慢地进步，想象是一场更加深度的思考，更加有氧的思维操。《春晓》让他们看到了满地的落花，还听到了鸟叫声，想象到了下雨的夜晚；《赠汪伦》让他们看到了很深的桃花潭和船上的李白，听到了汪伦的踏歌声；在《元日》中，他们看到了放鞭炮的小孩，红彤彤的春联和灯火通明的房子，听到了噼里啪啦的鞭炮声，感受到了春节的喜庆与热闹。《水调歌头·明月几时有》的体验更加独特而珍贵，《我多想去看看》一课在拓展欣赏天山优美风光的视频时，他们提出了一个问题：为什么太阳出来了，天山上的雪还不融化呢？经过激烈的辩论，原来天山的雪不融化是因为天山很高，上面太冷了，再回到诗句“高处不胜寒”，孩子们恍然大悟。理解背诵《生查子·元夕》时，播放了相应的视频片段，让孩子们描述看到的景象的时候，有一个孩子就脱口而出：不就是“花市灯如昼”嘛。

二、倾听绽放思维之花

苏格拉底曾说：“自然赋予我们人类一张嘴、两只耳朵，也就是让我们多听少说。”《非暴力沟通》也告诉我们，倾听是一种“爱的语言”，良好的沟通来源于全身心的沟通，《课程的力量》一书，也提示老师们要善于倾听孩子们尚未发出的声音，这无一不在告诉我们倾听的重要性。所以，也忘记从哪一天开始，我不再喋喋不休地抱怨，而是静下心来，去思考问题产生的源头在哪，去倾听这个世界的声音，期待可以慢慢地穿越混沌，走向清晰。

当我静下心来倾听的时候，我获得了很多意外的惊喜。班里有个兼具忧郁与桀骜个性的小男孩，虽然成绩优秀，但想要得到他的信任却不是一件容易的事情。但倾听让我找到了打开他心门的钥匙。有一次绘本课，孩子们先选了一本《鳄鱼怕怕，牙医怕怕》。结合绘本我提出了一个问题，你们最害怕什么？孩子们纷纷回答，或怪兽或黑暗，都符合他们的年龄特点，只有他的答案令我一愣，他说他害怕死亡。我轻声应下，不知如何对答。紧接着第二个绘本《春神跳舞的森林》中，出现了一个词：宝贝。我就问他们最宝贝什么？有说爸爸妈妈的，有说弟弟妹妹的，还有说是老师的，到了他，他很郑重地告诉我，他爱全世界。那一刻，我一度以为他的话太大了，就在我想反驳他的时候，夏老师拉住了我，让我思考他的话：他害怕死亡，却爱这个世界，他是个有爱的孩子，可能受过一些创伤。再联系家访时了解到的情况，我觉得我好像更加走进了这个孩子的内心。从此，我对他多了一点点的耐心和关注。后来，在我们的一节“一束花的绘本创作课”后，他的作品真的震撼温暖到了我，虽然只是个雏形，但我相信完成后绝对是一次了不起的作品。于是，我利用班主任的“权力”给他开绿灯，练字可以不用练，午休可以不睡觉，保留他创作的自由和舒适。果然他的作品和我想的一样惊艳。除了作品，我还得到了额外的福利：经过这次合作，我好像赢得了他的尊重和信任，我对他再提出建议时，他会思考接纳了。他的学习和常规习惯都有了很大的进步。我和夏老师也变成了他和他的妈妈心中“最好的老师”。

春去秋来，寒来暑往，生命周而复始，生生不息，属于我们的故事一直在发生、一直在编织，为师为生的幸福就是通过自己的努力让彼此幸福，彼此成长。一些事总得有人去做，一些路总得有人去走，让我们一起去擦亮星空，而后坐在星空下数星星，寻找教育的浪漫。

附　录

附录1　人民教育《和合教育：发展核心素养的实践路径》

作为临沂市课程领导力项目10所领衔校之一，临沂第四十中学在“和合文化”统领下，秉持“和而不同，合美与共”的办学理念，不断探寻“五育融合”的实践路径，构建开放多元的校本课程体系。将学生丰富的实践经历与情感体验作为教育载体，为新时代学生核心素养发展提供独具特色的实践样本，为学校在教育实践层面找到适合自己的发展路径提供参照。学校被评为“全国青少年校园篮球特色学校”“全国青少年校园足球特色学校”“山东省中华经典诵吟特色学校”“山东省首批中华优秀传统文化传承示范校”“临沂市红色文化传承示范校”等。

一、课程文化：和而不同，合美与共

“让每一个儿童闪闪发光”，是学校发展的初心。

学校立足实际，努力开发学习空间的多元性与舒适性，让所有的校园时空都成为课程场景，让孩子学习作品的形成、展示、发布、分享成为校园里美好的景观，让时空散发出生命成长的气息和灵动。

学校组建了课程研发团队，重构了学习框架，按照“我与自然、我与社会、我与自己”三大领域，以大单元主题设计为抓手，依据学生发展的不同阶段设置问题群，立足真实问题，着眼深度学习，建构起学科融合、主题探

究的大单元学习新样态。

学校确立了诸多探究性主题：依托“动物”主题探究，通过KWL思维工具了解学生已知经验，立足元认知，激趣探索；依托“蛋宝宝奇妙旅行”项目，学生知道了很多生物的奥秘……在真实的情境下，在学科融合的背景下，学生以探究单、绘本创作、自然笔记、表演等方式来学习，学生的自主学习力、实践创新力、合作探究力、艺术表达力等综合素养悄然形成。

为切实发展学生核心素养，学校整体构建了小学低、中、高段和初中段的多种主题课程模块，比如以劳动教育为主要载体的“劳动+”系列主题课程，每周一节必修课和特色劳动选修课。依托校内六大特色实践基地，开发实施“沂蒙和菜”“神奇五谷”“蝴蝶花坊”“香花香草”“玩转本草”“鱼菜共生”等课程。

一个基地就是一个项目、一套课程：在“沂蒙和菜”课程中，孩子是农场“CEO”，认领责任田，制作地标牌，分工合作，拥有了独特的体验；在“蝴蝶花坊”课程中，孩子绘制蝴蝶生态分布地图，自主设计制作蝴蝶标本、蝴蝶鲜花礼盒，并进行义卖；在“玩转本草”课程中，孩子化身为小药童，寻根草药之本、发现悬壶之德、探究济世之源……

开设劳动课并不难，难的是发挥劳动的育人价值。学校以“五育融合”为契机，确立了因人而异、因时而动、各具特色、螺旋提高的策略。一、二年级突出劳动意识的启蒙；三—六年级突出卫生、劳动习惯养成；七—九年级围绕劳动知识、技能开展社区服务，适当参加生产劳动，使学生养成认真负责、吃苦耐劳的品质和职业意识。同时，以此进行分段架构，制订详细的各年级劳动教育清单。劳动课程以“教学做合一”为原则，整合日常生活劳动、生产劳动和服务性劳动，强化学生体验，培养学生劳动意识，提高学生劳动技能水平，形成劳动精神，焕发劳动教育课程本真价值。

二、精神境界：和衷共济，和敬和畅

成绩来之不易，“和合”愿景更需要持续耕耘。

临沂第四十中学创办于2013年，是一所集幼儿园、小学、初中于一体的学校。头一批入校的教师对建校时的艰难记忆犹新：校舍不够，环境杂乱，管理力不从心，师资参差不齐，代课教师来了走、走了来。学校领导班子临危受命，确立了“独具沂蒙特色、争创齐鲁一流”的目标，以“和合教育”为定位，完整设计、精准实施治校方略，让“和合教育”逐渐从一个灵感变成一个规划，最后融入临沂第四十中学的根基血脉中。

学校的“和合剧场”也是“阅读+”的区域，对学生完全开放的图书让教师产生了“图书会不会丢失”的疑问，学校认为：“书籍印出来就是让人阅读的，束之高阁永远不会有价值。书少了，可能是老师或学生拿到家里阅读了，送回来当然好，不送回来也无可厚非，再补上就行了。老师、学生用心读书，学校文化才会有发展的根基和传承的动力，学校的和谐发展才能够水到渠成。”

学生的心理健康，比学科知识长进更加重要。结合“和合教育”理念，学校创生“和爱润心、悦己乐群”的“和悦”心育品牌，建设和顺宣泄室、和语个辅室、和煦接待室、和畅沙盘室等7个功能室，开发“和悦文化、心语心愿”和“花开心路、和悦心育”两大特色校本课程。

让每个孩子都有出彩、擅长的运动项目是学校的办学追求，要在体育课上让每一个学生都找到自己喜欢的项目；学校创新全员运动，人人都是运动员，月月有运动主题，周周有比赛；教师就地取材，因地制宜，因时制宜，因人制宜；多人绕杆跑、“抬小猪”、旱地龙舟接力赛等趣味运动，改变了学生喜欢体育但不喜欢体育课的情况。

以“和合精神”为行动统领，四十中人有了不断超越与创新的底气和自信。随着时间的洗礼，“和合文化”让每一名师生将幸福写在脸上、刻在心中。

三、教师发展：合作和乐，和谐和美

教师是立教之本、兴教之源。昔日的临沂第四十中学，师资队伍骨干力量偏弱，教师的专业发展缺少示范和引领。

在教师专业发展上，必须精准施策、对症下药。“走出去”，到北京师范大学、华东师范大学等学府聆听大师哲言；“请进来”，让省内外著名专家学者来校为教师发展“诊脉开方”。“理论轰炸”打开了教师封闭的大脑，让他们看到了世界的精彩。

有了动力，还必须把准方向。学校坚持以学为本，大力推广合作学习，以“和合课程节”的方式检验教学成果、打造教学范式，发现名师课堂教学特色，提升“和合课堂”的品牌影响力；学校每学年都评选“十佳和合精品课例”“十佳精品课程”“和合教育·十大年度人物”“和合教育·创新奖”，让精彩的职业之花不断绽放。

学校深知“独行快，众行远”的道理，依据志趣相投、专业互补、成果共享的原则，成立了项目式教研团队，构建了一批思行合一的学习型共同体。小学三年级至初中三年级推行“问题切入，主题研修”活动，以集体智慧解决困惑与问题；小学一、二年级实行教师成长集训营，人人参与，任务驱动，多种形式灵活切换，打造出人人都是教研主角、人人都是“火车头”的教研文化；同年级成长共同体通过开放课堂、每日教研等方式，共同讨论课程实践的问题与困惑；跨年级成长共同体让二年级教师结对一年级教师，走进结对班级“点对点”指导，制订个性化互助方案，稳步推进。

“生活细碎，万物成诗，盛世如画，山海和鸣。”教育本就是一份发现美好、创造美好、享受美好的事业，依托“和合教育”，达成核心素养，砥砺前行的四十中人正在完成“人”的培育。

（刘峰）

附录2 语言文字报《聚焦和合教育打造“五育融合”新生态》

在中国共产党建党百年和“十四五规划”开局之年的特殊历史背景下，坚持“五育融合”，培养德智体美劳全面发展的社会主义建设者和接班人已成为全体教育人的共同目标。“五育融合”的提出，是新时代育人方式的重大转型，代表了中国基础教育改革与发展的方向。“五育融合”，不是简单的叠加，而是有机的聚集、渗透，构建一个完整的教育生态系统。

作为一所集幼儿园、小学、初中为一体的学校，我校从2013年建立至今，始终立足于“和合精神、和谐气质、和美风格的幸福家园”办学愿景，秉承“和而不同，合美与共”办学理念，以马克思主义关于人的全面发展思想为指导，全面贯彻新时代党的教育方针，以“和”带全，努力实现“和合”教育与德育、智育、体育、美育、劳育的有效融合。

一、在文化传承中夯实“五育融合”之基

和合思想是中华优秀传统文化的精髓，注重不同事物之间的矛盾、冲突与融合，强调融合之后新结构方式、新生命、新事物的生成。和实生物，同则不继；和而不同，方为大同；合美与共，各美其美；和合为本，追求卓越。我校结合建校以来办学经验，创造性地提出“和合教育”办学特色，以“和合文化”引领学校课程体系建设，并创造性依据“和生、和处、和立、和达、和爱”五大价值原理，以五育融合，实现和合文化的现代价值校本转换，构建全面发展的学校课程体系，形成目标一致、和合共生、多元开放的学校课程逻辑。

学校课程指向学生核心素养的培养，注重跨学科实践，是一种以解决真实问题为核心的深度学习方式。课程设计依据国家课程标准，基于学生的真实需要和生活经验，从人与自然、人与社会、人与自我三大生活领域选择有

价值的探究和活动主题，使学生将语文、数学、音乐、美术、科学、道德与法治等学科知识融入大单元的主题学习中，运用学科思维解决问题、形成解释并创造产品，由此发展生活理解力与创造力，期待学生创造出自己的思想，产生新的经验。

课程是学校教育的心脏，设计课程的最佳场所是学生与教师相处的地方，师生在平等、包容的课堂氛围中，在倾听和探索式对话中，共同跨越认知的浅表层，向心灵更深处漫溯，唤醒潜能，驱动成长。

二、在课程实践中汇聚“五育融合”之力

我校推动多维度协同并进，以“五育融合”为出发点和落脚点，开设了多种特色实践课程。

首先，通过跨学科整合，突出德育实效。学校以红色沂蒙教育为核心向其他学科辐射，通过跨学科交叉点，用驱动性问题设定来引导学生思考和实践探索开发沂蒙精神教育课程、马克思主义·少年说课程等具有特色的校本课程群，给学生正确的价值导向，培养学生们的文化认同感。从和合文化精神中领略到党的光辉形象，培养学生爱家、爱党、爱国、爱民族的文化情怀。

在《沂蒙山小调》红色专题研究中，学校基于探究、体验、思考三大要素，以《沂蒙山小调》诞生地为原点，让学生在实践活动中运用、学习多学科的基本知识和技能，并围绕沂蒙红色资源进行跨学科学习和活动，加强学生实践体验，拓展学生生活经验，重视各学科之间沟通，在更高层次上实现学科和经验的统合。

其次，本着以艺育德，以艺启智，以艺培能，以艺促美，以艺养心的初衷，我校通过增强美育熏陶，以美育美，以美促学，并在整体架构、充分利用学校优势的基础上，综合开发了包括“和合之音”合唱课程、沂蒙非遗系列课程等美育课程。

另外，我校根据师生强身健体、弘扬天人合一思想的需要，充分利用区域和自身优势，开发了具有和合精神的和健足球、篮球课程；基于生命教育，开设了《生命安全教育课程》《走四季，知疾病，会预防课程》《美丽“视”界“眼”绎精彩》等课程，认识生命、尊重生命、珍惜生命。

最后，通过“以劳带全”，实践劳动教育课程目标。我校劳动教育课程以项目化设计，鼓励多途径参与，以问题为出发点，以活动为线索，综合运用查资料、读文献、动手做、齐分享等多种学习方式，整合不同课程类型，调动多主体参与：整合学校劳动、家园生活劳动、社会服务劳动，调动学校、社会、家庭多方协同；注重表现性评价，确保多目标达成，通过劳动过程、作品展示、成果分享等多种方式，全面落实劳动观念、劳动能力、劳动习惯和品质等劳动教育目标。

三、在管理反思中推进“五育融合”之效

在发展教育教学建设的同时，加强组织保障、确保课程建设质量也作为学校重点工作常抓不懈。我校组建成立学校课程发展管理委员会，并在其统领下，对原有组织机构进行跨学段改革，构建课程研究中心、教师发展中心、信息创客中心、艺体中心、教学研究指导中心、学生发展指导中心，重构学校组织机构系统。借此引导教师转变教育价值观、学生观，形成新的教育教学观，转化为真实的教育教学行为，从而让立德树人落地生根。

此外，我校还通过构建和合型评价制度，促进“五育融合”实效。为充分调动教师积极性，学校改变了以往一刀切的传统评价内容和方式，为教师成长扫平障碍，搭建平台。并且鼓励学生个性发展，将过程性评价和阶段性评价转化为学生积分，学生根据学校评价细则，自主申报，经过班级考核、年级认定程序进行评选。学校还搭建课程成果展示平台，通过才艺展示周、和合风采形象大使评选等，提升学生幸福感、自我实现感；编制《和合成长》学生发展评价手册，记录学生的过程性表现和阶段性表现，通过三或六年学习，逐步培养

年级、学部“和合少年”，再发展成为学校十佳和合少年。

基于教育的时代要求和本校未来发展需要，我校以社会主义核心价值观统筹学校教育结构变革，坚持以生命力量为逻辑起点，以和合思维、和合方式整体施教，使全体师生在交流研讨、合作互动中共同成长。“和而不同，合美与共”，学校课程助力落实“五育融合”，努力寻找每个学生的发展点和闪光点，让每一个孩子都能绽放人生最耀眼的精彩。

（刘峰）

附录3　素质教育《和富劳动，让学生幸福成长》

摘要：社会的发展使得人们对小学生教育问题的重视程度越来越高，尤其是小学生劳动教育，对于小学生身心健康发展的作用是巨大的。劳动教育帮助小学生德、智、体、美全面发展，能够有效培养小学生的生活自理能力，动手能力，创造力和责任感等。本文就小学生劳动教育进行了论述，从小学生劳动教育的内容、特点及实践意义角度阐述了劳动教育对小学生健康成长的重要性。

关键词：劳动教育；素质教育；劳动价值

劳动教育作为全面发展教育的重要组成部分，具有树德、增智、强体、育美的综合育人价值，是全人教育的一种最好的融合。学校开设劳动教育课程，在实践与创新中丰富劳动教育的内涵与形式，将劳动教育濡化于德智体美四育之中，实现五育在新时代的有机融合，充分发挥劳动教育在立德树人中的重要作用。

一、躬身实践，农耕劳动教育磨炼意志

“五一”劳动周，和合学子“探”番薯，一场农耕劳动教育实践开始啦！“番薯是从哪里来的？”“番薯原来是什么样子的？”“番薯有什么作

用？”实践之前，在课堂上，学生七嘴八舌地提问。带着这些问题，利用探究单，学生自主了解番薯的原产地，通过多种方式查阅资料，借助地球仪，寻觅番薯游历；查阅本次探究活动需要的工具并学会使用，并了解工具的起源和意义，使用工具的注意事项。恰逢前夜新雨，湿润的泥土微微松软了，孩子们奔赴田间地头，分组合作，镢头、铲子、耙子抡起来，顺藤摸瓜，确定番薯的位置，探寻番薯们的真面目；收番薯、烤番薯，走进社区、做电商小达人、多渠道出售番薯成果；下厨制作番薯宴，分享给家人或朋友；继而进行“番薯探究展”，写番薯，讲番薯故事，手绘番薯田，思维导图展番薯……通过躬身实践，真实体验，体验劳动的乐趣。

跨学科主题探究课程面向学生完整的生活世界，统筹校内和校外、课上和课下、学校和社会各个教学阶段和环节，融合不同学科，选择最适合学生身心发展特点的活动，引导学生从日常学习生活、社会生活或与大自然的接触中提出具有教育意义的活动主题，使学生获得关于自我、社会、自然的真实体验，建立学习与生活、与生命的有机联系。

在“动物”主题下的孵育课基于生活、源于学生的好奇心、归于生命，倡导学生做生活的小主人，珍爱生命，拥有幸福生活的能力，从而拥有幸福的人生。“鸡蛋从哪里来？”的问题探讨，激发学生的好奇心和求知欲；学生通过查阅图书、搜集资料、大胆猜想等方式，探究孵化；对种蛋进行清洗消毒，安装、认识孵化箱；记录蛋宝宝的成长过程；通过“小鸡踩水”活动，感受蛋宝宝的“胎动”；破壳后的喂养、认养，为它们安家……孩子们收获了语文、数学、道德与法治、科学等学科知识；照蛋成功的喜悦，蛋宝宝磕碎时的自责，发现蛋壳上的裂痕，聆听小鸡啄壳的声音，对生命的期待，对蛋壳内生命成长的好奇心，从如何对生命负责，到《伴你高飞》的电影学堂，孩子们知道了“印随现象”，真切感受到生命的奇妙，感悟生命的珍贵。

二、协同成长，学科整合培养素质

所谓素质可分为思想品德素质、文化素质、身体素质和个性四个维度。对人的素质培养是多方面的，其中以劳动去培养人的素质更不可忽视。

将劳动教育融入课堂教学，全体教师整合学科资源，协同备课，对学生进行劳动知识、劳动价值等教育。比如语文课的观察日记，教师带领学生一起种植植物，在观察的过程中体验成长的快乐；美术老师带领学生收集校园的落叶完成一幅漂亮的树叶贴画，既美化了校园，又锻炼了学生的动手能力，丰富了学生的想象力等。数学课上，学习认识人民币，教师带领学生开起了“小小商学院”，让学生在闯关兑换中体验人民币在社会生活中的作用，还锻炼了学生的理财能力。

劳动教育是人生第一教育。《尚书·无逸篇》说：不知稼穑之艰难，乃逸乃谚。卢梭认为只有亲自参加劳动，根据经验了解它的全部复杂性、艰巨性，学生今后才能判断某一生产部门的社会意义。劳动教育是生存教育，这是“最草根”的识见，是全社会需要形成的最基本的共识和常识，我们需要弘扬中华民族“勤劳、智慧、勇敢”的优秀劳动文化以促进人类命运共同体建设。

总之，为培养学生优秀的实践意识、生存能力、生命张力、合作能力与综合能力，让他们更具创新能力，应重视劳动教育。使劳动教育课程化、项目化，运用学科知识解决现实问题，形成校本教育特色，从而促进学生的全面发展。

（主父国情　汪潇）

附录4　德育报《真实而有意义的学习》

朱永新曾言：“我们教育的最大弊病之一就是‘看不见儿童’。”台湾著名插画家几米以《我的错都是大人的错》再现了儿童好奇、好动、天真、无忧无虑、不惧权威的珍贵品质；张文质老师也在《保卫童年》一书中呼吁每一位教师、父母都要关心孩子的心理健康，关注孩子的幸福成长。本文中，我结合课程实施谈一下如何组织真实而有意义的学习。

家乡是什么？对于二年级孩子来说，家乡是一个不明晰的概念，他们能够脱口而出“独在异乡为异客，每逢佳节倍思亲”，却体会不到那份漂泊孤寂的惆怅。家乡主题开启时，结合二年级学生心理特点，我们将家乡定位在“我们生活的地方”这一概念。将真实情境确定为“探究家乡的风土人情”，这样既贴合学生的心理发展水平，也使情境不再仅仅是一些图片、视频、学具。学生在活动中通过调查、访谈、搜集资料等方式获得的信息，是学生身边的、最真实的存在，较之课本上的知识，有天然的生命力，能促进学生认知系统的自我建构。学生是“我们生活的地方”这个空间的主导者，学生对整个活动的支配权和主导权推动了各个活动的依次进行。

家乡主题活动设计了一个前测，四个探究活动，和一个表现性任务，用时4周多。通过“你心中的家乡是什么样子的？”这一前测活动，初步了解家乡在二年级小朋友心目中是什么。之后通过四个探究活动：“自然临沂”“魅力临沂”“文化临沂”“光影临沂”以及“我是临沂代言人”这一表现性任务，我们慢慢地把话题打开，带领学生逐步扩大生活空间，让学生成为学习的主人，让家乡的一草一木、一事一人成为学习的资源，在真实的生活中寻找问题和答案，同时加入“沂蒙精神”“物流之都”等子活动，学生通过考察探究、社会服务、设计制作、职业体验等方式，达成对“我们生活的地方”即“家乡”的理解，增加学生对家乡生活的悦纳和责任。前四个活动为“我是临沂代言人”做准备和铺垫，最后一个活动具有终极评价的功能，同时也是学生综合成果展示的机会。学生采用家乡风景名片展、沂蒙精神宣讲员、小导游、小摄影师、小百灵等各种形式来表达对家乡的喜爱与赞美。

生活就是学生学习的场所。陶行知先生说过：“生活即语文”。因此，我在努力尝试探索一条基于这一学科的特点， 依托学校和融课程，把学生引向家庭、引向生活、引向社会的道路。

“关心每个学生，促进每个学生主动、生动活泼地发展，尊重教育规律和学生身心发展规律，为每个学生提供适合的教育”，这是《国家中长期教育改革和发展规划纲要（2010—2020年）》中的工作方针，也是一个美好的教育愿景。只有站在“为儿童的学习”的立场上去探索改革，才能够做到为了每一个孩子的发展。

（冷媛媛）

附录5 德育报《每一粒种子都不愿错过春天》

德国哲学家雅思贝尔斯说过一段广为流传的话：“教育的本质意味着：一棵树摇动另一棵树，一朵云推动另一朵云，一个灵魂唤醒另一个灵魂。”所以，教育就是用生命影响生命，用生命温暖生命的过程。时光如沙漏，来不及享受温醺的春光，夏日清风徐徐而至。回首过往，我与和融课程的孩子们已经度过五百多个日子了。校园主题快乐的初体验，家庭主题的家国情怀，植物主题孩子们旺盛的好奇心和探索欲，深深地感染着我。在我们的主题王国里，有欢笑有泪水，有温柔有残酷。我像个孩子一样，与同学们一起进行了一场场美妙而神奇的探索。学生因为有我的陪伴而快乐，我因为有学生的同行而幸福。

“啊！小鸡要破壳啦！”第一个发现的孩子大叫道。“啊！小鸡要破壳啦！”欢呼声此起彼伏。我伸出手指比画，“嘘……再喊小鸡就吓得不出来了，来，分小组按顺序前来观察。”孩子们安静下来，但仍忍不住手舞足蹈。一组的同学们就像小老鼠一样蹑手蹑脚地走上前观察。轮到六组，一声尖叫，“老师，洞变大了，小鸡好棒！”“加油！加油！加油！”一（3）班的孩子们又化身啦啦队，为小鸡呐喊助威。我被孩子们的兴奋感染了，捂嘴笑。我再次伸出手指，“嘘……我们再来回顾一下科学家显微镜观察下的小鸡的诞生……”我又给即将出壳的小鸡喷了喷温水。

中午吃完饭，孩子们又围在孵蛋器旁边观察。“老师，小鸡怎么还不出来，我们能不能帮帮它！”亚飞问。“不行不行，力气太大会伤到它！”旁边的孩子反驳道。“对！小鸡必须通过自己的努力出来，这样身体才健康！”

下午放学前，我们班第一个小鸡仔终于出世，成为第一个享受VIP服务的鸡宝宝。孩子们精心制作的鸡舍，不仅有柔软的棉花，还有食槽，彩灯。

最后，我们班10颗蛋，孵出了3只小鸡，其中1只不幸夭折了。相对于其他班，我们班孵小鸡的成功率有些低。一个同学举手道：“老师，为什么有的鸡蛋能孵出小鸡有的孵不出小鸡来？”“这个问题问得好，我们一起来探索原因，”我鼓励道，“按惯例，我们先……”“小组交流！”小机灵鬼长霖脱口而出。小组内进行了热烈的讨论，有的小组长煞有介事地用符号做着标记。班级交流环节到了，珽润分享道：“我们小组认为是鸡蛋的原因，孵不出小鸡的鸡蛋本身就是坏的。”“老师老师，我们组也认为是鸡蛋的原因，因为我们的孵化器用的是同一个。”“我的鸡蛋是爷爷为我准备的，从老家拿来的，必须是新鲜的鸡蛋才可以。”

通过讨论大家发现原来一个生命的到来，是要经过时间和耐心孕育的，无论我们本身是否对一个生命倾注心血，它的出生以及存活，都不是轻而易举……在探究的过程中，孩子们也亲身体验着对新生命的爱与敬畏。

我怕吓到孩子们，想偷偷把已成型却未出壳的小鸡仔扔掉。但是最后我仍然决定把这些残酷的事实告诉孩子们。因为童年中的生命教育，是生活课程里必不可少的一部分。应把事实的真相委婉地呈现给孩子，而不是一味让他们在被粉饰过的环境里成长。

在孩子的眼里，“生命”是简单而又奇妙的。小鸡从孵化到出生，孩子都全程参与着，21天的等待，就这样我们看到了孩子们坚持探索、积极思考的过程。小鸡出生后，孩子们进班级的脚步声和说话的声音都变小了，他们说“鸡宝宝还太小，说话太大声会吓到它的”。

这次小鸡孵化行动，虽然不是我们预想的21天完整孵化过程的完美结果，但是在这个“不完整”的过程中，孩子们见证了从鸡蛋到小鸡的生命的演变，发现了小鸡破壳而出的惊喜，体验了小鸡生病甚至死亡的伤感，也为了维护小鸡的抚养权而努力抗争，更为了争取心爱的小鸡的领养机会，连平时羞于讲话的孩子也勇敢地走上了讲台！这次的活动，让孩子真切感受到生命的奇妙，感悟生命的珍贵。孩子通过直接感知、实际操作、亲身体验去探索和学习，在获得知识的同时，也逐渐懂得了热爱、尊重和保护每一个生命。我想这就是教育的意义所在吧！教育的终极价值，就是对人的成全，对生命的关照。所谓对人的成全，就是让每一个生命都可以自觉、自由、自主地向上生长，让每一个生命都更加的舒展和明朗；所谓关照，就是为每一个学生提供人生出彩的机会和平台，关注每一位同学的发展。

世界在不断地变化，教育在不断地变化，我们要顺应变化，做学习型的教师。不会做的学着做，已经在做的要不断地深入实践。培养孩子们自主探索和独立思考的能力，以好奇心发现生活，以知识改变未来。让孩子们真正做到观寻常事，思非常理。感受生命奇迹，孩子们一直在路上。我们用眼睛看万物，用耳朵听万籁，用心灵感受世间万绪，让我们一起拥抱万千世界，让我们一起快乐精彩成长！毕竟，每一粒种子都不愿错过春天！

（马晓东）

附录6　名校博览《践行和合文化锻造教育之魂》

办学思想的真正落地，需要一种长远持久的力量支撑，这样才能使学校的管理制度、核心价值、发展愿景等得到真正的认同与落实，这种根本动力就是文化。“一种好文化就是一所好学校”。面对新的时代特征、教育要求和校情变化，校园文化也应与时俱进，推陈出新，不断丰富其形式和内容。根植校园，繁衍文化，历史才能传承，教育才能发展。

我校针对学校教育生存与发展的三大问题——办学理想（办什么学校）、教育思想（办什么教育）、人才愿景（育什么人才），在继承我国优秀传统文化“和合”思想的基础上，创造性地深化和发展了以和合教育为核心的校园文化内涵。

一、精准定位确定和合教育理念

和合教育是我校最核心、最上位的概念，是本校独特的专属文化符号。独特的校情、文化、办学追求、办学思想和时代特征，决定了我们必然选择“和合教育”作为办学定位。

作为一所集幼儿园、小学、初中于一体的学校，我校是一所类似于“深圳式”的移民学校，生源和教干教师来源复杂，师资与管理结构薄弱。针对学校面临的包括家校、师生之间时有矛盾冲突、教师发展有待融合、管理结构和领导素养亟待改善、文化理念有待提升等关键性发展问题，必须寻找出一条对学校长期发展具有统领作用、鸟瞰功能、战略意义的规划路径，和合教育文化体系因此形成。

首先，我校以马克思主义关于人的全面发展思想为指导，全面贯彻新时代党的教育方针，创造性地吸收、借鉴和合文化的五大价值原理，用和合的方式营造和合文化，努力创办具有和合特色的优质教育。有了思想指导和方针的引领，学校创造性地吸收、借鉴和合文化的五大价值原理，以和合的方式营造具有和合品质的学校文化，以和合文化滋养每一个孩子，团结一切可以团结的力量，利用一切可以利用的资源，扎根本地化教育。

而在治校方略上，我校以“和合教育”为定位，设计与实施围绕促进学生个性全面发展的治校方略：“和而不同的风格，和衷共济的精神，和风细雨的教育，合法合情的规则，合作和乐的学习，和敬和畅的关系，和谐和美的成长。”通过该方略，尊重和允许不同部门、组织和教师的教学方式、管理方式和评价方式，以润物无声的方式滋润学生，打造师生合作学习、快乐学习、终身学习的目标和愿景，促进师生和谐和美地共同成长。

毛主席曾说：人是要一有点精神的。人如此，学校亦如此。我校结合学校办学特色和核心价值追求，提出了“和合为本，追求卓越”的学校精神——和实生物，同则不继；和而不同，方为大同；合美与共，各美其美；和合为本，追求卓越。和合文化是中华民族多元文化的思想精粹，坚持以和合为本的原则，就是倡导和合思想的五种意识——和爱意识、和生意识、共处意识、和立意识、和达意识，追求内在的和谐统一，包容和尊重差异，在丰富多彩的差异发展中实现共荣共达，实现立己达人。有了“和合为本”的精神底质，四十中每个团队和个人都有了不断超越和创新的底气与自信，大家都循和合之道，在追求每天发现问题、提出问题、解决问题的过程中臻和合之境，不断超越自我、超越他人、超越过去、超越兄弟学校，最终成就最好的自己。

二、思想引领延伸和合教育文化

《中国教育现代化2035》提出八个“更加注重”基本理念，即以德为先、全面发展、面向人人、终身学习、因材施教、知行合一、融合发展、共建共享。所有这些，都为学校教育哲学的构建，提供了科学依据和源泉力量。而一所拥有文化品位、品牌特色的学校一定要有属于自身的包括理念、愿景、使命和目标等在内的教育哲学。为此，我校在该哲学思想指导下，扩充和延伸了和合教育文化的具体表现。

我校坚持以人为本办学，坚持民主办学，坚持一切为了共同愿景、共同理想、共同信仰、共同使命、共同信念和共同价值追求，确定了“和而不同，合美与共”的办学理念。尊重、支持和肯定教师、学生和家长的不同的建设性见解，坚持挖掘每个人身上的闪光点，学会赞美人，学会成就人，美人之美，旨在培养能够担当民族复兴大任的时代新人。

在校风校训上，我校以一训三风的形式，使得校园文化积淀得以呈现。“美人之美，美美与共”的校训，反映学校的教育风貌和办学理念，激励学校的每一名师生员工，体现了整个教育活动的价值追求；“谦逊包容，担当合作”的校风，与校训一脉相承，是学校精神的重要体现；“和合立德，教学相长”的教风，以和合的方式实施学科德育教学和教学育德，用和合精神支撑起包含课堂组织、教研组织、班级组织的文化组织德育体系；“学思和融，知行合一”的学风，让学生“学以成人，学以成事”，倡导自主、独立、合作、创造性学习，鼓励学生形成学习共同体，言行一致，立说立行，积极营造良好的学习氛围。

同时，我校在办学愿景、学校使命、育人目标的确定上都将和合教育理念注入其中。我们所期望的学校到底是什么样？应该是兼具人性、人文、人气的，因此“和合精神、和谐气质、和美风格的幸福家园”成为我校办学愿景。愿景体现的合美与共的情怀，和衷共济的情态，和悦自适的情操，合作互助的方式，给学校烙上了和合的元素，决定了属于学校的独特气质。我们学校要办什么样的教育？通过学校使命和育人目标我们回答了这个问题。一方面，教育的首要使命在于把每一个学生塑造成为“大写的人”，所以我们将学校使命定性为塑造具有现代文明素养的公民，这是能体现中国文化、中国精神和中国风格的现代中国公民，于是我们便有了“培养有健全人格、有担当精神、有家国情怀、有国际视野、有创新活力的现代中国公民”的学校使命。另一方面，我们在吸收传统文化教育思想精髓，紧贴新时代中国特色社会主义教育目标的基础上，以“全面发展的人”为核心，围绕和真、和善、和美、和圣、和健、和富“一体六面”的素养结构，将党的教育方针转化为可实施、可观测的素养要求，明确了以培养“学问真、德行善、艺术美、信念圣、身心健、生活富的和合少年”为育人目标，体现出关于人的和谐发展、全面发展的哲学思想。

三、统筹构建完善和合教育体系

为构建未来可期的以和合教育为主线的校园文化价值体系，我校从课程理念、教学理念、管理理念、德育理念、家校共育理念等多个方面入手进行了规划实施。

教育以课程为支撑，课程不仅是文化本身，也是育人的载体。我校明确“整体发展，多元共生”的课程理念，强调课程教育的完整性，并聚焦于生命的整体发展，倡导以多元化课程推动师生多元化发展，这既包括国家的、地方的、学校的课程管理，也包含师本的、生本的课程实施，共同指向培养时代新人的目的。

并且，我们坚持以生命力量为逻辑起点，利用一切可以利用的教育资源，以和合的思维、和合的方式整体施教，分层教学，不受时空限制，打破学校围墙，以教学打开生命，促进学生整体学习，完成师生身心、情感、道德和精神等的全面发展，让师生在交流研讨、合作互动中共同学习和成长，逐渐深化“和合施教，全人成长”的教学理念。

另外，在德育建设上，坚持以和合原理为指引，聚焦和合文化五大价值，用和合文化的精髓润育师生的品德，坚持“以和润德、以合化人”的德育理念，在合作、做事与实践中不断践履，不断检验，促进每个学生形成影响一生的美好品德和健全人格。

最后，在学校的管理理念上，我们明确“和而不同，合作成长”。在重大决策、重大问题方面强调保持办学价值的高度认同，在此基础上充分尊重和积极鼓励不同组织、部门和个人提出合理化建议，保证决策的正确性、科学性；同时强调各组织部门之间的团队合作，强调团队评价，以共同体协作的方式，共同实现预期目标，共同指向学生的和谐发展和全人成长，努力营造“既有自由、又有纪律，既有统一意志、又有个人心情舒畅的生动活泼的局面”。

教育是一项比任何事业都复杂的系统工程，社会上的所有人都是教育环境的重要组成，每个人都能对孩子一生的成长产生影响。教育好孩子先教育好家长、社区和部门的一切成员。审视教育的现实状况，我们必须形成教育合力。因此，在家校共育理念上，我校倡导“施教导民，上下和合”。我校以和合的价值理念、和合的精神、和合的文化教育引导社会公民，实行与民和合，与政府、与部门和合，形成包括学校、社区、家庭和政府部门在内的更大的教育发展共同体，形成和谐一致的最大教育合力，以和合的方式构建立德树人的“立交桥”。

文化是学校的灵魂，是师生和员工的精神家园，引领着学校的价值追求和行为导向，并以其与众不同的特质影响着一个地方乃至整个社会的核心价值和精神面貌。我校以和合文化构建了一个完整的以和合教育为核心的校园文化体系，为学校发展奠定了精神底色、文化基础、理论指南和言行准则，在文化与价值观、学校工作的主要领域明确了发展方向，为学校日常运行机制、开展教育教学工作等提供了文化引领，未来我们将继续让文化在校园生活中流淌，为中国教育改革和发展持续注入新的动力。

（刘峰）

后 记

博学之　审问之　慎思之　明辨之　笃行之

当今世界科技进步日新月异，儿童的成长环境发生了深刻变化，需要培养能应对未来挑战的全方位人才，于是跨学科课程应运而生。为了进一步优化学习育人蓝图，落实立德树人的根本任务，发展素质教育，学校开展了一系列课程改革。

临沂第四十中学立足于“和合精神、和谐气质、和美风格的幸福家园”的办学愿景，秉承“和而不同，合美与共”的办学理念，坚持以马克思主义关于人的全面发展思想为指导，全面贯彻新时代党的教育方针。以“和”带全，体现多元融合的育人价值，实现“和合”教育与德育、智育、体育、美育、劳育相融合。

在学校发展过程中，跨学科课程的研究受到了各位专家领导们的重视，借助国内外相关研究经验和教育专家理念，围绕着“小学低段跨学科主题实践课程”开展了一系列深入的研究。

自一年级起，学校开始实施跨学科课程，因此选取“小学低段跨学科实践课程”为研究主题进行广泛论证，深入探索。为了更好地完成研究成果，学校进行广泛动员，精心选拔一批研究型教师组成研究组织。在研究过程中，各位老师明确分工，制订多个方案，积极参与。遇到困难时，大家齐心协力，砥砺前行，努力克服，最终跨越了一座又一座的高山，不断收获。

在“小学低段跨学科实践课程”中，教师们精心设计了主题、案例，写了大量反思，将阶段性成果运用到教学之中，并取得良好的效果，研究团队坚定信念，勇往直前。最终，学校经过长时间的探索与实施，通过大量的课程设计和课堂教学实践，最终撰写成此书。

在本书撰写过程中，各位编者们坚持把立德树人作为教育的根本任务，培养德智体美劳全面发展的社会主义建设者和接班人。本书以专家理论、跨学科课程实践经验为依据，听取一线教师、专家学者及教研部门的意见和建议，进行不断修改，形成更为科学的成果。

本书得到了杭州师范大学教育科学研究院、理解力教育（北京）发展院的支持和指导，在此表示感谢。对参与小学低段跨学科主题实践课程的一线教师和教育工作者表示崇高的敬意和诚挚的感谢。此外，在撰写本书的过程中，我们运用了一些案例、素材、经验、资料，在此对原作者表达感谢。

我们将秉持着“博学之，审问之，慎思之，明辨之，笃行之”的态度，海纳百川，兼收各校跨学科课程实施经验；刨根问底，达成对跨学科课程的本质理解；辩证思考，探求教育真谛，把握教育规律；辨别是非，将优势继续发扬，及时改正劣势；践行所学，知行合一，真正将小学低段跨学科主题实践课程实施落地。

刘峰

2022年8月26日